艺术点亮文明

漫游世界文明史

中世纪

[意]乔瓦尼·迪·帕斯奎尔、[意]马蒂尔德·巴尔迪/著

[意]斯塔利奥工作室（[意]亚历山德罗·坎图奇、[意]法比亚诺·法布鲁奇、[意]安德烈亚·莫兰迪、[意]伊万·斯塔里奥）、[意]曼努埃拉·卡蓬、[意]洛伦佐·切基、[意]路易莎·德拉·波尔塔、[意]安德烈亚·里恰尔迪·迪·高德思/绘

李响/译

北京理工大学出版社

版权专有　侵权必究

图书在版编目（CIP）数据

漫游世界文明史. 中世纪 /(意) 乔瓦尼·迪·帕斯奎尔, (意) 马蒂尔德·巴尔迪著；(意) 斯塔利奥工作室等绘；李响译. — 北京：北京理工大学出版社, 2021.1
（艺术点亮文明）
书名原文：Art and Civilization:Medieval Times
ISBN 978-7-5682-8708-1

Ⅰ.①漫⋯ Ⅱ.①乔⋯ ②马⋯ ③斯⋯ ④李⋯ Ⅲ.①世界史—中世纪史—文化史—通俗读物 Ⅳ.①K103-49

中国版本图书馆CIP数据核字(2020)第124235号

北京市版权局著作权合同登记号　图字：01-2020-1921
Art and Civilization The Medieval World ©2018 Nextquisite Ltd, London Simplified Chinese translation copyright ©2020 by Beijing Institute of Technology Press All rights reserved.

出版发行 / 北京理工大学出版社有限责任公司	
社　　址 / 北京市海淀区中关村南大街5号	
邮　　编 / 100081	
电　　话 /（010）68913389（童书出版中心）	
网　　址 / http://www.bitpress.com.cn	
经　　销 / 全国各地新华书店	
印　　刷 / 朗翔印刷（天津）有限公司	
开　　本 / 889毫米×1194毫米　1/16	
印　　张 / 2.25	责任编辑 / 梁铜华
字　　数 / 45千字	文案编辑 / 杜　枝
版　　次 / 2021年1月第1版　2021年1月第1次印刷	责任校对 / 刘亚男
定　　价 / 33.00元	责任印制 / 王美丽

图书出现印装质量问题，请拨打售后服务热线，本社负责调换

目录

导言 4

日耳曼人的入侵 6

教会 8

拜占庭帝国 10

封建时代 12

战争 14

城市 16

乡村 19

商人与贸易 20

授业、文化与科学 22

艺术与建筑 24

日常生活 28

国家的诞生 30

索引 32

导言

西班牙的塞戈维亚城堡建于 11 世纪，整个中世纪时期都在使用，公元 1862 年，该城堡毁于一场大火，之后重建。

从西罗马帝国解体（公元 476 年），到克里斯托弗·哥伦布发现美洲新大陆（公元 1492 年）中间的 1000 多年被称作中世纪①。这段黑暗、桎梏的时间可划分为前后两个阶段。公元 1000 年前称为中世纪前期，这段时间从罗马帝国分崩离析一直到欧洲大陆的日益崛起；11 世纪至 15 世纪称为中世纪后期，这一时期的发展演变最终导致了文艺复兴与现代文明的出现。中世纪前期，贫穷，原始，落后，以乡村为中心，而中世纪后期，城镇扩张，商贸活动日益增多，社会管理与生产技术逐渐进步，总之，生机渐起。

---

① 编辑注：国内一般认为中世纪的起止时间为西罗马帝国解体（公元476年）至东罗马帝国灭亡（公元1453年）。

城堡

公元 1000 年，欧洲分裂为一众小国，它们表面上承认皇帝或国王的统治，但实际上却各自为政。这些国家的主要力量集中在城堡（castle，源自拉丁语 "castrum"，古罗马人用 "castrum" 指代军营）里面。城堡的主要功能是军事防御，此外，城堡也是地方领主的居住地，是他们获取个人利益与财富、施展政治抱负的主要活动场所。

丰富的象征符号

中世纪生活的方方面面都透露着某种隐含的信息，即所谓的"象征符号"。命运之轮（左图）是经常出现的图案，象征着即使国王也无法逃脱无常的人类命运，因为命运之手随时可以将任何人卷入不幸的旋涡。

哥特式风格

哥特式建筑最早出现在 12 世纪的法国。交叉的拱门撑起拱顶，大型立柱支撑着拱门，而与此同时，飞扶垛②从外部消减重量。这一技术能够建起高耸的大教堂，使其尽管规模宏大，却依旧细长、匀称，直冲云霄，毫无沉重感。墙壁内嵌入大面积的彩色玻璃窗，使内部空间显得宽敞明亮。

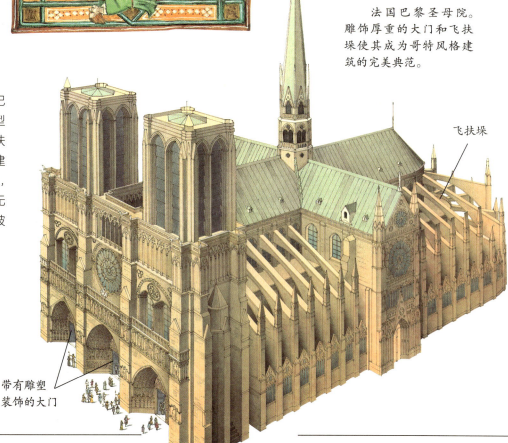

法国巴黎圣母院。雕饰厚重的大门和飞扶垛使其成为哥特风格建筑的完美典范。

飞扶垛

带有雕塑装饰的大门

---

② 飞扶垛（flying buttress），石造建筑结构，半拱（飞）从墙的上部延伸到远处的支柱，并承受拱顶的压力。柱顶通常有小尖塔（金字塔形或圆锥形的垂直装饰），以增加重量与稳定性。

城市的重生

欧洲的城市和小镇曾在数个世纪里疏于经营，10 世纪时，它们终于重获新生，逐渐成为新的社会秩序下的中心。其中很多地方早早便采用了自治的方式（如意大利城邦），商贸中心和学术中心从中脱颖而出。

面包师是城市中最寻常的职业之一。每个家庭做好面包胚，再由家里的女人拿给面包师，在他们的烤炉里烤熟。

鼠疫

公元 1347 年，原以为早在 8 世纪就已绝迹的鼠疫突然在欧洲爆发。4 年间，这种传染病横扫欧洲大陆，近三分之一的人被夺去了性命。此前连续四个世纪的人口增长戛然而止。

《圣母》——西蒙·马丁尼绘（公元 1315 年）

这幅湿壁画由意大利的锡耶纳政府委托西蒙·马丁尼绘制，画中的庄严圣母和圣婴（1）在华盖（2）下，旁边围拢着天使和圣人。这幅作品承载着重要的世俗使命：圣座下方的基座（3）刻着优秀政府该奉行的道德与宗教信条，而圣母则象征着这座城市的共同精神。前景中有两位手举金钵向圣母献上百合花和玫瑰花的跪姿天使（4），以及守护这座城市的四位圣人——圣克雷森蒂安（5）、圣维克多（6）、圣萨比尼昂（7）和圣安萨努斯（8）。画面中还有施洗者圣约翰（9）、圣彼得（10）、锡耶纳的圣凯瑟琳（11）、大天使加百列（12）、大天使米迦勒（13）。

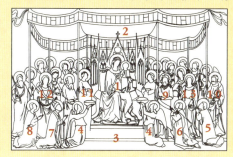

日耳曼人的入侵

5世纪，西罗马帝国经济文化双双衰落。与此同时，长期骚扰西罗马边境的日耳曼部落却越发壮大，最终征服西罗马各行省，建立起所谓的"蛮族"王国。其中，法兰克人定居北部高卢，于是有了今天的法国；西哥特人脚踏比利牛斯山两侧区域（现代法国和西班牙之间）；汪达尔人占领了非洲沿海；盎格鲁和撒克逊人则迁徙到古代不列颠。希鲁里人首领奥多亚塞废黜了西罗马皇帝，坐镇拉文纳统驭意大利，并得到了东罗马皇帝的认可。西奥多里克国王率领的东哥特人击败了奥多亚塞后，重新找回自己的日耳曼和拉丁旧部。公元568年，由于伦巴第人的入侵，意大利遭受了最后一场劫难。

这顶西哥特王冠用黄金和宝石制成，吊坠做成字母造型，拼出这顶王冠主人的名字：李塞斯文（公元653年—公元672年）。安达卢西亚（汪达尔人的土地）的地名便来自西哥特人对这片土地的称呼。

4世纪，两位古罗马皇帝彼此拥抱的雕像，寓意和谐。

古罗马帝国的崩溃

3世纪后，古罗马帝国日益衰落。公元286年，戴克里先皇帝将古罗马分为东罗马和西罗马交给两个儿子统治。不到50年，君士坦丁大帝将首都从罗马城迁到东罗马的君士坦丁堡。贫困人稀的西罗马无力抵抗来自北边和西边的日耳曼各族的侵略。

很多日耳曼侵略者骑马作战。如图中的撒克逊武士，使用弓箭、盾牌、军刀和长矛。

武器

日耳曼武士，或者说条顿武士所用的武器跟古罗马人用的很不一样。双方都会用到的武器中最常见的是石板斧和各种规格的单刃军刀，军刀刀柄是木制或骨制的，有时刀柄过长而不得不双手挥动。这种军刀，战时用于马上杀敌，和平时期用于宰杀动物。

入侵者与定居者

日耳曼人逐年渗入西罗马帝国。起先，他们被接纳并融入古罗马人的社会中，还有很多日耳曼人参了军，与古罗马人一道守护坠落帝国的边境。然而，到了5世纪，"渗透"变为"席卷"，此时，古罗马人想阻拦日耳曼人，为时已晚。

下图：镶嵌画局部，表现的是东哥特国王西奥多里克大帝（约公元454年—公元526年）位于王国首都拉文纳的宫殿中。

4—6世纪日耳曼人入侵古罗马帝国线路图

7世纪的伦巴第金别扣,用来别住外套,男女都可以佩戴。

最后的日耳曼入侵

拉丁民族与其北方邻居的冲突碰撞是欧洲中世纪的发端。伦巴第人是最后一支将自身植入古罗马旧日领土的入侵者,6—8世纪,他们盘踞在意大利半岛的大部分地区。古罗马文化与日耳曼文化彼此交融,成为中世纪社会、艺术、法律等诸多领域的基础。

这件镀金铜板是伦巴第国王阿吉鲁夫(公元590年—公元615年在位)头盔上的饰板。国王坐在中间的王座上,两侧站着武士。长着翅膀的胜利之神庆祝着国王的胜利,左右各有两位权贵献出自己的王冠。古罗马艺术在这块饰板上的痕迹是显而易见的,两种文化正在交融。

新社会

不断侵袭引起的屠戮和饥荒导致农村人口严重下降。被征服的土地一部分留给原先的所有者,一部分由士兵瓜分,这些新来的士兵后来或成为农民,或成为小领主。新的问题出现了,古罗马人和"蛮族"如何和睦相处。这个问题在两种文化的交融渗透中慢慢解决。

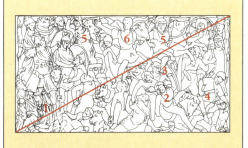

路德维希石棺浮雕

古罗马与日耳曼部落在数个世纪里发生了多次冲突交锋。这件3世纪的石棺记录了公元251年古罗马人与哥特人在阿布里托(今保加利亚境内)的一场战役。战争浮雕用来纪念赫伦尼乌斯·伊特鲁斯柯斯和他的父亲德基乌斯,这两位皇帝在这场战役中双双阵亡。画面被一条从左下到右上的看不见的对角线(1)分割为两部分。败退的哥特人被挤到右下方的三角区域,身体因恐惧而痛苦地扭曲着(2)。古罗马将士们俘虏战俘(3)或将他们就地斩杀(4)。两名胜利的古罗马骑士从画面中央飞驰而来(5),而少年英雄赫伦尼乌斯(6)没有戴头盔,目光正注视着远方。

教会

古罗马帝国轰然倒塌引发了一系列剧变，教会赢得了威望，并在此后数百年的时间积攒了强大的政治势力。强势的教皇，诸如格里高利七世（公元 1073 年—公元 1085 年在位）、英诺森三世（公元 1198 年—公元 1216 年在位），为了捍卫教会至高无上的地位而与世俗领袖们产生冲突，从而得以继续保有和管理大片宝贵的领地。人们呼吁教会重返福音书中传道的贫乏状态，正如公元 529 年在意大利中部蒙特卡西诺创建本笃会的圣本尼迪克特那样。

法国克吕尼的本笃会修道院建于公元 909 年。11 世纪，克吕尼的修道院长也是欧洲各地共 200 座修道院兄弟会的会长，它们直接听命于教皇。

修道院制度

圣本尼迪克特（左图）建立了多所修道院，并为其制定了一套清规戒律。欧洲大多数地方都采纳了这套规则。修道士除了在修道院长的指导下过着祷告的生活，还必须在缮写室里工作，誊写并翻译经文。爱尔兰的修道院运动同样重要，7 世纪，他们将福音书传入大西洋岛屿和今天的德国；12 世纪，克莱尔沃的圣伯纳德创建西多会，修道士多为农民和手工艺人。

修道场所常建在偏僻湿润的地方，修道士们需自力更生，开荒种粮。在遗产与捐助的支持下，不少修道院经过多年经营，成了大地主，雇佣着大量农民。这幅 12 世纪的手绘图中，一名西多会修道士和一名农民正合力砍倒一棵树，开垦新的农田。

阿里乌斯洗礼堂（意大利拉文纳）

这幅 5 世纪的镶嵌画位于洗礼堂的穹顶，描绘的是基督（1）由施洗者约翰（2）施以洗礼的场景。洗礼在约旦河进行，而这幅画里约旦河被描绘成一个人（3）。基督头顶上方是代表圣灵的鸽子（4）。十二圣徒（5）围绕中央站成一圈。顶部没人坐的圣座（6）在拜占庭艺术中代表上帝或基督的再度降临。

罗马的第一座圣彼得大教堂

约公元330年，基督教被宣布解禁后不久，一座献给圣彼得的宏伟大教堂在他的殉道地开工了。这座教堂呈长方形，由4排立柱分出5间中殿。建筑正面建有门廊，供等待受洗的人们暂歇。大教堂最后面是一座半圆形龛，用以举行宗教仪式。这种建筑风格对日后兴建的教堂有巨大影响。

罗马教皇

罗马天主教相信教皇是圣彼得的传人，是基督在人间的代理人，代表着教会的最高权威。中世纪，教皇的世俗权力（土地、政治、经济）不断膨胀，与皇权发生摩擦，双方的博弈各有胜负，但教会占上风的时候更多。

卜尼法斯八世雕像。公元1300年，这位教皇在罗马宣布了第一个大赦年。

东西分裂

拜占庭的基督徒表现出越来越多不被罗马教廷认可的新特点。公元1054年，罗马与君士坦丁堡的分歧最终导致了宗教大分裂，希腊东正教会由此成立。

朝圣

中世纪盛行朝圣。各个阶层的人们踏上漫长而危险的旅途，只为抵达心中圣地——耶稣生活并传教的圣地、耶稣殉难的罗马城、圣詹姆斯的遗体被奇迹般冲上岸的西班牙圣地亚哥德孔波斯特拉。于是，朝圣之路上出现大大小小的旅馆，而任何人胆敢胁迫或抢劫朝圣者将被开除教籍。

东正教教堂里的圣杯（酒杯）。

意大利阿西西的乔托创作的湿壁画局部。圣弗朗西斯正在将魔鬼驱逐出中世纪的一座托斯卡城市。

恶魔

中世纪，基督徒相信自己面对的是一群凶残的敌人，他们会不择手段地偷走人类最宝贵的东西——灵魂。他们的形象通常被描绘为各种不同的恐怖化身，可能是恶魔，是堕落天使，是最邪恶的力量。

修女和女修道院

修女是愿意把自己一生献给基督教的女性，她们住在女修道院里。并非所有女性都是出于宗教信仰才来到女修道院的，也有一些是因为反抗父亲、丈夫，或是流离失所而来到女修道院的。

左图：这是12世纪《孔波斯特拉朝圣指南》中的一幅插图。书中提供了诸如沿途水质量如何等实用建议，打击了那些试图从朝圣者身上赚取不正当利润的摆渡人和其他贪婪者。

圣弗朗西斯和圣多梅尼克

13世纪早期，阿西西有一位家境富裕的青年弗朗西斯，他公开宣布放弃家族遗产，奉行《福音书》中要求的绝对贫穷。他的信徒并非完全与世隔绝，而是靠乞食在各个城镇布道。13世纪，还诞生了一个成功抵制异教邪说（与教会说法不一致的教义）的宗派，这个宗派的创立者是圣多梅尼克。

乔托绘湿壁画。画中，圣弗朗西斯正将自己的斗篷送给一位穷人。

拜占庭帝国

当日耳曼人在西罗马烧杀劫掠时,东边的拜占庭帝国却坚如磐石。拜占庭帝国的边境更易戍守,人口更多,经济也更活跃。拜占庭船队向西的贸易始终没有中断。拜占庭文明建立在古罗马的政府管理、古希腊的语言文化、基督教的信仰之上。而且,拜占庭城作为沟通东西的桥梁,汇集了四面八方的文明。拜占庭人以自己的基督教帝国为傲,自觉充当着信仰捍卫者的角色,对异端外道展开猛烈打击。

君士坦丁大帝(公元 305 年—公元 337 年在位)将帝国都城从罗马城迁至君士坦丁堡。君士坦丁堡位于现在的土耳其境内,是君士坦丁大帝在拜占庭古城原址上建起的一座城市,有"新罗马城"之誉。

拜占庭古城墙

拜占庭城宏伟的城墙修筑于公元 413 年,当时这座城市的名字为君士坦丁堡。城墙绵延 4 英里,有 192 座瞭望台,是这座城市实力强劲与牢不可破的显见证据。5 世纪时,城墙顶住了"蛮族"从欧洲东部草原南下的扫荡;7 世纪和 8 世纪,又挡住了阿拉伯人的进攻;然而,公元 1204 年,它没能阻挡住十字军和威尼斯人,城池沦陷。公元 1453 年,城墙最终被土耳其人毁灭。

下图表现的是公元 813 年同时在位的米海尔一世和利奥五世。

拜占庭皇帝

拜占庭城的皇帝作为准宗教崇拜的对象,通常能够在他们身上看到古罗马元素与东方元素的融合。当皇帝出现时,即使再位高权重的人也必须匍匐在地。皇帝被视为上帝在人间的代表,这也是图像里皇帝身后带有光环的原因。

女人与权力

拜占庭历史上有多位女皇帝走到过权力的巅峰,有时是公开的,有时是躲在幕后的。查士丁尼的妻子西奥多拉在政治领域很有魄力,对丈夫的影响力不容忽视。

伊琳娜女皇(约公元 752 年—公元 803 年)象牙雕。她与儿子君士坦丁六世共同管理朝政,但后来她将儿子囚禁起来,自立为女皇。

拜占庭的财富

拜占庭大城小镇里的商人们从中国进口来丝绸与香料,从西欧和北欧输送回木材和皮草。6 世纪,养蚕技术传入拜占庭,丝绸织物的生产者变得很重要,后来丝绸甚至可以出口了。出口商品还有象牙雕、珐琅器、玻璃器。贤帝治下,贸易一派繁荣,例如,巴西尔二世(约公元 958 年—公元 1025 年)就是这样一位皇帝,他还被称为"保加利亚屠夫"。

公元 1204 年,当欧洲骑士们占领君士坦丁堡时,他们被拜占庭人拥有的财富震惊了。他们洗劫了这座城市,抢走了能抢走的一切。这些马匹(左图)当时被带回意大利的威尼斯城,被保存至今,见证了东西方基督教徒间的裂痕。

逃难的修道士将这幅画带到了意大利的卡拉布里亚。基督的面部曾遭到反圣像者的破坏。

反圣像主义

8世纪早期，拜占庭帝国掀起一场谴责教会敛财的运动，谴责教会违背简朴的信仰初心。运动的结果是圣像被毁灭（又称反圣像主义）。公元717年，利奥三世下令将全部圣像摧毁，将教会财产充公。不过，在此后的数十年里，执行力度逐渐衰减。

深山修士

10世纪开始，自给自足的隐士和修道院开始出现在人迹罕至的希腊北部阿索斯山（圣山）。12世纪，阿索斯山已经不仅仅是希腊宗教人士的隐修之地，这里也有俄罗斯人、亚美尼亚人、意大利人和格鲁吉亚人。现在，这里仍旧是希腊领土上的修道院共和国。人们很难进入这里参观，尤其女人更是严禁进入。

> **《查士丁尼与廷臣》镶嵌画**（6世纪中期，位于意大利拉文纳圣维塔大教堂）
>
> 查士丁尼（公元527年—公元565年在位）是最伟大的拜占庭皇帝之一。这里的查士丁尼身穿紫色皇袍，头后有光环（1）。无论战争、宗教、文化还是政务方面，查士丁尼在拜占庭历史上都扮演了重要角色。他重修罗马法《民法大全》，尝试重新统一曾经的古罗马帝国，尽管未能成功。他身边站着拉文纳主教马克西米安（2）、帝国政要们（3）、护卫（4）和高阶神职人员（5）。
>
>

封建时代

9世纪至10世纪，欧洲再次遭到入侵，这次的侵略者来自严寒的北亚和西亚。待局势缓和过后，欧洲的大部分地区已成了由国王统治的一个个独立小国。它们代表的是一种新的社会组织形式，历史学家称其为"封建制度"。在这一体制下，国王将土地分封给势力最大的几个贵族家族，作为交换，贵族要承担军事义务，效忠王国。大贵族再将自己的土地分给小贵族和骑士，并从他们身上获得同样形式的忠诚。分封顺着社会垂直等级层层向下。农奴，或者说农民，处于社会结构的最底层。他们从当地地主手中分得土地，上交地里的产出和自己的劳役。14世纪爆发的鼠疫动摇了封建制度，因为人口锐减让底层阶级有了更大的谈判权。

右图：匈牙利国王斯蒂芬一世的王冠。9世纪入侵欧洲的马扎尔人在匈牙利定居了下来。公元1000年的圣诞节当天，斯蒂芬成为匈牙利第一位国王。

左图：维京战士的沉重的金属头盔。

下图：9世纪，撒拉逊人攻打意大利西西里地区。

10世纪，一群诺曼人在法国西北部的诺曼底定居下来，并建立了稳固的公国作为出征英国和意大利南部的基地。下图来自贝叶挂毯局部，呈现的是公元1066年诺曼人进攻英国的历史。

9—10世纪马扎尔人、撒拉逊人、维京人侵袭线路图

9世纪至10世纪的入侵

从8世纪末开始，欧洲从三个方向遭到侵犯：诺曼人（来自北方，常被称作"维京人"）是8世纪里因定居地人口饱和而向外寻找出路的斯堪的纳维亚人，他们来到俄罗斯、冰岛、爱尔兰、英国，洗劫大小城镇，如波尔多和里斯本，甚至划船逆流而上扫荡乡村；阿拉伯撒拉逊人从南部入侵欧洲，在南欧传播宗教；马扎尔人从东欧出发，直捣欧洲中部。

下图：查理大帝，即查理曼，是加洛林王朝最强的统治者，也是中世纪最伟大的君主之一。公元800年12月25日，教皇利奥三世在罗马城为其加冕。

加洛林王朝

8世纪中期，加洛林王朝取代了之前统治法国的墨洛温家族。查理曼统治时期，王朝步入巅峰。他不仅开疆拓土，极大增加了王朝的疆域，而且施行开明的管理方法和官僚体制，促进了全欧洲经济与社会的进步。查理曼去世后，他建立的帝国被子嗣们瓜分，然而，没有一位最终成为有能力的统治者。

神圣罗马帝国

加洛林王朝覆灭后，后续数个王朝的统治者源自日耳曼，其统御的疆域在13世纪被称为"神圣罗马帝国"。公元962年，曾经的查理曼帝国终于被奥托大帝统一。此后的帝国，不同家族轮番登场，中央的权力时大时小，领土有得有失，就这样一直到了公元1806年，哈布斯堡－洛林王朝的弗朗西斯二世宣布放弃神圣罗马帝国皇位，帝国解体。贯穿中世纪，神圣罗马帝国在大部分时间里囊括了今天的德国、奥地利、捷克共和国、瑞士、法国东部、荷兰和意大利北部。

右图：腓特烈一世，又名巴巴罗萨或红胡子，是霍亨斯陶芬王朝十分著名的一位皇帝。公元1155年，他成为神圣罗马帝国的皇帝。

封建时代

骑士爱情：仕女观看骑士格斗

11世纪，中世纪文学作品中出现一类新的理想爱情。骑士爱慕并追求已婚仕女，双方保持一种近似于属臣与领主的关系。这是一件中世纪镜子背面的象牙雕刻，两位骑士（1）和（2）正在爱情的城堡（3）前格斗。仕女们（4）站在城墙（5）上看着他们格斗。画面最上方，天使丘比特（6）向其中一位仕女射出爱情之箭。很明显，那位仕女已经为爱着了魔。

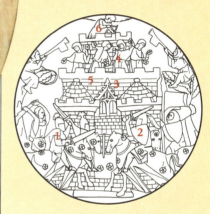

奥托二世任命主教的浮雕。

同一片天空中的两个太阳

起初，罗马教皇们是支持神圣罗马帝国皇帝的，但随着时间推移，双方成为死对头，在各种问题上争执不下，欧洲由此划分为两个阵营。在教皇是否是唯一有权任命主教的"授职争议"的问题上，政教纠纷尤其相持不下。当然，所有争执都可以追溯到同一个原点——两位统治者谁的权力更大。

左图：图中的教皇与皇帝如兄弟般互相抱在一起，同坐在一把宝座上，而现实中，教皇与神圣罗马帝国的皇帝几乎一直处于闹别扭的状态。

右图：中世纪微缩画局部。画中描绘的是公元778年龙塞斯瓦利斯战役中的圣骑士罗兰。

武功歌

有80多首颂扬查理曼的事迹、他的时代和后人的诗歌（即当时的"歌曲"）流传至今。其中最古老，也是最有名的一首名叫《罗兰之歌》。歌中传颂的是查理曼大军和撒拉逊人在比利牛斯山爆发的一场战斗。

战 争

中世纪充斥着无休止的战争。经过数个世纪的演变，格斗技术、武器、防御工事和战术早已不可同日而语。当一个城市的存亡取决于一场战役时，军事霸权与国王声誉紧密相连，变得至关重要。10世纪的欧洲，军事生活主要与贵族相关，因为他们的城堡是主要军事力量所在。到了11世纪以后，各地的城市也建起了防御敌人的城墙和塔楼。

盾徽出现于中世纪，是骑士们用来在战斗中识别身份的标志。由于身穿重甲的骑士很难辨认，故用盾徽来区分敌友。后来，盾徽演变为家族徽章、联盟徽章、所有权标记和职业徽章。

左图：这幅彩绘出自伟大的史诗《罗兰之歌》，查理曼的部队在收复西班牙的战斗中失利，返回法国的途中，又在比利牛斯山遭遇袭击。

城堡：堡垒与住所

城堡有不同的建筑类型，每座城堡都集合了多重功能。它们的主要用途是作为军事据点，但同时也是散居在乡村地区的人们集会、贵族安居的地方。城墙以内，通常有一座主塔，一座教堂或小礼拜堂，举行审判和召集骑士的大礼堂，以及地窖、储藏室、水井、马厩、谷仓等工作区。

《古伊德里其奥将军骑马像》——西蒙·马丁尼绘

这幅湿壁画中画的是意大利的两座中世纪城堡——蒙特马西城堡（1）和萨索弗特城堡（2）。它们被古伊德里其奥将军率领的军队占领后，便归于锡耶纳，而画面中以胜利者姿态昂首前行的人正是古伊德里其奥将军本人（3）。湿壁画以写实的手法描绘了城堡、骑士和围成的军营（4）。营帐（5）、栅栏（6）、长矛（7）和旗帜（8）皆清晰可见。

耀眼的盔甲

13世纪，骑士的铠甲由锁子甲和锁子甲帽兜两个主要部分构成。锁子甲穿在皮长衫外面，用来保护颈部和胸部，而锁子甲帽兜则穿戴在头盔里面。其他小部件（如长筒袜、铁护腿）是用来保护腿部的。在盔甲外面，骑士们会穿上带有家族徽章的布外衣。战马身披保护垫，上面展示着骑士家族徽章或盾徽。

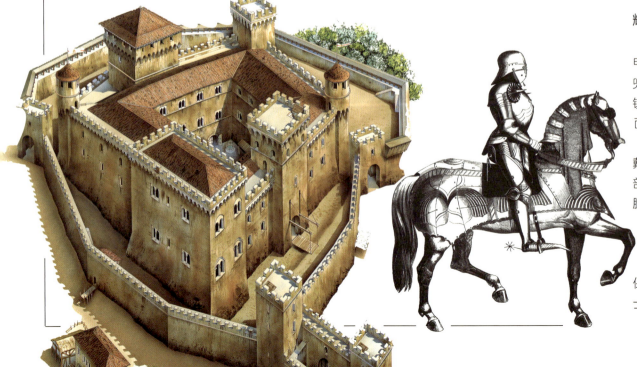

弩

弩从长弓发展而来，虽然射程短，但与长弓相比，极大提高了精准度。轻弩由步兵和骑士使用，立式重弩通常在围攻城镇或城堡时使用。13 世纪，弩在欧洲已经很普遍了，这让骑士不得不加固胸甲，才能承受住更重的打击。

战争机械

这架抛石机（上图）有 50 英尺高（约 15 米），靠杠杆原理驱动长手臂，向敌方投掷巨石。此外还有冲撞车，将巨木装在轮车上撞毁城墙或城门；以及石弩，大力将木板拉回，松开后木板弹出，将飞弹射向城墙。

14 世纪法国的手绘插图。骑士们已挖开城墙地基，城墙上的守军奋力从上面将木板砸下来。

被包围与包围者

城墙之上的墙垛后面有一条通道，守城军可以从这里泼下沸水滚油，将石块砸向攻城者，这是抵御攻城仅有的方法，而围城者则在城墙下挖地道，纵火将城墙烧塌。

希腊火：可怕的秘密武器

海战时，拜占庭军队使用了一种名为"希腊火"的燃烧物质。它利用虹吸原理向敌人发射燃烧弹，且无法用水熄灭。"希腊火"的配方是严格保密的。

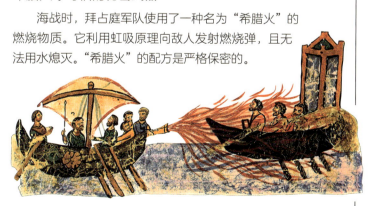

城市

古罗马帝国解体后，古代城市的面貌渐渐改变。居民数量的下降使城墙内出现遗弃荒废之地，或退回农田。古罗马城市的精华所在（如下水系统、水道桥、道路）因得不到维护而损毁或倾塌。11世纪经济复苏时，古罗马城市再度复兴，新的石建筑、城墙、广场得到兴建。

很多发源于古罗马时期的城市，其古代纪念建筑都能够与后来的建筑和谐共处，融为一体。例如（下图）意大利卢卡的一处广场里的私人住宅便是建在一座竞技场里面。从图中仍能看出古罗马建筑的椭圆造型。

市政厅

12世纪末，许多城市政府都在市政厅办公了（图中为意大利锡耶纳市政厅）。市政厅通常位于城市主广场，市民大会、司法审判、公共基金保管都在市政厅。市政厅建筑多有厚实的墙壁和塔楼，很像一座堡垒，但同时，也装饰着能够展现城市价值观和财富的湿壁画和雕塑作品。

垃圾

缺少排水下水系统是中世纪城市的一大难题。人们甚至将有机垃圾直接扔出窗户。瘟疫的隐患时刻存在。

有的房屋建有原始的户外厕所。左图出自15世纪版本的乔瓦尼·薄伽丘（公元1313年—公元1375年）的《十日谈》，这是公元1348年一群逃离鼠疫蔓延的佛罗伦萨年轻人讲述的故事集。

中世纪的城镇熙熙攘攘，人们常往来于商铺，尤其是市场。城外的人也带着自己的东西来出售，狭窄的街道挤满小贩。城门黎明打开，黄昏关闭。商贩进城通常要交进城费。

绿地

城墙以内有大量空地，空地中种植着果树、药草、蔬菜。有钱的人家往往将这里改造为花园，成为中世纪文学中那些能听到美妙音乐、上演浪漫约会剧情的令人愉快的地方。

城墙

几乎所有中世纪城市都有城墙。很多城市因为公元1000年后经济复苏带来的新建筑增多而专门扩建了城墙。进出城墙要穿过巨大的城门。城墙通常以圣人的名字命名，设有岗哨。包围起来的城墙上建有塔楼，塔楼之间的距离在弓箭射程内，这样可以保证整段城墙都在保护范围内。

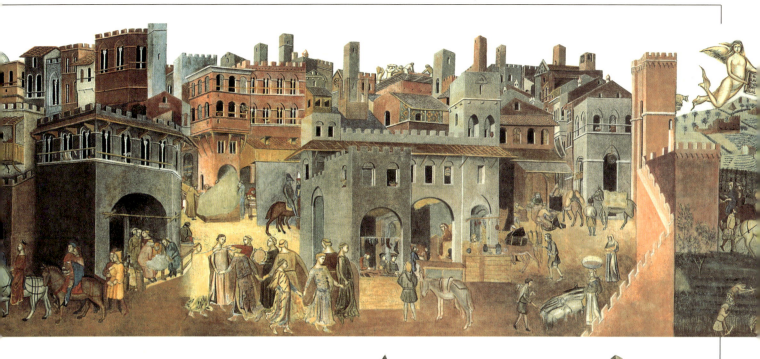

《好政府的寓言》
安布罗焦·洛伦泽蒂
（公元 1337 年—公元 1339 年绘）

这幅湿壁画展示了一个理想的中世纪城市，建筑坚固匀称，商铺、建筑工地井井有条，城门大开，一派和平的景象。委托者（锡耶纳市政府）的用意在于以田园诗般的画面形象地传达一个优秀、明智的政府所能达到的效果。画中写实的细节尤其令人兴致盎然：窗上挂着鸟笼（1），商店陈列着商品（2），窗台上摆着几瓶鲜花（3），人们边走边聊（4）。这些都可以让人们看到一座 14 世纪中世纪城市生活的样子。其他细节还有城门（5）、城墙（6）和正在盖的房子（7）。

城市向上生长

11 世纪，欧洲的经济条件改善，激励着人们从乡村来到城镇谋生。最好且可行的方式就是充分利用城墙以内的空间，于是意大利出现了高达 200~230 英尺（60~70 米）的塔楼建筑。这些塔楼既是住所，也是与敌对家族发生冲突时期的避难所与堡垒。这些建筑极少能够保存至今，因为打败一个家族后经常要摧毁，或拆矮其塔体。

上图：14 世纪中期，意大利佛罗伦萨的城墙与塔楼景观。

北欧建筑

北欧较少使用石料，绝大多数私人住房都是木头建筑。这极大增加了火灾隐患，因为除了室内的灶台壁炉，每个城市还有面包窑以及铁匠和其他金属工种的锻造炉。

下图：繁忙的吕贝克港和附近的汉堡港是商业城市汉萨同盟的创建者。

农奴制

到了13世纪,在地里干农活的人,要么是被当地贵族赐予了土地的自由农民,要么是为贵族耕种土地的农奴。农奴依附于土地,当土地被出售或转赠时,农奴也随之归土地的下一任主人所有。农民和农奴都要为领主充当劳役,即没有报酬的义务劳动,例如,修缮城堡、修路架桥、新建磨坊,等等。

意大利特伦特的布昂康西里奥城堡湿壁画

不少教堂和城堡都用日常生活场景作装饰壁画。这幅湿壁画位于布昂康西里奥城堡的鹰塔内,是一年十二个月农活图中的一幅,描绘的是七月(1)和八月(2)的田间景象。七月,农民们用镰刀(3)除草,再用干草叉摊晾干燥(4)。有人在湖上捕鱼(5),有人带着猎隼(6)正要去打猎。前景中,一位贵族青年将宠物小鸟送给一位仕女(7)。八月,农民们收割谷子(8),装车(9),再叉到谷仓里,为冬季做好储备(10)。前景中,几位带着隼鸟(11)的贵族站在由围墙围起的花园里,一位男子正从藤上摘下一枚果实(12)。

普通农民没有犁具(下图)。犁的作用是在播种前,在地上切出一道道沟,翻松土壤。犁通常由领主所有,或被整个村庄的人共有。

珍贵的树

林地对于中世纪农村经济至关重要。人们在林地狩猎,养猪,采集水果、莓果、蘑菇和根茎,砍伐林木用作燃料和建筑材料。最珍贵的树是栗子树,果实能吃,栗子木耐磨,常被用来架梁、制作水桶或农具。

乡村

数个世纪里，乡村历经变迁。中世纪早期，间杂着农田的大片森林，逐渐让路给中世纪晚期精心安排的规划绿地，人们在一块地里种不同的庄稼。葡萄藤攀着果树生长，一行行葡萄藤之间还长着小麦、大麦等谷物。农户人丁众多，儿子们婚后不分家自立门户，仍旧跟父母住在一起，共同分担农活，扩大耕种。

这些公元1300年前后的手绘插图画着农民要向庄园主交纳的农产品。

上图：每个村庄中都有铁匠。铁匠有很多重要的工作，如钉马掌，包括打造、修理农具和生活用具，锄头、耙子、犁、刀、锅碗瓢盆。

村庄

9世纪至12世纪，一种新的聚居形式——村庄——出现了。村庄出现前，农户零散居住在乡村地区，耕种着自己的土地。村庄诞生后，一般建有防御工事，外围的土地分作三块（离城市最近的种蔬菜，然后种葡萄，最后种庄稼）。农民们都住在城堡式的村庄里，田里的收成和农具，还有圈养的动物也都在村庄里。

养蜂人

蜂蜜在中世纪十分重要。蜂蜡可以制作蜡烛，是家庭和教堂照明的必需品。蜂蜜是甜味来源，在很多药剂的调制过程中也会用到。

收获葡萄

葡萄的种植范围很广，葡萄酒在欧洲许多地方都是主要饮料。每块农田的两侧常种有一排排的葡萄藤，用木桩或树作葡萄架。地中海有些地区不用葡萄架，葡萄就直接匍匐在地上生长。

磨坊

古罗马人最先发明的水磨坊在11世纪已经得到了广泛应用。水磨坊主要用来磨谷子，也有一些其他用处，比如，驱动灌溉农田的水泵、铁匠铺的风箱、磨布的刃带（使其又柔软又强韧）。当地领主负责管理磨坊，也可以将磨坊租给农民使用。11世纪时，一种新型磨坊从阿拉伯地区传入欧洲，用风而非水来提供动力。

佛罗伦萨的弗罗林金币

从查理曼时代开始，欧洲的主流货币是银币。公元1252年，第一枚金币在佛罗伦萨诞生了，称为"弗罗林"（因为钱币的一面印着佛罗伦萨市徽，即百合花）。弗罗林一经铸造便迅速在欧洲各地受到欢迎，不少铸币厂开始仿制。

两种"更安全"的货币：佛罗伦萨金币弗罗林和热那亚金币热那维诺。它们分别由佛罗伦萨和热那亚的铸币厂铸造并担保，在东西方市场上都可以流通。

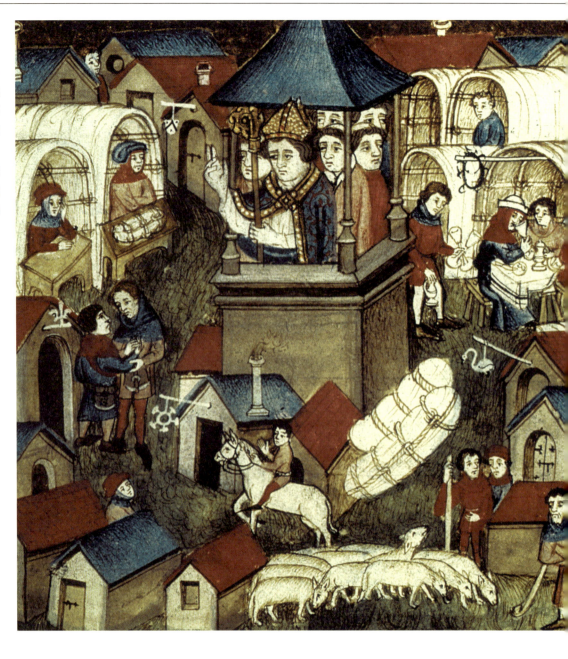

商人与贸易

在遭到侵略和被迫迁徙时，生产和贸易都会衰退。11世纪，欧洲经济开始渐渐复苏，很多城镇（比如著名的法国香槟区的小镇）的市场开张，集市恢复，吸引着远近的商贩和买家。集市大多选在宗教节日里开办，而商人们也确实喜欢聚集在有朝圣者的地方，因为朝圣者迫切需要买东西。阿拉伯与拜占庭的举动印证了这也是一个东西方增加交流的时期。贸易扩大催生出商人同业公会，后来又出现了手工艺者的同业公会。同业公会是一个保护特定群体利益的组织。这时，新钱币也开始在欧洲流通。

法国桑斯的主教市集

中世纪的城镇乡村中都有自己的市集。人们从乡下赶到这里买卖食物、衣服、工具，或者任何他们无法在家制作的东西。早期的市集是以物易物——不同商品互相交换，无须支付货币。这是法国14世纪手抄本中的一幅图，画的是丹尼斯大平原上每年六月举办的为期两周的市集。羊（1）被赶过来沽售，商贩在帐篷似的货摊（2）里摆出各式货物。右侧的帐篷（3）为口渴的商贩提供葡萄酒和啤酒。画面中央，主教（4）主持着正在发生的一切。

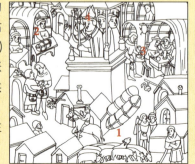

右图：商人们从东方返程途中经停波斯湾的港口，船上装载着一头骆驼和一头大象。动物常被带回欧洲献给王子或其他贵族。

东方的香料

香料是来自东方的舶来品。商人交易买卖那些最受欢迎的香料，如胡椒、姜、肉桂。胡椒产自印度，游历东方的威尼斯商人马可·波罗写道，他曾在马来西亚看到很多无边无际的胡椒种植园。阿拉伯商人们将这些货物从遥远的地方带到地中海的国度。

汉萨同盟

13世纪，北海和波罗的海沿岸的城市开始为了保护共同利益而联合起来。"汉萨"源自一个古老的日耳曼词语，意为"同伴"。汉堡港是汉萨同盟的重要成员。14世纪中期，同盟几乎涵盖了德国所有的较大城市；公元1400年，其成员已有160座北欧城镇。同盟大会在吕贝克港召开，成员们在此讨论如何协助赢得对外贸易控制权，抵御海盗和强盗。如果有城镇拒绝加入同盟，那么那里的商人将无法将货物卖出好价钱。同盟垄断了与俄罗斯的皮草贸易、与挪威和瑞典的渔业贸易以及与比利时的羊毛贸易。成员内部也发展出了商业法体系，来保护自身利益。直到公元1699年前，汉萨同盟始终是一支强大的力量。

下图：这些标志是佛罗伦萨织布公会的成员才可以使用的商标。交易是高度有组织，且受到严格监督的。同业公会控制着市场和度量衡，某种程度上也控制着物价。

货币兑换

最早的货币兑换人出现在13世纪的城镇市场里。他们兑换钱币，并从中收取佣金。如果他们不履行承诺，他们的摊位就会被城防人员"破坏"（破产的英文bankrupt就是由破坏的英文broken发展而来，ruptus是拉丁文"破坏"的意思）。后来，随着贸易的兴盛，有人创立了专业银行，并在各主要城镇设立代表处。

公元825年，汉堡港在汉马堡周围发展形成，阿尔斯特河和易北河从其两旁流过，使汉堡成为天然良港。汉堡是汉萨同盟的创始成员，在整个中世纪时期一直是重要的贸易中心。

中世纪没有街道照明设施，城里人往往会雇佣巡夜人在夜间巡逻——巡夜人便提着这样一盏灯，很可能还随身带着棍棒。

蜡烛

蜡烛是除油灯以外唯一的人造光源。将融化的蜡或动物油脂倒入模具，再预留一段蜡烛芯，一根蜡烛就制作完毕。待蜡烛凝固后，刮去外表的瑕疵，就可以在杂货铺售卖了。除了蜡烛，人们还可以在杂货铺买到海绵、香料、药草等。

商品用盘秤和杆秤称重，杆秤就是图中墙上挂的那种。两种工具都是古罗马发明的，几个世纪过去了，仍在使用。

同业公会

商人们组成各类同业公会的中心目的是保护贸易。它们通常是有宗教性质的，既参与慈善事业，也保护自身成员。同业公会在城市生活与政府运作中都有重要影响力，有的同业公会上演宗教神秘剧，是中世纪人们能够欣赏到的主要戏剧形式。同业公会推行产品标准，却不喜欢竞争，也不愿接纳新成员和新方法。

布商

佛罗伦萨是纺织品贸易中心，除了本地生产的棉布、羊毛织品，也做贵重的、装饰性的和刺绣的织物生意。意大利和西班牙生产的丝绸出口全欧洲。14世纪时，丝绸成为普通用品。为了满足上流阶层的需求，还有像锦缎、绸缎、天鹅绒这样的特殊布料。

授业、文化与科学

从艺术与科学的角度来看，中世纪曾被认为是停滞不前的，然而，今天我们已经意识到，这段时期也发生了一些重要变化，并潜移默化地为当代文明做了铺垫。在文学领域，手抄员做出了关键性贡献，他们通过阿拉伯文献来源，传抄保存下大量诗歌与科学文献。皇帝与教皇当然明白文化的重要性，13世纪，他们捐资开办了众多大学。与此同时，科学与技术领域也在进步着，尤其到了中世纪晚期，在城市扩张的带动下，大量城镇规划项目付诸实施。

医生正将骨折的腿装进一个用草或木头制成的定型模具里。

14世纪，一种名为"鼠疫"或"黑死病"的恐怖传染病蔓延整个欧洲，夺去了约三分之一人口的生命。左图这样的医生防护服说明虽然人们尚不清楚传染是如何发生的，但已经认识到了传染的危险性。尖嘴内部塞了气味强烈的香草，人们希望它能"净化"人呼吸进去的空气。

中世纪用药草救死扶伤，治病救人。图中两种药草是苦艾（左）和兜藓（右），分别用于驱赶跳蚤和治疗胸肺不适。

医疗

当时有两种医生：一种是家庭医生，他们的工作只是把脉和验尿；另一种是治病医生，懂人体解剖学，用草药和手术的方式治愈疾病。外科手术，如剖腹和截肢，往往是在未经麻醉的状况下进行的。

机械钟表

机械钟表最早出现在13世纪末的欧洲，渐渐取代了敲钟。它有配重装置，按钟点报时。图中这些是公共钟表，安装在高高的塔楼上，在每天的重要时刻报时（譬如开关城门、轮换卫兵、召集市民集会），整座城市都能看到和听到。

这幅画绘于公元1352年，图中法国普罗旺斯的红衣主教乌戈戴着一副眼镜。

夹式眼镜帮了抄写员和插画师的大忙。

眼镜

第一副眼镜诞生在13世纪末期的比萨，但眼镜生产中心却位于玻璃工艺历史悠久的威尼斯。先用粘了沙子的杯形工具打磨玻璃，将打磨好的玻璃清洗干净，再用极细的粉末抛光，眼镜片就制成了。

绘制地图

这张地理制图反映了13世纪时人们认知的世界。圣城耶路撒冷位于最中心。海上和陆地上的旅行、探险充实着人们的知识。地图的准确度不断提高。

授业、文化与科学 23

手抄者

我们对早期文学的了解应该感谢那些参与誊写、抄录的修士们。除了抄录当时的文本，他们还要誊写更古老的文本，在印刷术远未发明的时候，这一切全靠手工完成。修士们伏在倾斜的工作台上，可用的工具有笔或芦秆（削尖的草秆）、刮除笔误的刮刀、尺子、固定每行书写位置的卡尺。

插画手抄本

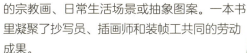

手抄本的书页上常常装饰着插画，它们都是真正的艺术品。正文首字母被画成暗合正文内容的宗教画、日常生活场景或抽象图案。一本书里凝聚了抄写员、插画师和装帧工共同的劳动成果。

学生上课

欧洲的大学从大教堂和修道院学校发展而来。12世纪，这些大学仍在教会统领下，其主要目标是培养高阶神职人员。到了13世纪，很多大学已经有了自己的章程，师生们根据章程来决定开设哪些科目以及教学方法。慢慢地，大学发展出了自己的专长：巴黎大学以神学知名，博洛尼亚大学长于法律，而帕多瓦大学则医学是其长项。

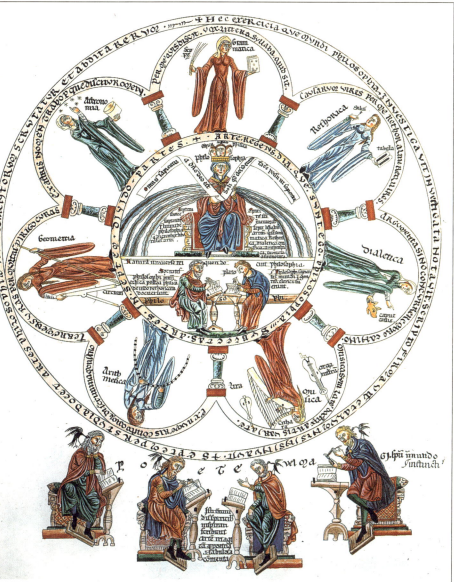

哲学与七艺

这幅12世纪的德国微缩画中绘制的是中世纪大学里开设的科目。外圈代表无所不包的哲学（1）。七艺包括：文法（2）、修辞学（3）、辩证法（即逻辑辩论）（4）、音乐（5）、算术（6）、几何学（7）、天文学（8）。下方的人物代表四大文学科目（9）。

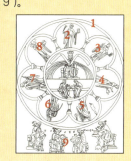

艺术与建筑

10世纪至13世纪，建筑（尤其是教堂建筑）在各艺术领域中处于领先地位。教堂普遍采用最牢固的石头建筑，是名副其实的"上帝的堡垒"。这种建筑风格被称为罗马式，因其兼具古罗马艺术痕迹与基督教精神，以及已在西欧定居的日耳曼民族的活力。罗马式过后是哥特式风格。哥特一词原本带有贬义，一开始，人们认为这种风格破坏了古典传统；然而，哥特式建筑轻盈、纤细的经典造型散发着一种新的活力，这种艺术风格很快被建筑、雕塑、绘画、插图，以及金器、家具、挂毯等各艺术门类所吸收采纳。12世纪，中世纪的学问以经院主义为开端开始复兴。"经院主义"一词囊括了中世纪所有的治学领域（哲学、神学和科学）。与此同时，口语（方言）在文学和音乐中获得了认可，正如口语在吟游诗歌中所发挥的作用那样。

很多罗马式教堂都用美轮美奂的雕塑做装饰，比如，法国沙特尔大教堂里的毕达哥拉斯雕像。

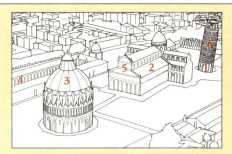

意大利比萨的大教堂、洗礼堂和高塔

11世纪至13世纪，意大利西海岸的比萨城十分富有，是举足轻重的贸易城市。正是在这一时期，比萨人建造了奇迹广场上的若干纪念建筑，包括世界著名的比萨斜塔（1）、大教堂（2）、洗礼堂（3）和墓园（4）。比萨大教堂是最震撼人心、最威严的罗马式教堂之一。其正立面（5）装饰华丽，且装饰图案母题在其身后高塔的拱廊画壁（6）上一再重复出现。洗礼堂在后世曾以哥特式风格做过部分重修。风格的有机融合使其成为建筑史上最美的作品之一，形象地传达出建筑所凝聚的新时代特征。

法国巴黎圣母院的滴水兽，即喷水口。哥特式建筑上普遍设计有滴水兽。

沙特尔大教堂的彩色玻璃窗，画的是《好撒玛利亚人》的故事，观看顺序是先上后下，然后左，最后右。

彩色玻璃窗

那些为大教堂内部空间带来美妙光线的彩色玻璃，最早诞生于中世纪的欧洲。彩色玻璃与中世纪教堂的环形湿壁画类似，画的内容都是《圣经》中的故事，目的是帮助大多数信徒（文盲）理解《圣经》。彩色玻璃的设计图案要先画在木板上，接着玻璃工匠将彩色的玻璃片放在木板上，按照预先画好的图案用烧红的铁锥切割出相应的形状，然后，用珐琅画上细节，最后通过烧制固定颜色。

下图：德国沃尔姆斯附近罗施修道院的门房。修道院始建于8世纪，入口还保留着古典时代的凯旋拱门的样式。当地建筑家们试图模仿早期的基督教堂，但仍有大量日耳曼特色融入其中。

拜占庭建筑有自身的传统与风格。多数拜占庭教堂建有半圆屋顶，正如这座10世纪建于意大利南部卡拉布里亚的小教堂一样。

下图：圣胡安-德-巴诺斯-德-塞拉托小教堂是西班牙现存状况最好的西哥特式建筑，建于公元661年。

英国基尔佩克教堂的罗马式大门，装饰丰富，可追溯至公元1140年左右。

这件装饰性雕刻来自法国阿尔勒一座教堂的门廊，基督身边围绕着象征马修、马克、卢克、约翰的图案符号。

西班牙布尔戈斯大教堂建于公元1221年，高耸的哥特式尖塔是15世纪后加上去的。

地区差异

中世纪建筑的发展主线是从早期的日耳曼入侵者的敦实建筑（见对页），到坚固而优雅的罗马式建筑（见上面的比萨建筑群照片），再到以几乎不可能实现的纤细尖塔为标志的哥特式建筑革命（见左图）；然而，由于所处欧洲地区不同，因此隶属同一风格的建筑也会有所不同。地方观念与传统混杂在新思路里，为每一栋建筑赋予了与众不同的地方魅力。

《仕女与独角兽》

这是法国巴黎的克吕尼中世纪博物馆所藏一组六件挂毯中的一件。前五件分别代表五感——视觉、听觉、味觉、触觉、嗅觉——而第六件象征放弃五感。六幅画面中都有仕女（1）和她的女仆（2），还有一头狮子（3）和一只独角兽（4）。在这件挂毯上，仕女正小心翼翼地将一条项链放进女仆手捧的首饰箱里（5）。一顶亮蓝色的帐篷（6）从仕女身后掀起，将人们的注意力集中到仕女身上。帐篷上写着法文文字（7），翻译过来是"顺从我意"，意思是仕女按自己意愿自由地放弃感官的激情。鲜红色的背景上画满小花（8）和四种不同的果树（9），还画了不少动物，如几只兔子（10）、一只山羊（11）、三条狗（12）、一只猴子（13）、一只小羊羔（14）和两种鸟（15）。历史学家并不确定这些挂毯制作于何处，由何人织就，但可以确定的是，它们是当时最美丽的作品。

圣像

圣像是东正教传统中的艺术品，画着神圣的人与事迹。这些宗教图像源自拜占庭艺术。8世纪至9世纪，围绕宗教图像的使用问题一直存在争议（破坏圣像之争，见第13页）。

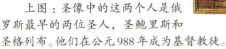

上图：圣像中的这两个人是俄罗斯最早的两位圣人，圣鲍里斯和圣格列布。他们在公元988年成为基督教徒。

彩绘十字架

中世纪，继承自拜占庭艺术的彩绘十字架成为一个受欢迎的主题。十字架上画着基督受难，高悬于凯旋门上，或安置于教堂内的神职人员活动区域和教堂中殿之间。早先，基督的形象是活着的，他眼睛睁开，身体结实，看不出受苦和死亡的迹象；但是在13世纪，"受苦受难"的基督形象取代了原先的形象，人们看到的是死去那一刻的基督，他垂着头，绵软无力而又沉重的身躯已没有生命，钉在十字架上。图中的基督受难取自意大利画家契马布耶的作品。

凯尔特十字架

凯尔特艺术以泥金圣书闻名遐迩，也创造了圣经故事浮雕十字架。这些石雕十字架出现于9世纪至10世纪，当时，修道院在爱尔兰很盛行。

木雕

木头在中世纪是建造房屋、教堂、桥梁和其他建筑物的必需材料，同时，也是雕刻的主要原材料。罗马风格木雕最常见的题材之一就是圣母玛利亚将圣婴耶稣抱坐在自己的腿上。雕刻完成后，还要在表面涂上鲜艳的色彩。

12世纪，西欧的圣母信仰兴盛起来。这件13世纪早期的彩绘木雕像出土于西班牙的加泰罗尼亚。

右图：意大利米兰圣安布罗斯教堂中一座装饰华丽的祭坛上的细节。

珠宝与金属加工

中世纪珠宝工匠和金属工匠能制作出精致至极的搭扣、别针、带扣、吊坠、项链和王冠。工匠掌握各种高难度技术，譬如压花、金银丝、造粒、开孔，而且特别热衷于用宝石和玻璃浆为他们的作品作镶嵌与装饰。

经院哲学

11世纪开始，大多数知识通过附属于修道院或大教堂的宗教学校传授，这种背景下传授的神学与哲学思想被称为"经院哲学"。后来，有了老师与学生联合自由创办的大学。经院哲学的目的在于建立人文理性与《圣经》所传达的神圣信仰之间的和谐。信仰与理性尽管不同，但二者追求的是同一个真理。圣托马斯·阿奎那（公元1226年—公元1274年）是经院哲学的主要倡导者，他曾在巴黎、博洛尼亚和那不勒斯任教。

中世纪艺术大多与宗教相关，或由教会成员委托定制。上图是11世纪一位主教的曲柄权杖头，由象牙雕刻而成。左图是圣骨匣，这是一种用来盛装圣人遗骸或遗物的特殊箱匣。

日常生活

历史曾只关心战争、国王、王后,以及那些重要人物的生平与时代,然而,20世纪开始,很多历史学家开始研究百姓的日常生活。这些历史学家相信,了解人们吃些什么、如何穿衣、睡眠、自娱自乐对于了解一段历史有至关重要的作用。现代历史学家依旧在研究一个时代的权贵,研究诸如战争、经济衰退这样的大事件,但寻常人家的衣食住行也进入他们的研究范围。在中世纪,大部分人生活在乡下,生活穷苦,而富人阶层住在乡间别墅或舒适的城市住宅中,享受着各式各样的体育、游戏和娱乐活动。

富人们享受丰盛的筵席。当时,欧洲还没有叉子,他们只能用刀和双手来吃饭。

洗澡

中世纪也有公共浴场,由公民个人或城镇管理者经营。除了享用热汤浴和冷水浴,公共浴场还是聚会见面、吃吃喝喝或找乐子的地方。浴缸是用木板拼成的大木桶,通常带有顶篷或浴帘,可以保温并留住水蒸气。

中世纪的孩子们

中世纪,多数孩子并不幸福,遗弃新生儿的情况频繁发生。人们为此建起收养弃儿的收容所。这些机构负有监护和照顾弃儿的职责,孩子也可以随时被人们认领。即使是富裕人家的孩子,也可能被送去修道院或其他家庭寄养,这样就不会有太多继承人来争夺遗产了。

地方官正在决定两个孤儿的命运(插图来自14世纪的一本法典)。

食物与烹调

中世纪的烹调方式受阿拉伯和东方菜肴的影响较大,会用到大量产自中东的香料:藏红花、姜、肉桂等,不胜枚举。吃不起这些奢侈香料的人则会用大蒜、洋葱和香草。富人和贵族的餐桌上摆满肉,搭配从胡椒风味的到苦甜参半的各式酱汁,而卑微的平民则只能喝粥。而无论身份如何,大家最常喝的饮料就是葡萄酒。

服饰:关乎身份

这几位年轻人在玩一种风靡全欧洲的游戏——盲人捉迷藏,他们的身份属于商人阶层和贵族,从他们时髦的衣服就能判断出来。这些衣服用色彩丰富的布料裁制,有佛兰德或意大利生产的天鹅绒、羊毛和丝绸。农民和佣工穿的衣服样式简单,材料也较粗糙(棉花、亚麻、廉价羊毛),一般是技艺不那么高超的本地裁缝制作的。沉甸甸的保暖外套极其昂贵,人一生最多只能买得起几件。

贫富住房

穷人的住房不比避难所强多少,他们在家里吃饭,睡觉,存放仅有的生活必需品。至于家具,最多只有一张全家人都睡在上面的大床、一只装寝具和衣物的大箱子、一张桌子、一个粮食柜和一些炊具。贵族的房子就完全是另一番景象了,房子里画着湿壁画,布置得井井有条。虽然贵族的家具数量更多,也更精致,但实际上种类并不比穷人家里多,顶多比穷人家多出一种存放贵重物品的大箱子,里面可能装的是妻子从娘家带来的嫁妆,或者地契。

农奴和农民只能维持基本的生存,他们常跟动物一起住在简陋的房子里。

《儿童游戏》——彼得·布鲁盖尔绘

这幅画由佛兰德画家老布鲁盖尔绘于公元1560年。小镇的街道上满是正在玩耍的孩子。共有超过250个孩子在摔跤（1）、爬杆（2）、倒挂（3）、玩木桶（4）、玩羊拐骨（5）、玩蒙面游戏（6）。前景中，孩子们用棍子滚动木环（7）。后面有几个孩子在玩跳山羊（8）和倒立（9）。

正在弹奏鲁特琴的乐手以及公元1420年前后的一张乐谱。

音乐与乐手

音乐十分普及，即使是大领主和国王也会演奏音乐。歌手们创作词曲，辗转于各地的宫廷之间弹琴和演唱，最常见的乐器是竖琴和鲁特琴。吟游诗人也紧随其后。

狩猎

狩猎是最受贵族喜爱的消遣之一，需要配备猎犬、马匹、武器和狙击手。野猪和鹿最常成为他们的猎物，而偷猎则会被处以死刑。腓特烈二世带着猎隼捕猎，这是一种来自东方游牧民族的狩猎习惯。腓特烈二世还为养护鹰隼写了一部非常有名的专著。

马上长枪比武

马上长枪比武是两名骑士为宫廷贵族和仕女表演的一种格斗比赛。关于这种比武的记载最早出现于12世纪初期的法国，而马上长枪实则大多发生在北欧。骑士双方展开数个回合的比武。起初，这种比武极其残忍，后来，武器的杀伤力被削弱，减少了伤亡。正式的马上长枪比武是一对一的，也有类似的防范措施。比武双方被木栅栏隔开，避免直接冲撞。

国家的诞生

不断积累的财富、壮大的中产阶级和艺术与文化的复兴，令人们向往一种稳定、高效、可保护公民免于战火的新型社会。这种需求造就了"国家"，国王被委任要"为了共同利益"来治理国家。到13世纪末，欧洲的国家已经具有了现代雏形：有国防部队，有负责收入与政府支出的财政系统，有贯彻国王意志的官僚体系，有惩罚违法犯罪的法官。人民的呼声通过议会上达国王，而议会的建立既能支持国王，也能控制国王。英国诞生了国会，西班牙也建立了自己的议会，而法国则确立了三级议会。

英国的君主制

公元1066年，征服者威廉（上图）成为诺曼王朝的第一任英国国王。金雀花王朝的亨利二世（公元1154年—公元1189年）极大地削弱男爵权力，强化了皇权。他与阿基坦的埃莉诺的婚姻带给他巨大的财富与广大的法国领土，与此同时，也带来了"百年战争"。英国战败，爆发了残酷的内战。这场内战被称为"玫瑰战争"，因为战争双方——约克家族和兰开斯特家族——他们的家徽分别是白玫瑰和红玫瑰。兰开斯特家族的远亲（亨利七世都铎）最终胜出。在他与他的后人的统治下，英国人很少参与欧洲大陆的政治事件，只在自己的岛上安享太平。

在长达百年的英法战争期间，圣女贞德（约公元1412年—公元1431年）声称听到了圣人对她说，要她领导法国军队抗击英国。奥尔良战役中，法国大捷，使法国统一与战胜英国成为可能。

这件陶瓶来自纳斯里德王朝时期的格拉纳达。

收复西班牙

在伊比利亚半岛，西班牙这个国家开始逐渐形成。基督教群雄之间的角逐使西班牙复苏变得更为困难。公元1469年，阿拉贡王国的王储迎娶了卡斯蒂利亚的伊莎贝尔，这桩婚姻将这片土地上最强大的两个家族联合了起来。公元1492年，在夺回格拉纳达之后，西班牙成为一个统一国家。

缔造法国

法兰西王国是以法兰西公爵——巴黎地区的领主——的领地为核心形成的。统治王朝的建立者是休·卡佩，他在公元987年被拥立为王。在几个世纪里，他的后人们逐渐将领土扩大到周边地区，征服了那些渴望独立的地方领主。公正王腓力四世（公元1285年—公元1314年在位）因支持由贵族、神职人员、资产阶级代表组成的三级议会而与教皇发生矛盾，最终宣布他本人是法兰西唯一的统治者。卡佩家族为统一所做的努力最终缔造了法国，并在英国的干预下仍然保持团结一致。

《自由大宪章》

英国国王约翰在位期间（公元1199年—公元1216年），英国丢掉了位于法国境内的大片领土，皇室的威信降到最低点。趁此机会，贵族阶级逼迫约翰签署了《自由大宪章》，为贵族、神职人员、富有的资产阶级赋予特权，同时限定国王自身权力。此外，《自由大宪章》首次规定，未在同阶层、同身份人组成的法庭上经法律公正审判，任何自由民不得被逮捕或被定罪。这是人类第一次以书面形式规定了君民关系的文件，是人类历史向前迈进的重要一步。

国家的诞生 31

斯堪的纳维亚与东欧

尽管历经坎坷，丹麦、瑞典、挪威都在13世纪里建立了王国。公元1320年，波兰王国建立。俄罗斯的君主从有钱有势的莫斯科大公当中产生。14世纪，莫斯科大公伊凡三世（公元1440年—公元1505年）自称"沙皇"。当德国还是由若干小国组成的时候，在奥地利哈布斯堡家族的操控下，一股强大的新势力开始在欧洲心腹之地出现。公元1382年，他们已将统治的触角伸到亚得里亚海，并占据了的里雅斯特港。公元1437年，阿尔贝二世称帝。自此，德意志神圣罗马帝国的皇帝始终是哈布斯堡家族的人。获得这个了不起的头衔，令哈布斯堡家族在政治联姻中占尽利益。

波兰的第一位国王勇敢者波列斯瓦夫（公元1024年—公元1025年在位）重整波兰教会，教会直接对教皇负责。

模范议会

英语中的"议会"来自"聚会"一词，意为国王与建议者们的谈话。公元1295年，英国国王爱德华一世组建了史上最庞大的议会，为与法国角力的战争募捐。其创建的议会形式后来被称作"模范议会"。在这幅16世纪的插图里，有英王爱德华（1），他的属臣、苏格兰国王亚历山大三世（2），威尔士亲王卢埃林·阿普·格鲁菲兹（3），坎特伯雷大主教（4）和约克大主教（5）。爱德华右手边的是上议院神职议员（6），左手边是上议院世俗议员（7），坐在二者之间羊毛垫上的是英国大法官（8）。

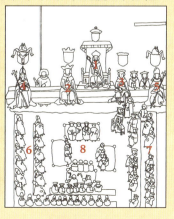

约公元1400年的欧洲政治地图

索引

《罗兰之歌》13, 14
阿布里托（保加利亚）7
阿尔贝二世 31
阿尔勒 25
阿尔斯特河 21
阿基坦的埃莉诺 30
阿拉伯人 10
阿拉贡王国 30, 31
阿索斯山 11
阿西西 9
爱尔兰 8, 12, 27
安布罗焦·洛伦泽蒂 17
盎格鲁人 6
奥地利 12, 31
奥多亚塞 6
奥尔良 30
奥托大帝 12
奥托二世 13

巴黎 4, 6, 24, 26, 27, 30
巴黎大学 23
巴黎圣母院 4, 24
百年战争 30
拜占庭帝国 10, 11
拜占庭古城 10
拜占庭皇帝巴西尔二世 10
拜占庭人 10
北海 21
本笃会 8
比利牛斯山 6, 13, 14
比利时 21
比萨 22, 24, 25
比萨大教堂 24-25
冰岛 12
波尔多 12
波兰 31
波斯湾 21
博洛尼亚 23, 27
博洛尼亚大学 23
卜尼法斯八世 9
不列颠 6
布昂康西里奥城堡 18
布尔戈斯大教堂 25
查理曼（查理大帝）12, 13, 14, 20
查士丁尼（拜占庭皇帝）10, 11

大天使加百列 5
大天使米迦勒 5
大学 22, 23, 27
戴克里先（古罗马皇帝）6
丹麦 12, 31

德国 8, 12, 21, 23, 24, 31
德基乌斯 7
的里雅斯特 31
地中海 12, 19, 21
东哥特国王西奥多里克 6
东哥特人 6

俄罗斯 12

法国 4, 6, 8, 12, 14, 15, 20, 22, 24, 25, 26, 29, 30, 31
法国腓力 31
法兰克人 6
腓特烈二世 29
腓特烈一世（红胡子）12
佛罗伦萨 16, 17, 20, 21
弗朗西斯二世 12

高卢 6
哥特 4, 6, 7, 24
格拉纳达 30
格里高利七世 8
公正王腓力四世 30
古罗马帝国 6, 8, 11
古伊德里其奥 14

哈布斯堡家族 31
汉堡 17, 21
汉萨同盟 17, 21
荷兰 12
赫伦尼乌斯·伊特鲁斯柯斯 7

基督教 9, 10, 24
基尔佩克 25
加洛林王朝 12
加泰罗尼亚 27
捷克共和国 12
金雀花王朝的亨利二世 30
君士坦丁堡 6, 9, 10
君士坦丁大帝（古罗马皇帝）6, 10
君士坦丁六世（拜占庭皇帝）10

卡拉布里亚 11, 25
卡斯蒂利亚的伊莎贝尔 30
坎特伯雷 31
克莱尔沃的圣伯纳德 8
克里斯托弗·哥伦布 4
克吕尼 8

拉文纳 6, 8, 11
拉文纳主教马克西米安 11
兰开斯特家族 30
里斯本 12
利奥三世（拜占庭皇帝）11
利奥五世（拜占庭皇帝）10
卢卡 16
伦巴第国王阿吉鲁夫 7
伦巴第人 6、7
罗马城 6, 9, 10, 12
罗马教廷 9
罗施 24
吕贝克 17, 21

马可·波罗 21
马来西亚 21
马穆鲁克军 4
马扎尔人 12
玫瑰战争 30
美洲 4
蒙特卡西诺 8
蒙特马西城堡 14
米海尔一世（拜占庭皇帝）10
米兰 27, 31
莫斯科 31
穆斯林 4, 14, 30

那不勒斯 6, 27, 31
纳斯里德王朝 30
挪威 21, 31
诺曼底 12
诺曼人（维京人）12

帕多瓦大学 23
普罗旺斯的红衣主教乌戈 22

契马布耶 27
乔托 9
乔瓦尼·薄伽丘 16

日耳曼部落 6, 7
瑞典 21, 31
瑞士 12

撒克逊人 6
撒拉逊人 12, 13
萨拉丁 4
萨索弗特城堡 14
塞戈维亚 4
三级议会（法国）30
桑斯 20
神圣罗马帝国 12, 13, 31

圣安布罗斯教堂 27
圣安萨努斯 5
圣鲍里斯 27
圣本尼迪克特 8
圣彼得 5, 9
圣地 4, 5, 9, 12
圣地亚哥德孔波斯特拉 9
圣多梅尼克 9
圣弗朗西斯 9
圣格列布 27
圣胡安-德-巴诺斯-德-塞拉托教堂 25
圣克雷森蒂安 5
圣母玛丽亚 27
圣女贞德 30
圣萨比尼昂 5
圣徒 8
圣托马斯·阿奎那 27
圣维克多 5
圣詹姆斯 9
施洗者约翰 5, 8
十日谈 16
十字军东征 4, 10, 12
鼠疫 5, 12, 16, 22

特伦特 18
土耳其 10
土耳其人 10

威尼斯 10, 21, 22
沃尔姆斯 24

西奥多拉（拜占庭女皇）10
西班牙 4, 6, 9, 14, 21, 25, 27, 30
西多会 8
西哥特人 6
西罗马帝国 4, 6
西蒙·马丁尼 5, 14
西西里 12
希腊 9, 10, 11, 15
希腊东正教会 9, 27
希鲁人 6
锡耶纳 5, 14, 16, 17
锡耶纳的圣凯瑟琳 5
香槟区 20
匈牙利 12
匈牙利国王斯蒂芬一世 12
休·卡佩 30

亚历山大三世 31
亚洲 12
耶路撒冷 4, 22
耶稣（基督）8, 9, 11, 27

伊比利亚半岛 30
伊凡三世（俄国沙皇）31
伊琳娜（拜占庭女皇）10
伊斯兰 11, 19
伊斯坦布尔 6
议会（西班牙）30
议会 30, 31
易北河 21
意大利 5, 6, 7, 8, 9, 10, 11, 12, 14, 16, 17, 18, 21, 24, 25, 27
印度 21
英国 12, 25, 30, 31
英国国王爱德华 31
英国国王亨利七世 30
英国国王约翰 30
英诺森三世 8
勇敢者波列斯瓦夫 31
犹太教 11
约克 31
约克家族 30

征服者威廉（英国国王）30
中国 10
自由大宪章 30
宗教大分裂 9

向准许我们使用其图片的图片库与摄影师致谢：

封面：古伊德里其奥·达·福利亚诺包围蒙特马西，锡耶纳市政厅（斯卡拉集团，佛罗伦萨）

7 斯卡拉集团，佛罗伦萨；9 斯卡拉集团，佛罗伦萨；10 斯卡拉集团，佛罗伦萨；12-13 斯卡拉集团，佛罗伦萨；15 艺术档案馆与达勒·奥尔蒂（A），伦敦；17 斯卡拉集团，佛罗伦萨；18-19 斯卡拉集团，佛罗伦萨；21 斯卡拉集团，佛罗伦萨；22 斯卡拉集团，佛罗伦萨；24 阿里纳利档案馆，佛罗伦萨；27 克劳斯·汉斯曼，慕尼黑；28-29 阿里纳利档案馆，佛罗伦萨；30 斯卡拉集团，佛罗伦萨；33 阿里纳利档案馆，佛罗伦萨。

"艺术点亮文明：漫游世界文明史"系列还有以下分册：

《史前时代》
《古埃及》
《古罗马》
《古希腊》
《文艺复兴》

艺术点亮文明

漫游世界文明史

史前时代

[意]罗伯托·卡瓦略·德·麦哲伦/著

[意]保拉·拉瓦利亚、[意]亚历山德罗·坎图奇、[意]法比亚诺·法布鲁奇、
[意]绍罗·詹帕、[意]安德烈亚·莫兰迪、[意]伊万·斯塔利奥、
[意]洛伦佐·切基/绘

李响/译

北京理工大学出版社
BEIJING INSTITUTE OF TECHNOLOGY PRESS

版权专有　侵权必究

图书在版编目（CIP）数据

漫游世界文明史. 史前时代 /(意) 罗伯托·卡瓦略·德·麦哲伦著；(意) 保拉·拉瓦利亚等绘；李响译. — 北京：北京理工大学出版社，2021.1

（艺术点亮文明）

书名原文：Art and Civilization: Prehistory

ISBN 978-7-5682-8704-3

Ⅰ.①漫… Ⅱ.①罗…②保…③李… Ⅲ.①世界史－上古史－文化史－通俗读物 Ⅳ.①K103-49

中国版本图书馆CIP数据核字(2020)第124236号

北京市版权局著作权合同登记号　图字：01-2020-1919

Art and Civilization Prehistory ©2018 Nextquisite Ltd, London Simplified Chinese translation copyright ©2020 by Beijing Institute of Technology Press All rights reserved.

出版发行 /	北京理工大学出版社有限责任公司
社　　址 /	北京市海淀区中关村南大街5号
邮　　编 /	100081
电　　话 /	（010）68913389（童书出版中心）
网　　址 /	http://www.bitpress.com.cn
经　　销 /	全国各地新华书店
印　　刷 /	朗翔印刷（天津）有限公司
开　　本 /	889毫米×1194毫米　1/16
印　　张 /	2.25
字　　数 /	45千字
版　　次 /	2021年1月第1版　2021年1月第1次印刷
定　　价 /	33.00元

责任编辑 / 梁铜华
文案编辑 / 杜　枝
责任校对 / 刘亚男
责任印制 / 王美丽

图书出现印装质量问题，请拨打售后服务热线，本社负责调换

目　录

导言 4

工具的发明 8

狩猎者与采集者 10

墓葬与信仰 12

艺术与手工艺 14

早期的人类家园 18

农业的诞生 20

从乡村到城市 22

石头建筑 26

史前动物 28

断代测年法 32

索引 34

导言

现代人类,是数百万年前生活在非洲大陆的类猿生物的后裔。在距今 600 万年前—400 万年前的时候,人科动物(人类所属的生物学分类)从灵长目动物中脱颖而出,它们中的一支进化为类人猿,如黑猩猩、红毛猩猩。几乎在同一时期,人类的祖先进化成两足动物,即直立站立,用两条腿而非四条腿行走的动物。在接下来的很长一段时间里,人类的脑容量不断增大,学会了制造石器和生火,这些本领使人类成为优秀的猎人。再后来,人类强大的大脑可以进行抽象思维了,也正是在这一时期,宗教与艺术出现了。大约 10000 年前,人类开始饲养牲畜,种植庄稼,不再通过打猎和采集的方式获得食物。很快,这些最早的农民选择凑在一起居住,一个个临时的家逐渐发展为永久的村子和镇子。公元前 4000 年,人类已经懂得如何记录发生过的事情。文字出现以前这段漫长的历史,称为史前时期。

现代人类是人科物种的硕果仅存。人科则是灵长目这一更大群体——或称"秩序"——的一部分。最早的灵长目动物诞生于 6500 万年前。上图中的骨架是 5000 万年前一只灵长目动物的,它名叫假熊猴(Smilodectus),有着灵长目动物必备的善抓握的手、较大的脑容量和较短的口鼻。

南方古猿的艺术复原

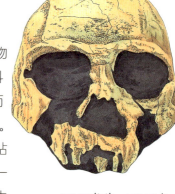

170 万年前—150 万年前的匠人头骨,出土于肯尼亚,但也有考古学家认为,匠人或许只是直立人的早期阶段。

南方古猿阿法种"露西"的骨骸化石。"露西"得名于 1974 年,发现这具骨骸化石的考古学家喜爱披头士乐队的《露西在缀满钻石的天空》。这副 320 万年前的骨骸尚保存四成,是迄今发现的保存最好的南方古猿标本。

最老的祖先

自从 20 世纪 90 年代发现了迄今为止最古老的人类化石(也是我们最老的祖先)拉密达猿人,人科动物出现的时间被大大地提前了。这些化石距今 440 万年。考古学家尚无法确切判断拉密达猿人在人类进化过程中所处的阶段,甚至不确定它们是否为直立行走。

这张图展示了现代人类及其祖先的进化谱系。图中也将现代类人猿这一并行的进化分支纳入进来。由于考古学家可赖以研究的骨骸残缺不全,不同人科物种之间的确切关系仍是个谜。

人与类人猿

人与类人猿的每一块骨骼几乎都能一一对应，说明人与类人猿是近亲，然而，当人科动物的祖先开始直立行走后，情况发生了改变。

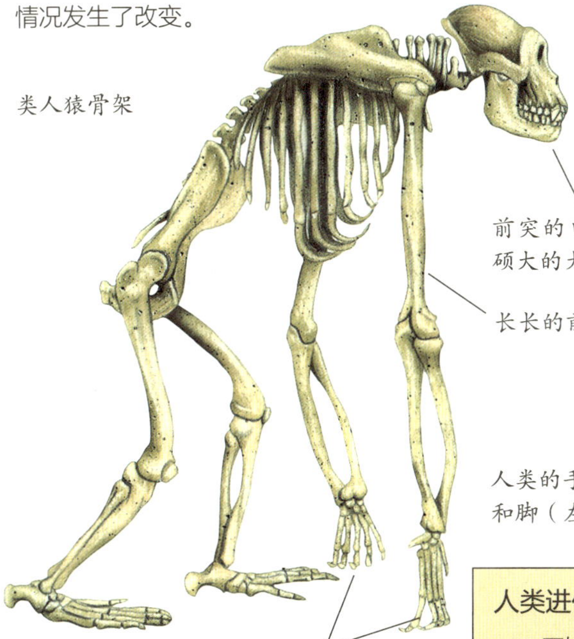

类人猿骨架

黑猩猩的手（右图）和脚（左图）

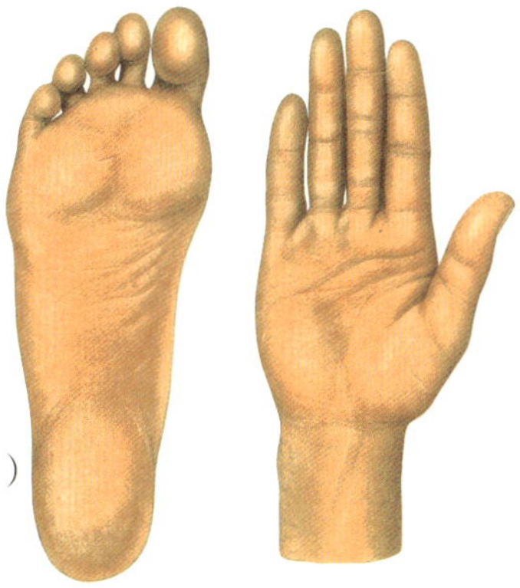

人类骨架
圆形头盖骨
适应直立行走的脊椎
盆骨变短变宽以承载上身重量

前突的口部和硕大的犬齿

长长的前肢

人类的手（右图）和脚（左图）

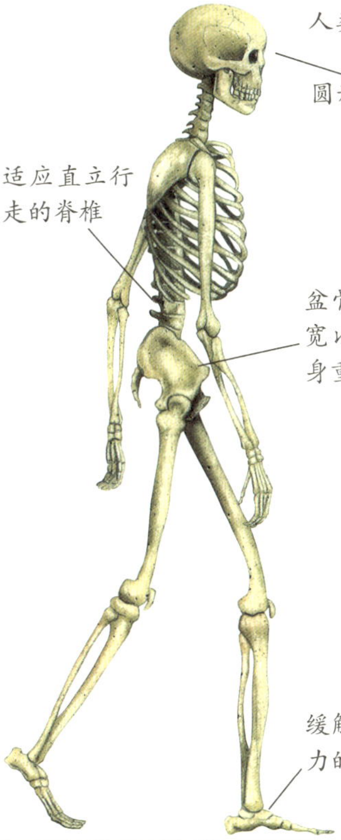

缓解步伐压力的足弓

行走中用到的手部和指关节

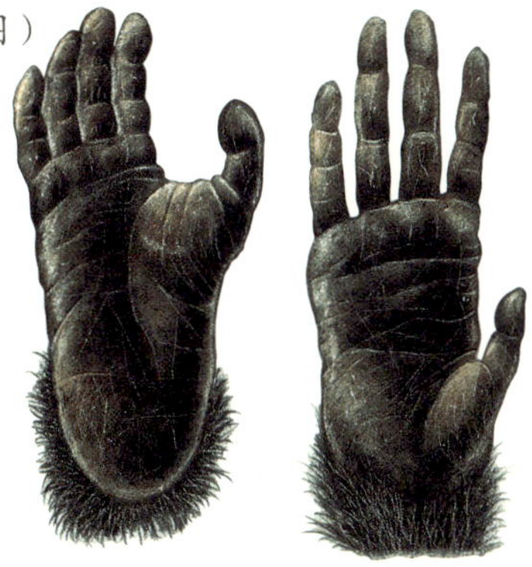

双手与双脚

虽然黑猩猩的双手双脚看上去与人类的十分相似，但在结构上还是有本质的区别。黑猩猩的手掌明显更长，手指缝更大。黑猩猩的"大拇趾"也与其他脚趾相距较远。这些特征更好地适应了树上的攀爬和移动。相比之下，人类大拇指的活动范围更广，为的是更好地拿起、抓住、移动物体，且人类有足弓和脚垫，既能起到缓冲作用，也能让我们在行走时保持直立平衡。

人类进化谱系

原始人类图。时间为种群存续时间，地名为其化石最初发现地。

1. 拉密达猿人（440万年前，埃塞俄比亚）：已知最早的原始人类。

2. 南方古猿湖畔种（420万年前—390万年前，肯尼亚）：科学家可确认的最早直立行走的人科。

3. 南方古猿阿法种（360万年前—290万年前，坦桑尼亚）：著名的"露西"骸骨所属的人科。

4. 南方古猿非洲种（300万年前—230万年前，南非）：最先被发现的人科，发现于20世纪20年代。

5. 南方古猿埃塞俄比亚种（280万年前—230万年前，埃塞俄比亚）。

6. 南方古猿惊奇种（250万年前，埃塞俄比亚）：可能是第一个吃肉和使用石器的物种。

7. 南方古猿鲍氏种（230万年前—140万年前，坦桑尼亚）。

8. 南方古猿粗壮种（190万年前—150万年前，南非）：并非人类的直系祖先。

9. 卢多尔夫智人（240万年前—180万年前，肯尼亚）。

10. 能人（190万年前—160万年前，坦桑尼亚）：曾被认为是最早使用工具的原始人类。

11. 匠人（170万年前—150万年前，肯尼亚）。

12. 直立人（170万年前—25万年前，印度尼西亚）：最早使用火的原始人类，由非洲迁徙至整个旧世界。

13. 先驱人（80万年前，西班牙）：尼安德特人与现代人类最后的共同祖先。

14. 尼安德特人（20万年前—3万年前，德国）：人类最后的同科物种。

15. 智人（10万年前至今）：现代人。

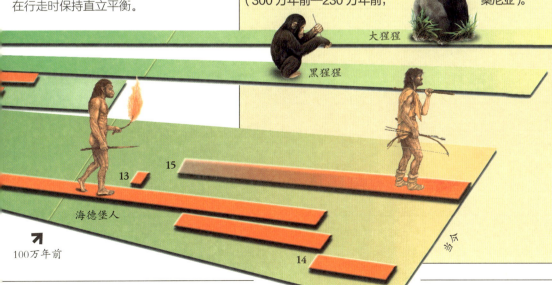

大猩猩
黑猩猩
海德堡人
100万年前

人类的环球分布

地球上是怎么住满人的,关于这个问题有不同的解答。根据最主流的学说,人类以非洲为起点,迁徙到这颗星球的各处。历史上有过两次人类从非洲出发的大迁徙:一次是100万年前,先后有几批匠人迁徙到欧洲和亚洲定居。他们的后裔均已灭绝;另一次是10万年前,智人(意思是"有智慧的人类")——现代人类共同的祖先——走出了非洲,逐渐分布到全球。大洋洲的新西兰是他们最后踏足的地方。大约1000年前,毛利人划着独木舟漂洋过海,横跨太平洋来到新西兰,成为当地的原始住民。

最后一次冰川期,海水大量冻结,形成冰川,海平面下降,人们就是在那个时候穿越分隔了亚洲和北美洲的白令海峡。最早的美洲人很可能就是为了追逐猎物而走过这座大陆桥的猎人们。

学会用火

直立人(170万年前—25万年前)或许是最先学会用火的原始人类。这是一项重大的技术突破,原始人生活质量因此得到极大改善。火让人暖和,再加上衣服和窝棚的出现,直立人可以走出非洲,到更冷的地方生活。与此同时,火还能让人吃上更易消化、有更多营养的熟肉,因为高温加热可让肉里的一些化合物分解。不过,火能提供给人类的最大好处还是驱赶野兽。早期的人类经常在夜间遭受狮子、剑齿虎等肉食动物的袭击。而这些猛兽无一不惧怕火焰,不敢近前。

气候影响

史前时期,气候经历了多次剧变。更新世(160万年前—1万年前)经历了前后数次冰川期,最长的一次,地球上30%的地表覆盖在冰原以下(今天只有10%的地表被冰层覆盖)。极寒天气让我们祖先的生存条件变得异常艰难,而在海拔较低的地方,结冰的海面也令我们的祖先可以在大陆板块之间穿行,进而散布于全世界。

这串脚印(右图)是360万年前一群原始人类留在坦桑尼亚利特里的火山灰上的。

大脑扩容

从这些原始人脑壳化石可以清楚看到他们的大脑在变大。虽然原始人类的身体也在越发高大，体重越发增加，但大脑增长的速度要更快。能人650～800毫升的脑容量比南方古猿450毫升的脑容量大。脑容量的增长与石器发明在同一时间段内发生。现代人类的脑容量几乎已是能人脑容量的两倍。详见右图。

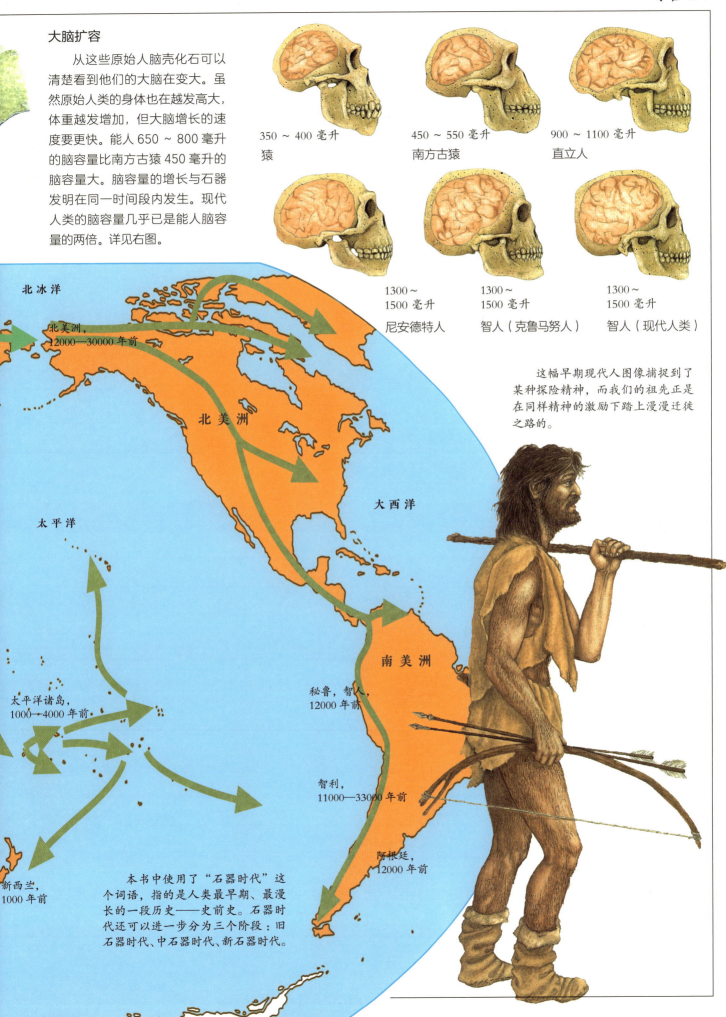

350～400毫升 猿

450～550毫升 南方古猿

900～1100毫升 直立人

1300～1500毫升 尼安德特人

1300～1500毫升 智人（克鲁马努人）

1300～1500毫升 智人（现代人类）

这幅早期现代人图像捕捉到了某种探险精神，而我们的祖先正是在同样精神的激励下踏上漫漫迁徙之路的。

北冰洋

北美洲，12000—30000年前

北美洲

大西洋

太平洋

太平洋诸岛，1000—4000年前

南美洲

秘鲁，智人，12000年前

智利，11000—33000年前

阿根廷，12000年前

新西兰，1000年前

本书中使用了"石器时代"这个词语，指的是人类最早期、最漫长的一段历史——史前史。石器时代还可以进一步分为三个阶段：旧石器时代、中石器时代、新石器时代。

工具的发明

工具的进步是一个极其缓慢而渐进的过程。最初，原始人类很可能使用带尖的木棍，锋利的骨头、贝壳、石头等物来探取昆虫，或是切割他们捕捉到的动物尸体。已知的人类有意识制造的工具，最早可追溯至250万年前。这些"切割器"有拳头般大小，一端被凿成粗糙的锯齿状，用于切割。此后，其他类型的工具陆续出现，到了10万年前，人类已经制造出类型齐全的新工具，例如，手斧、刀具、钻孔器、矛等；再后来，刻刀出现了。所谓刻刀，其实是结实、短刃的燧石，人们利用燧石把骨头切磨成针和鱼钩。人类又学会了在工具和武器上添加把手，使它们更好用。到了新石器时期，人们已经懂得如何将石头打磨出利刃了，这些锋利的斧子帮助人们砍伐林地，为农业用地腾出空间。

切割器

手斧

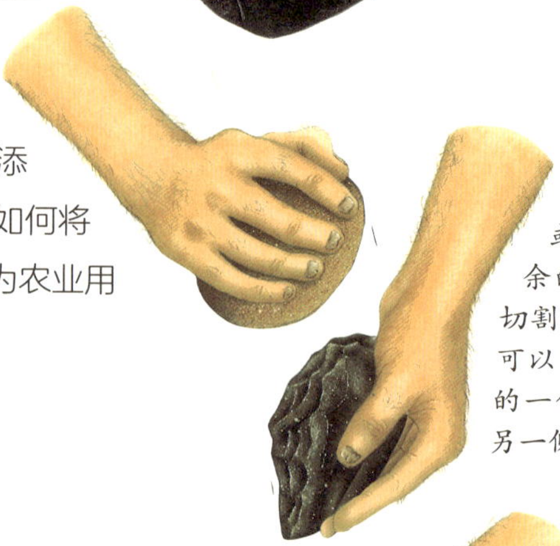

最早的工具——切割器，是用石锤敲击岩芯石或鹅卵石制成的，敲下多余的碎石块，就形成锋利的切割边缘。被敲下的碎石块也可以用于切割。人们只把石块的一侧敲出刃，握在手掌里的另一侧需保持光滑的弧形。

人们通常认为，最早的原始人使用工具的方式与今天我们看到的黑猩猩相似。黑猩猩会选择合适的小树枝，甚至会改变小树枝的形状，使它们更方便捅进蚂蚁窝或白蚁丘，以掘出昆虫。

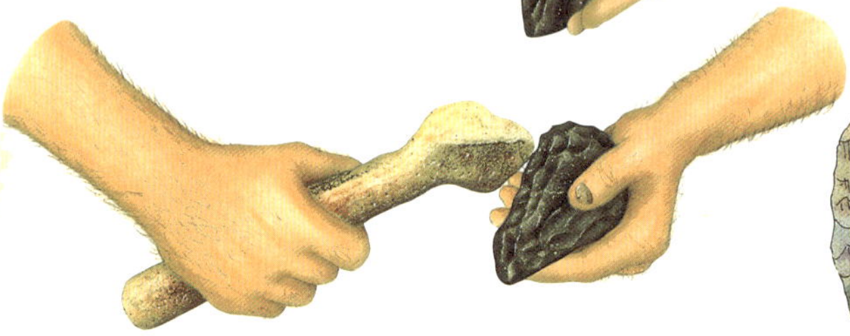

切割器的制作技术发展缓慢，直到50万年前，原始人类才意识到可以选择比石锤更软的材料，如骨头、鹿角、木头，用它们敲下的碎石块更细小，能制成更锋利的切割器和手斧。

刮刀

双刃切割器

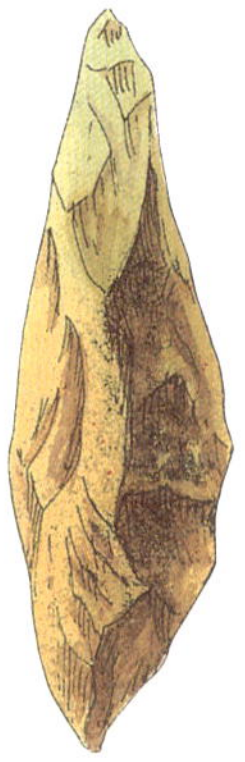

尖斧

原始人制造工具的时候会聚在一起交流信息。

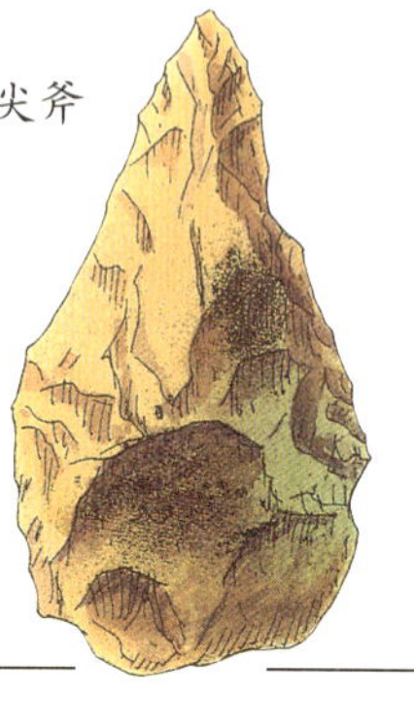

工具的发明

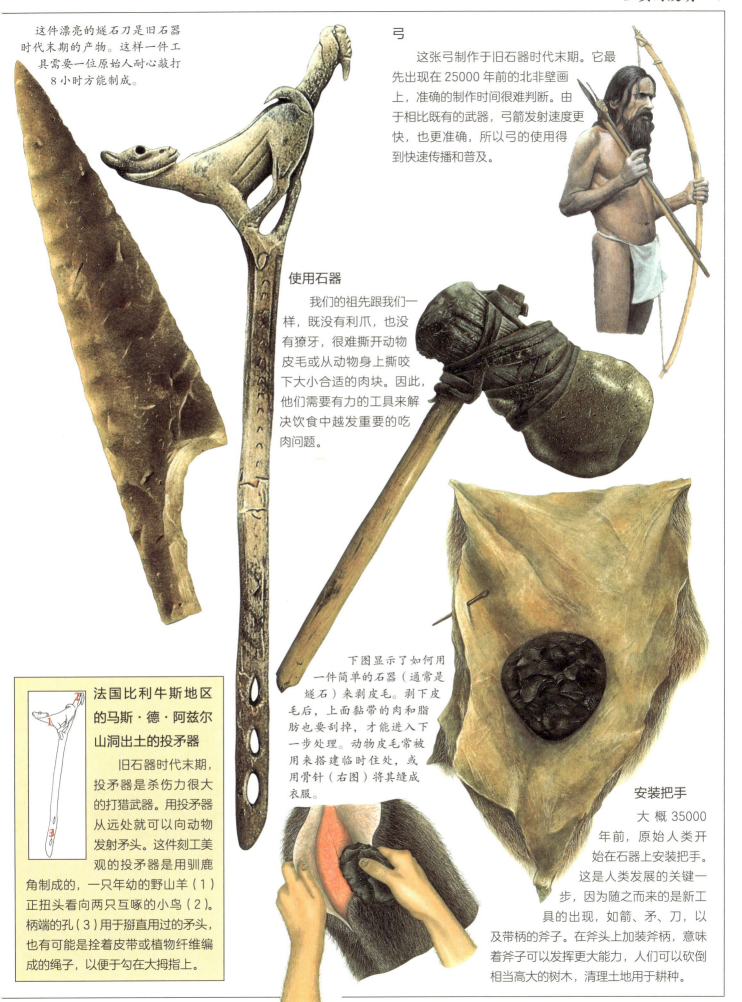

这件漂亮的燧石刀是旧石器时代末期的产物。这样一件工具需要一位原始人耐心敲打8小时方能制成。

弓

这张弓制作于旧石器时代末期。它最先出现在25000年前的北非壁画上，准确的制作时间很难判断。由于相比既有的武器，弓箭发射速度更快，也更准确，所以弓的使用得到快速传播和普及。

使用石器

我们的祖先跟我们一样，既没有利爪，也没有獠牙，很难撕开动物皮毛或从动物身上撕咬下大小合适的肉块。因此，他们需要有力的工具来解决饮食中越发重要的吃肉问题。

法国比利牛斯地区的马斯·德·阿兹尔山洞出土的投矛器

旧石器时代末期，投矛器是杀伤力很大的打猎武器。用投矛器从远处就可以向动物发射矛头。这件刻工美观的投矛器是用驯鹿角制成的，一只年幼的野山羊（1）正扭头看向两只互啄的小鸟（2）。柄端的孔（3）用于掰直用过的矛头，也有可能是拴着皮带或植物纤维编成的绳子，以便于勾在大拇指上。

下图显示了如何用一件简单的石器（通常是燧石）来剥皮毛。剥下皮毛后，上面黏带的肉和脂肪也要刮掉，才能进入下一步处理。动物皮毛常被用来搭建临时住处，或用骨针（右图）将其缝成衣服。

安装把手

大概35000年前，原始人类开始在石器上安装把手。这是人类发展的关键一步，因为随之而来的是新工具的出现，如箭、矛、刀，以及带柄的斧子。在斧头上加装斧柄，意味着斧子可以发挥更大能力，人们可以砍倒相当高大的树木，清理土地用于耕种。

狩猎者与采集者

10000年以前,人类的生活方式是在居住地周边食腐、打猎、捕鱼,以及采集野生的植物根茎、种子、果实。早期人类,如能人,他们身小体弱,没有矛和弓,主要以吃植物为生。难得吃到一点肉,也是已经死亡的动物尸体的腐肉。接二连三的冰川期(植物稀少)迫使大脑容量日益增长的原始人为了生存,制造出更厉害的工具,成长为技巧高超的猎人,随之而来的是大规模的、积极的狩猎。狩猎者和采集者不断迁徙,哪里食物充沛,他们就去往哪里。

采集

想知道史前人类是如何采集的简直太难了,考古学家必须依靠仅存的狩猎与采集社会的遗迹来研究他们的生活方式。考古学家认为女人和孩子负责寻找根茎、谷物、种子、水果、昆虫和小型动物,并带回住处,所有人共同分食。

这件西班牙岩画(近左侧)画的是一个女人正悬挂在崖壁收集蜂蜜。另一幅岩画(远左侧)上小小的人物造型画的则是一位男性正在挥舞套索。

木棍可以用石器削尖。棍尖在火里迅速燎一下还可以变得更坚硬。如果再装上倒刺,木棍就成了致命武器。如此一来,一旦这件武器(类似图中这件捕鱼的鱼叉)刺入猎物身体,就很难被猎物甩掉。

野外生存,脆弱的棚屋或山洞几乎无法阻挡野兽袭击。图中四人正奋力将两头饿熊吓退,赶出营地。

狩猎者与采集者 ■ 11

20世纪，东南亚的这位狩猎采集者用木棍从蚂蚁穴中取出蚂蚁。现在，一些部落居民仍同早期人类一样，将蚂蚁视为美味佳肴。

记忆的重要性

狩猎采集者会定期回到同一些地点，他们需要记住哪里的食物和水更优质，并将这些信息一代代地传下去。

桑人是生活在非洲南部卡拉哈里沙漠的狩猎采集者，至今仍保持着祖先的生活方式。他们很好地适应了沙漠的生存环境，了解沙漠的全部秘密，譬如，哪里能找到充足的水源等。

杂食

早期人类与现代人类一样是杂食者，可以根据季节与身边食物的不同，适应各种各样的饮食风格。切换食物来源的能力是人类成功活下来的原因之一，而动物们则通常只吃某一类食物，在该类食物变得稀少或彻底消失时，它们只能走向灭绝。

夺命猎人

随着早期人类越来越聪明，这些猎人们也变得越来越危险。他们抱团作战，能击败诸如猛犸象那样庞大的猎物。他们了解其他动物的习性，譬如，他们晚上来到水坑边上蹲守，或依据季节不同追踪不同的踪迹，静候伏击。更关键的是，他们不断更新武器，矛和箭可以从远处发射，同时，他们还能够与受惊、受伤的猎物保持安全距离。人类是唯一能够做到最后一点的猎人。

流星锤（上图）由粗重的绳索牵引，猎人们将其在头顶上方旋转起来，再掷向目标猎物。石头的重量将绳索缠住猎物的四肢，把猎物绊倒在地。

猎鹿人

这幅图是基于西班牙瓦尔托塔岩画（现已模糊难辨）的复原。四名弓箭手（1）正朝着鹿群射出利箭（2）。鹿群被描画得很仔细：两只牡鹿（3），其中一只鹿角很小，还很年轻；六只雌鹿（4），还有两只幼鹿（5）。

墓葬与信仰

旧石器时代中叶（约80000—35000年前），人类开始为死去的同类建造特殊的墓穴。墓葬是人类向前发展的重要阶段，因为墓葬的出现意味着人们或信仰灵魂，或信仰来世，或两者皆信仰。这些复杂的观念帮助人们克服日复一日的生存恐惧，或许也意味着宗教信仰的萌芽。

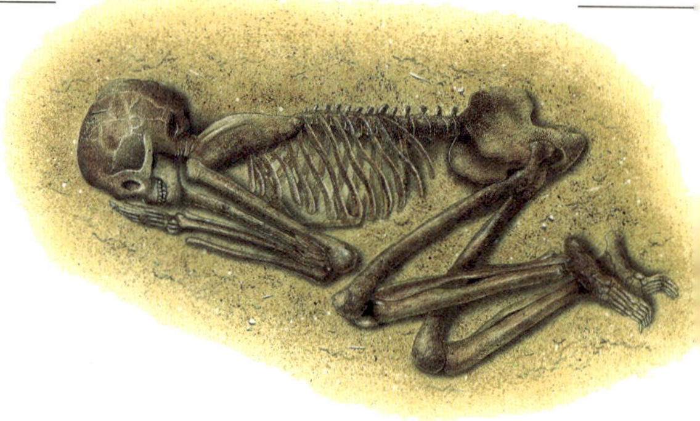

早期墓葬中的很多遗骸是侧卧的，并且双腿蜷起。

生前的证据

墓葬可以提供有关古人类的宝贵信息，譬如，他们如何生活、生过哪些疾病、因何而死、健康状况，凡此种种。牙齿可以揭示饮食状况，胃容物让我们看到当时的人类吃些什么。

墓葬

对遗体的处理是很重要的事情，有的会将遗体土葬，有的会采取火葬，还有的会将其制成木乃伊，甚至肢解。入葬前，有时人们会给遗体装饰上贝壳或鲜花。左图中的芒通人遗体上覆盖着小巧的海贝壳和打了孔的动物牙齿。

随葬品

许多古代坟墓里都有陶罐、陶碗、宝石、武器、衣物、食物及大量其他物品。这些东西被称作随葬品，放置在坟墓里以供死者使用。通过研究随葬品，考古学家可以获知墓主人财富、身份等大量信息。富人或皇室宗亲墓中通常埋葬着大量精美器物，而穷人墓中则只有简陋的随葬品。亡故的孩子有时以玩具随葬。

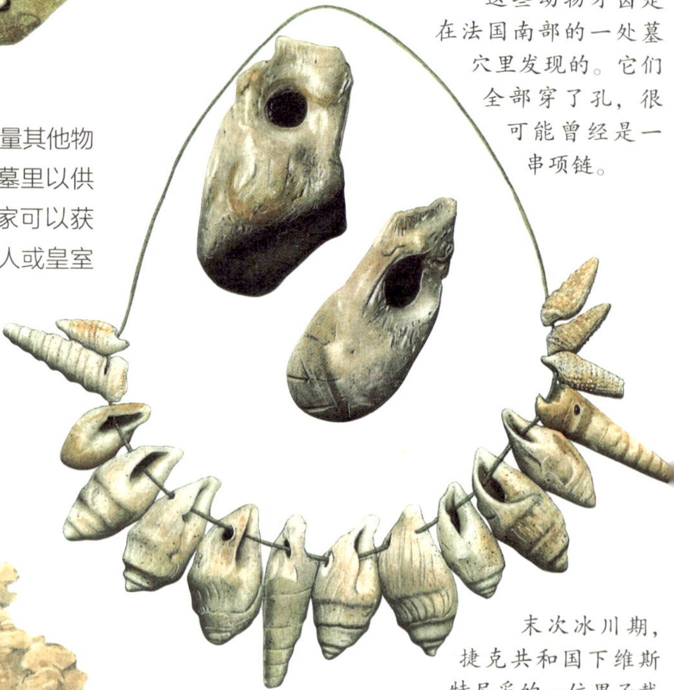

这些动物牙齿是在法国南部的一处墓穴里发现的。它们全部穿了孔，很可能曾经是一串项链。

末次冰川期，捷克共和国下维斯特尼采的一位男子戴着这串螺项链入葬。

这具木乃伊发现于秘鲁。这是一具1500年前的印加人遗体，其死亡年龄约为35岁。华丽的羽毛斗篷、蛇嘴、金冠，以及其他装饰品说明他十分富有，甚至可能是一位国王或王子。

考古学家在以色列马拉哈的一座坟墓里发现男孩抱着小狗下葬的情况，这说明狗很可能是人类最早驯化的动物。在农业出现以前，野狗就已在人类聚居地周围徘徊了，吃些人类吃剩的食物，这时野狗们很可能就被孩子们驯服了。虽然我们无从知晓确切的过程，但很明显，至少在11000年前，狗在人类家庭中已经有了一席之地，就像今天一样。

早期信仰

由于缺乏文字记录，我们很难确知史前人类的信仰，然而，岩画和葬礼遗迹表明，中石器时代的智人和尼安德特人已经具备了某种宗教信仰。

法国三兄弟岩洞内，名为"巫师"的半人半兽形象复原。

双重葬礼

铜器时代（约公元前500年）的古巴勒斯坦人要接受两次葬礼。第一次下葬，肉身腐朽消失后，死者的骨骼会被重新收集起来，再装入一个特制的黏土箱（类似下图），称为骨瓮。

明布雷斯陶碗

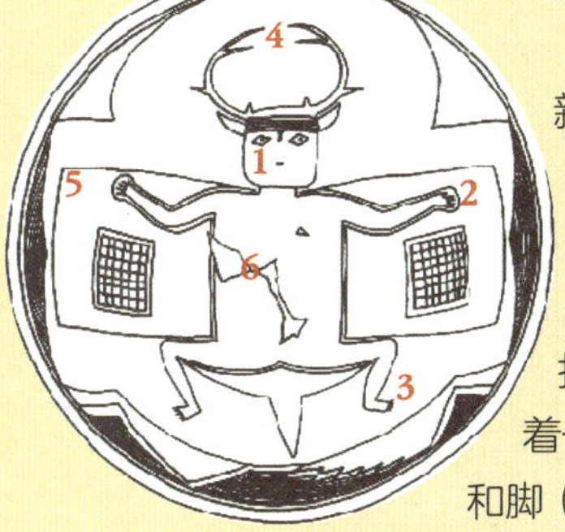

明布雷斯人生活在史前的美国新墨西哥州地区。大约在1000年前，明布雷斯制陶工匠创造了这些绘有华丽图案的祭祀用碗。碗被放在死者的墓穴里，通常是倒扣在死者头部。图中的这只碗上画着一种生物，他有人的脸(1)、手(2)和脚(3)，有鹿的角(4)，还有蝙蝠的翅膀(5)。这或许代表了在祭祀活动中手舞足蹈，可以变身动物的萨满形象。陶碗的底部有孔(6)，有了孔就意味着这件东西被"杀死"了，里面的灵魂得到释放，进入另一个世界。

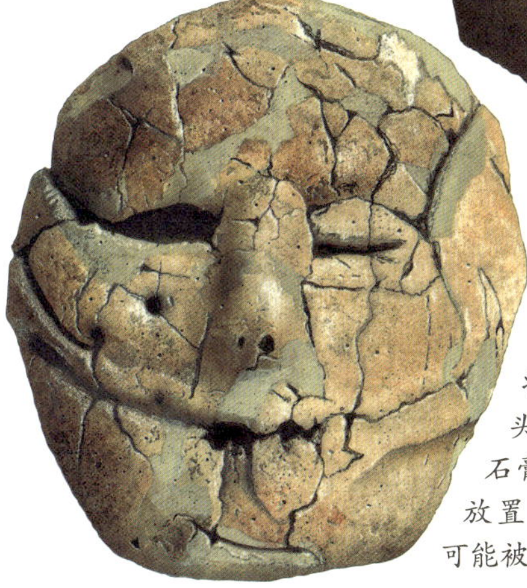

新石器时期，生活在杰力科的人们要将死者的身首分离，头骨要像图中这样裹上石膏，有时还会在眼窝内放置贝壳。修饰过的头颅可能被当作祖先崇拜。

艺术与手工艺

史前人类给我们留下了各式各样的艺术形式,有岩洞壁画、浮雕、雕塑,等等。其中,岩洞壁画或许是最引人瞩目的。最先装饰岩洞的是35000年前的智人。这批最早的艺术家们爱画大型猎物,比如猛犸象、野牛、鹿、野马和公牛。人类形象是很晚才出现在岩洞壁画上的,大约是12000年前。这些少有的人类形象要么在狩猎,要么在饲养牲畜,而无论何时何处的岩洞壁画,我们都能看到抽象画(一些既不是人,也不是动物或植物的图案)。这些抽象画有时被解读为简单的涂鸦,或者是原始计数方式,有时被解读为地盘界线、早期的土地管理形式,或者是房屋设计图与建筑构图。

艺术的起源扑朔迷离。不知道什么时候起,我们的祖先开始不只以实用为目的来制作东西,或者说,他们开始意识到一件东西可以不仅具有实用性。上图中的水蚀铁矿鹅卵石是在300万年前南方古猿生活的南非岩洞里发现的。这些人走了20英里,将这块石头带回自己居住的洞穴,很可能只是因为它看上去像一张人脸。

艺术家们在漆黑的岩洞里创作,必须借助火把,或是燃着动物脂肪的石灯来照亮岩壁和洞顶。这件雕刻石灯(对页)是难得一见的精致的照明设备。

为了能够着岩洞高处,艺术家们很可能在木棒的一头绑上毛刷,或者站在脚手架上画。(见还原图)

技术

红色、黄色、赭石色是艺术家们使用最多的三种色彩，它们都是从泥土中提取出来的。此外，还有来自锰的黑色。到了中石器时代又出现了白色。这些颜料可以是液体，也可以是固体。艺术家们用四种方法将这些颜料画在岩石或石灰岩上：喷画（画里常见的手掌印就是这样画上去的），把植物纤维团成团来画，用原始的粉笔蜡笔勾线，或许也用小树枝和动物毛制成的"画笔"来画。

拉斯科岩洞中的野牛画

这幅充满力量的绘画是史前画家们画技与艺术水准的极好例证。刚刚结束打斗的野牛（1和2）向着相反方向飞奔而去。这幅画用到了近大远小的画法，而且除了线条勾勒，还用红黑二色渲染出两头野牛硕大强壮的身躯。艺术家们还想到了深度与透视法的问题：根据空间深度与距离透视规则，右侧野牛的后腿（3）与左侧野牛的后腿不在同一平面，而是稍高一些（译者注：更靠外）；遵循同样的规则，右侧野牛背（4）也在左侧野牛背的上面（译者注：挡住了左侧野牛的后背）。

我们复原了一位史前画家的调色盘，上面有画家会用到的工具和颜料。木"画笔"用来涂颜色，前景中的炭条可以直接在岩石上作画。其他矿石被磨成粉末后，加水调匀，就可以用来画画了。

母神

人类最早的作品中有一些是小型的女性雕塑。25000年前,这些女性雕塑很可能是宗教仪式中的生殖符号。后来,这些雕像逐渐被赋予母神的意义,成为生命与家庭的核心。整个新石器时代与铜器时代里,它们是中欧、南欧与近东地区人们崇拜的对象。

岩石艺术

除了洞穴壁画,史前人类也会在岩石上绘画与雕刻。世界各地都发现有岩石艺术的遗迹。

拉斯科岩画上画着一头受伤的野牛,肠子都流到了外面。

下图:撒哈拉中部的塔西里高地的神秘图像。

右图:原住民岩画经常使用"X光技术"来照见所绘形象的内部。我们可以看到这幅画里的妈妈肚子里有一个小婴儿。

陶艺

陶艺——用黏土做陶罐——是最古老的手工艺。世界上很多地区都曾独立发展出制陶工艺。由于陶器沉重易碎,所以,只有当人们开始耕种定居生活之后,制陶才有可能发展起来。起先,人们将黏土条盘在牢固的底座上做成陶罐,并在平地堆烧之前先在陶罐表面画上或刻上装饰图案。大约5500年前,人们发明了早期的陶轮。而高温烧制才能让陶器不透水,能提高烧陶温度的陶窑出现的时间也很早。

下图:世界上第一件陶艺作品是13000年前,日本绳纹文化时期的人制作的。这件尖底的绳纹陶罐是其中一件早期作品。

最早的陶窑可能有两种方式,一是用黏土搭建;二是直接在地上挖。陶窑由两部分构成——下部是堆烧柴火的火塘,上部是码放陶器的窑室。

中国仰韶文化的釉面彩绘陶器(约公元前3100年—公元前1700年)。

窑室
火道
火塘

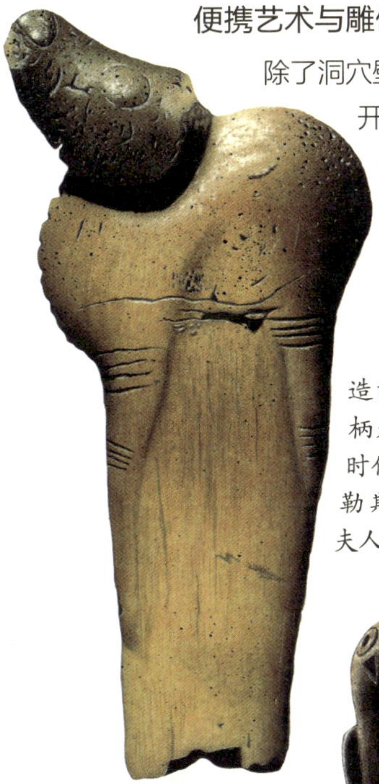

艺术与手工艺

便携艺术与雕像

除了洞穴壁画和岩石艺术，人们也开始创造便于在频繁的迁徙中随身携带的小型艺术品，其中最多见的是小巧的动物和女性雕像。

这件羚羊造型的镰刀柄是中石器时代居住在巴勒斯坦的纳吐夫人用骨头雕成的。

右图：奥尔梅克人是中美洲最古老的文明缔造者。他们只用简易工具就能将火山岩雕成巨大的头像和祭坛，而且还能将更为坚硬的石头雕琢成微型艺术品，就像这个婴儿像一样。

使用金属

大约9000年前，人们发现加热某些特定种类的石头就会得到金属。一旦从岩石中冶炼出金属，就可以将这些金属锻打、铸造成耐用的工具、武器和手工艺品。金属的发现是一项重大的技术突破，人类由此可以更有力地捍卫自己的领地。甚至于考古学家将史前时代末期划分为铜器时代、青铜时代、铁器时代，其依据的正是所利用金属的不同，可见使用金属的重要性。

上图：铜与金是人类最早开始利用的金属。世界上很多地方先后都发现了铜与金。这个铜碗发现于朱迪亚沙漠的巴勒斯坦，正是铜器时代的产物。

左图：中国商朝的青铜象尊

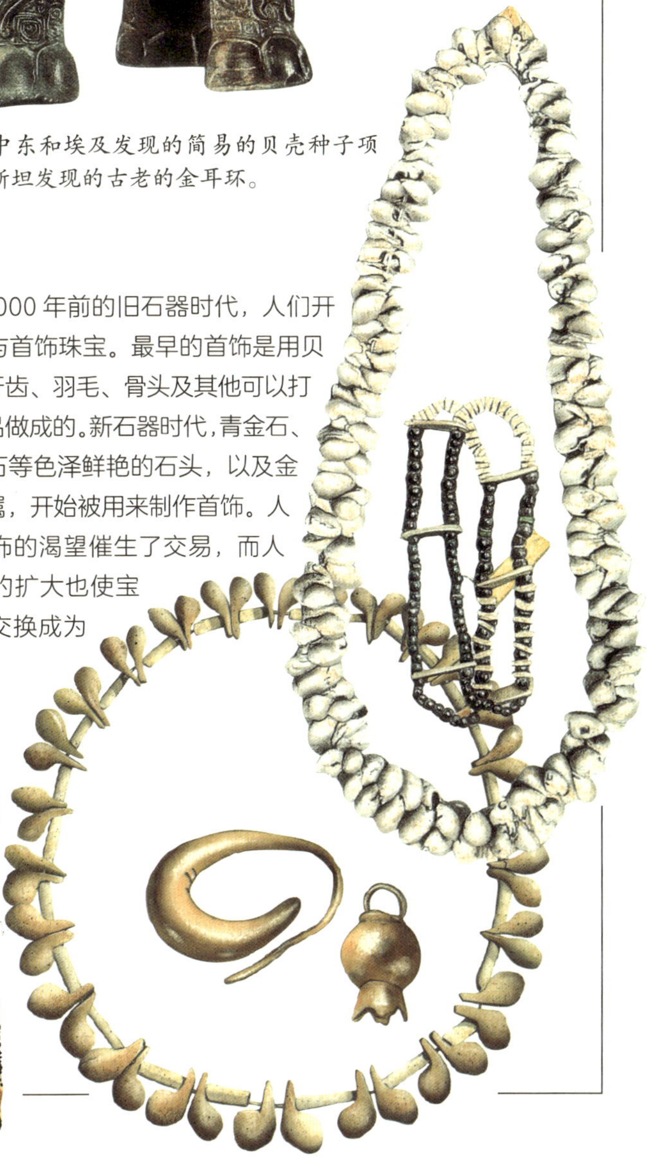

右图：中东和埃及发现的简易的贝壳种子项链以及巴勒斯坦发现的古老的金耳环。

纺织与编织

用动植物纤维编织衣物的本领帮助人们在严寒气候下生存，使人们能够实现环球迁徙。公元前6500年，美索不达米亚人用亚麻织出了第一件衣服。5000年前，中国人开始制作丝绸。而自从开始饲养绵羊、山羊、骆驼后，人类很快发现将它们的毛纺在细纱线里可以让衣物变得更加暖和且耐磨。

这块带图案的布来自前王朝时期的埃及，是用亚麻织成的，已有5000多年的历史。

珠宝

大约30000年前的旧石器时代，人们开始佩戴饰品与首饰珠宝。最早的首饰是用贝壳、种子、牙齿、羽毛、骨头及其他可以打磨佩戴的物品做成的。新石器时代，青金石、玉石、绿松石等色泽鲜艳的石头，以及金银等珍贵金属，开始被用来制作首饰。人类对美丽首饰的渴望催生了交易，而人类活动范围的扩大也使宝石与金属的交换成为可能。

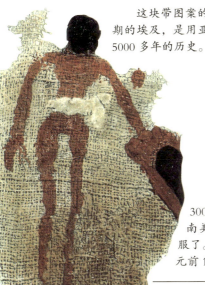

上图：3000年前，南美洲人也开始做衣服了。这个萨满形象是公元前1200年在秘鲁编织出来的。

早期的人类家园

史前人类有时被称为"穴居人",因为他们往往被认为是生活在洞穴里。事实并不尽然。他们中的一些人确实生活在洞穴里,而更多人则生活在山洞口、岩棚下,或是各式各样的露天住处。我们的祖先很早就会利用石块、木料、树枝、叶子、兽皮甚至兽骨等不同材料,搭建简易的茅屋和帐篷。例如,坦桑尼亚的奥杜瓦伊峡谷曾发现环形石阵,考古学家认为它们是180万年前能人建造的灌木屋的地基。

洞穴

上图是中国周口店的一群直立人,他们围绕着火堆,聚居在石灰岩山洞里面。从公元前46万年开始,此后的20万年里,这样的洞穴一直是直立人的定居处。近来有学者指出,黑暗、潮湿、光滑、坚硬的山洞并不是人类理想的家园,当时的人们可能只在极端天气下才会暂居于此。不管怎样,有一点是可以确认的,既要寻找栖息之所,又要躲避黑暗潮湿的环境,人们通常会选择住在岩洞口。

灌木屋

灌木屋是用树枝搭起来的,这种建造技术在今天亚马孙丛林的部落里仍能见到。树枝扎进地里,从两侧向中间倾斜,互相搭在一起,再在上面盖上一层枝叶,一栋屋子就搭好了。屋子周围通常环绕有矮墙,或用石头标出界线。

小屋周围安置的一圈石头,起到边界线的作用。

移动帐篷

可收起,且可与其他物资一并随身携带的帐篷也是史前人类的居住方式之一。帐篷由木制框架支起来,上面覆盖着兽皮,以抵御风和寒冷。

岩棚

向阳凸起的岩石是理想的栖息地。人们先在岩体上打洞,以固定木架或穿挂绳索,支起兽皮或其他材料制成的顶棚。棚内有石头垒砌的灶台、草席,以及单辟出的劳作区域。

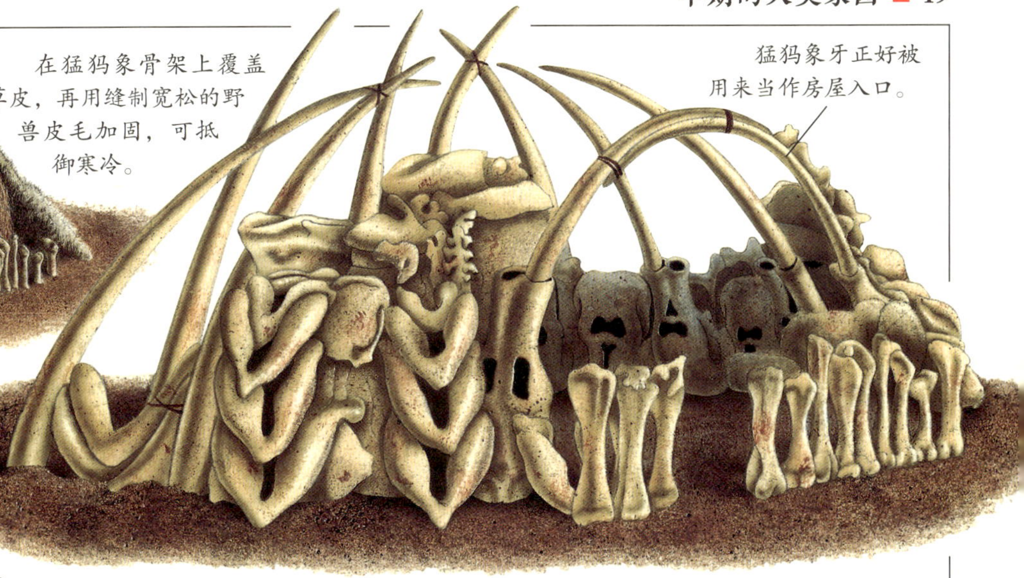

早期的人类家园 19

在猛犸象骨架上覆盖草皮，再用缝制宽松的野兽皮毛加固，可抵御寒冷。

猛犸象牙正好被用来当作房屋入口。

猛犸象骨屋

在乌克兰梅日里奇的第聂伯河边，人们发现了5处猛犸象骨屋遗迹。这些骨屋很可能是在这一带游荡的一小拨狩猎采集者的大本营。屋内均有灶台、劳作区域、残骸。这些猛犸象骨屋可追溯至18000年前。

右图是一座棚屋的复原图，它位于法国南部泰拉阿玛塔的卵石海滩上。人们将树枝打磨平齐后，紧紧并在一起以挡风，并用石头沿着棚屋周围标出界线。屋顶设有出烟口。不过由于泰拉阿玛塔人生活在38万年前，一些考古学家对他们能造出如此复杂的房屋持怀疑态度。

这块骨头（左图）经过了打磨和雕刻，头部被雕成鸟头造型，底部还刻有鱼纹和鹿纹。

这是法国拉瓦切发现的一块驯鹿骨头（左图）的雕刻细部，上有三只大猫。中间的一只正充满活力地跑跳着。

穴居

阿利亚是法国比利牛斯地区的一处考古遗址，从公元前10900年开始，人类在此穴居了500年。整个部落的灶台在洞穴的最深处，不会受到恶劣天气的影响。考古学家在阿利亚发现了不少艺术品，绝大多数是可移动的物品，例如，带有花纹的碗和驯鹿骨雕。洞穴的一个出口面向山谷，山谷对面正是诺克斯洞穴的入口，拉瓦切居民会在此跳舞并举行仪式，祈祷狩猎成功。拉瓦切人留下了令人惊叹的壁画，以动物形象为主。

灶台是人们烹饪食物和围拢取暖的地方，是史前人们生活的中心。

下图这件工具表面刻着鲑鱼图案。拉长的头部可能是一把刮刀。

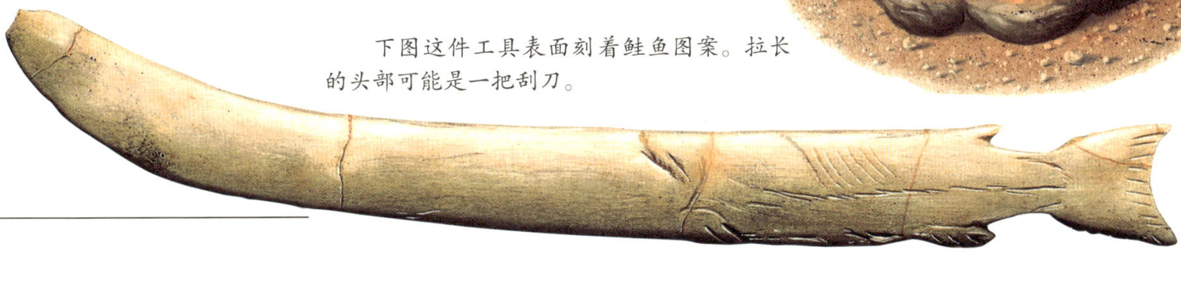

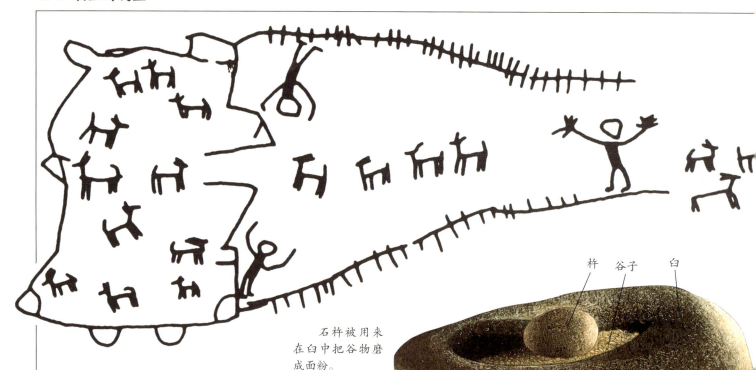

石杵被用来在臼中把谷物磨成面粉。

耕种工具

最早的农民很可能使用简易的锄头和挖掘棍来播种、除草、收获。谷类庄稼的出现促使人们发明了镰刀，将几块燧石嵌入一截木头柄里，就可以收割谷物了。欧洲和亚洲很早就有了犁，不过犁直到现代才传入其他地区，尽管拉犁的牛无论购买还是饲养都花销巨大，但犁具的出现让人们可以耕种更多土地、产出更多粮食，进而最终变得更加富有。

早期犁具复原图

农业的诞生

大约10000年前，末次冰川期结束，自然环境由此发生巨大转变，冰盖消融，海平面上升，降雨量充沛起来，原先被冰层覆盖的地方生长出茂盛植被。猎物大增，人们开始向数千年前那些因太冷而不适合人类居住的地区迁徙。于是，在万物复苏的契机之下，人类逐渐开始种植植物、饲养牲畜，早期农业由此发端。世界上相距很远的不同地区都各自发展出了农业。最早留下活动痕迹的是10000年前近东地区的农民。此后，中国、墨西哥和印度北部地区都出现了农业。不同地区的人类因地制宜，选择了不同的动植物：小麦、大麦、绵羊、山羊是近东地区农牧业的主要代表，亚洲选择了水稻和小米，而美洲主要培育玉米、豆类、土豆、美洲驼。农业得到了快速传播，逐渐取代了曾经的狩猎采集社会。随着技术的提高，农民们能够生产出越来越多的食物，喂饱越来越多的人。他们所在的小型聚居区不断繁衍扩大，房屋群聚，逐渐形成村落和城镇。

驯化绵羊

这幅典型的农业场景画的是三个人正将他们饲养的动物赶回圈里。这是在约旦的鲁姆发现的新石器时代的绘画。长短线条交叉（1）代表用篱笆围起的通道（2），站在通道入口的那个人（3）正挥舞着双臂将动物（绵羊和山羊）往羊圈入口驱赶，另外两个人（4和5）站在羊圈入口两侧，做着同样的动作。奇怪的是，画家在第一个人身后还画了三只动物（6）。很明显，这三只动物趁人不注意的时候逃跑了。

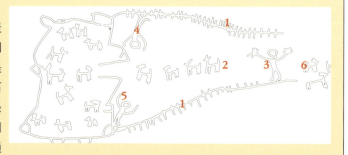

农业的诞生

这张世界地图标记出了最早被驯化的常见动植物，以及它们的驯化地。

植物的驯化

赤道两边的热带和亚热带是最早成功驯化植物的地区。有的植物在不同地区都得到了驯化。植物最初被驯化时，其个头和产量都远比今天小得多。和今天的农民一样，早期的农民通过选种最大最好的品种来提高下一代产量。

下图中的岩画发现于撒哈拉沙漠中的贾巴林。这幅公元前4000年的岩画描绘的是牧人正赶着两种不同的家牛，说明在此之前北非已经出现了农业生活方式。

上图：砂岩浮雕，出土于意大利阿尔卑斯地区的瓦尔卡莫尼卡，描绘了犁地人用两头长角的牛拉犁耕地的鸟瞰场景。

动物的驯化

中亚和西亚生活着野生绵羊和山羊，通常认为它们最早在西亚被驯化。猪、牛的野生祖先生活在欧洲和亚洲，陆续也在不同时期被人类驯化了。尽管美洲没什么可驯化的动物，但由于美洲驼和羊驼可以驮运物品，提供蓬松的驼毛，因此，它们在人类生活中变得十分重要。

古美索不达米亚的花瓶。上有毛厚角长的绵羊。

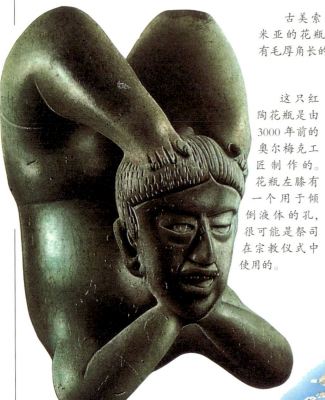

这只红陶花瓶是由3000年前的奥尔梅克工匠制作的。花瓶左膝有一个用于倾倒液体的孔,很可能是祭司在宗教仪式中使用的。

美索不达米亚

8000年前,底格里斯河和幼发拉底河之间的平原(名为美索不达米亚,意为"两河之间")也出现了农耕村庄。美索不达米亚的农民们发明了一种有效的灌溉系统来浇灌这片干旱的平原。他们种出的粮食吃不完,于是卖往其他地区。5500年前,城市在美索不达米亚平原南部一个叫作"苏米尔"的地方发展起来,它们是世界上最早出现的城市。

从乡村到城市

7000年前,在中东、尼罗河流域、中国北方、印度的印度河流域,以及欧洲、中美洲和南美洲部分地区,农耕村庄已经十分兴盛了。随着食物生产效率的提高,村庄的人口增加了,规模也扩大了。社会组织形式悄然发生改变,一些免于耕种责任的人成为手工业者和商贩。随着时间的流逝,贸易逐渐产生了,而贸易又带来了更多财富。许多村庄壮大为城镇,它们中的一些又进一步发展为城市。在城市中,富有的祭司们与小王廷统治着广大民众,而民众的主体便是贫穷的手工业者和农民。正是在这样的城市中,文字被创造出来,史前时代至此终结。

秘鲁手执战斧的查文武士浅浮雕。

中美洲与安第斯山脉

农业的发展及随之而来的城镇,在美洲出现的时间并不比欧洲与亚洲晚多少。今天的墨西哥和安第斯山脉地区是美洲农业的摇篮。玉米是该地区最重要的作物。农田附近逐渐形成农耕村庄。村庄建造神殿,供奉祭司。有的市镇规模和实力强大起来,到了3200年前的时候,最古老的两个文明业已形成——墨西哥的奥尔梅克文明和安第斯山的查文文明。

从乡村到城市

欧洲

耕种技术从近东地区传至欧洲，先在南欧的巴尔干地区落地生根，继而向西传播。欧洲的肥沃土壤很适合发展农业。牛和猪是当时的主要家畜，谷类则是最重要的粮食作物。

希腊塞斯克洛文明的农耕村庄复原图。这些村落形成于8000年前，是欧洲最古老的村落之一。长方形的房屋是用泥砖砌成的，铺盖了茅草屋顶。围绕村子，建有厚厚的石墙，用来抵御外来袭扰。

中国北方半坡文化中的新石器农耕村落复原图。房屋有方形、圆形、椭圆形，都铺着厚厚的泥地。围绕村庄有一道壕沟，壕沟外是六座陶窑构成的制陶中心。

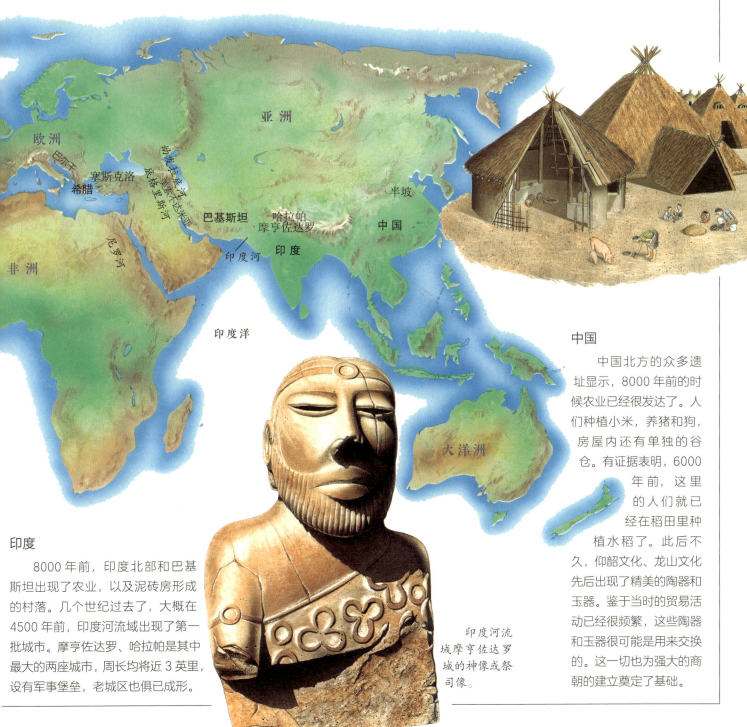

中国

中国北方的众多遗址显示，8000年前的时候农业已经很发达了。人们种植小米，养猪和狗，房屋内还有单独的谷仓。有证据表明，6000年前，这里的人们就已经在稻田里种植水稻了。此后不久，仰韶文化、龙山文化先后出现了精美的陶器和玉器。鉴于当时的贸易活动已经很频繁，这些陶器和玉器很可能是用来交换的。这一切也为强大的商朝的建立奠定了基础。

印度

8000年前，印度北部和巴基斯坦出现了农业，以及泥砖房形成的村落。几个世纪过去了，大概在4500年前，印度河流域出现了第一批城市。摩亨佐达罗、哈拉帕是其中最大的两座城市，周长均将近3英里，设有军事堡垒，老城区也俱已成形。

印度河流域摩亨佐达罗城的神像或祭司像。

加泰土丘

这张图展示了世界上最古老的城市之一——土耳其加泰土丘的局部。它形成于公元前7世纪的新石器时期,占地面积为26英亩,有5000名左右的居民,他们中的大多数人从事耕种、狩猎、捕鱼、冶金和制陶。

古城遗址内发现了大量的生活用具,例如,图中这件双头叉子和锃亮的陶罐。

从乡村到城市 ■ 25

此刀以燧石为刃,以雕刻成蛇形的兽骨为柄,很可能是宗教仪式用品。

加泰土丘的每座房屋上都有一个黏土徽章,可以印出独一无二的图案,用来标记自家的粮食、衣服,甚至印在主人的皮肤上。

加泰土丘

整座加泰土丘有1000多幢长方形的小房子。房子用晒干的泥砖砌成,彼此紧邻而建,几乎没有留出街道。每座房屋的入口(1)都在屋顶,人们借助木梯子(2)上下楼层。房屋内划分出不同区域,用来睡觉(通常在屋顶)、吃饭、劳作。一些墙壁上绘有壁画,有的是动物,有的是人在跳舞和狩猎,有的是几何图案。死去的人或被葬在城市里的诸多神庙里,或被葬于房屋地下。

左图:加泰土丘复原图。

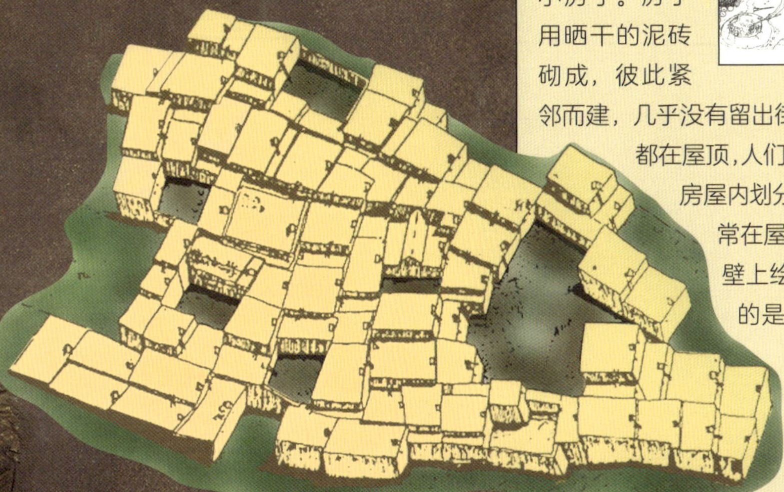

石头建筑

近东地区诞生农业的几千年以后，耕种技术才慢慢传到了北欧和西欧。通常，早期的农耕村落所使用的木料、草皮等建筑材料容易腐烂，很难留到今天，但是上述欧洲地区的农民们却为我们留下了举世震惊的成列的巨石碑。它们的英文名字叫"megaliths"，是希腊语"megas"（巨大）与"lithos"（石头）的组合。在巨石碑内部或周边均发现了墓葬，考古学家由此判断巨石碑是为丧葬仪式和一些其他的宗教仪式而立在这里的。有的巨石碑呈环形排列，人们称之为巨石阵，其建造方式可以让初升朝阳的第一缕光线及落日的最后一缕余晖以特定的方式照入巨石阵中。

意大利南部巴里的石棚（平顶石墓）。此类石棚都由一对竖立的石头和一块部分或全部遮盖在上面的厚石板构成。石棚常被用作集体坟墓（埋葬不止一具遗体）。

巨石阵

这是一位艺术家复原的公元前1100年左右的巨石阵的样子。淡蓝色标记的区域今日已不复存在。外圈是环形的土堤（1）与沟渠（2），内圈是凹坑与立石分别构成的同心圆。从外向内，依次是Y坑（3）、Z坑（4）、砂岩圈（5）、蓝砂岩圈（6）、马蹄形砂岩圈（7）、马蹄形蓝砂岩圈（8）与祭石（9）。北冢（10）和南冢（11）都各有一块翼石（12）。走出环阵的路称为仪道（13），以屠石（14）为起点，以踵石（15）为终点。虽然我们无法确知巨石阵曾发生过什么，但与其他巨石遗迹无二的是，这里的巨石阵的设计排列同样考虑了冬至日、夏至日的太阳日出与日落方位。或许可以推测，生活在这里的农耕聚落在冬夏两至日会聚集于此，祝祷土地丰收，季节更替。

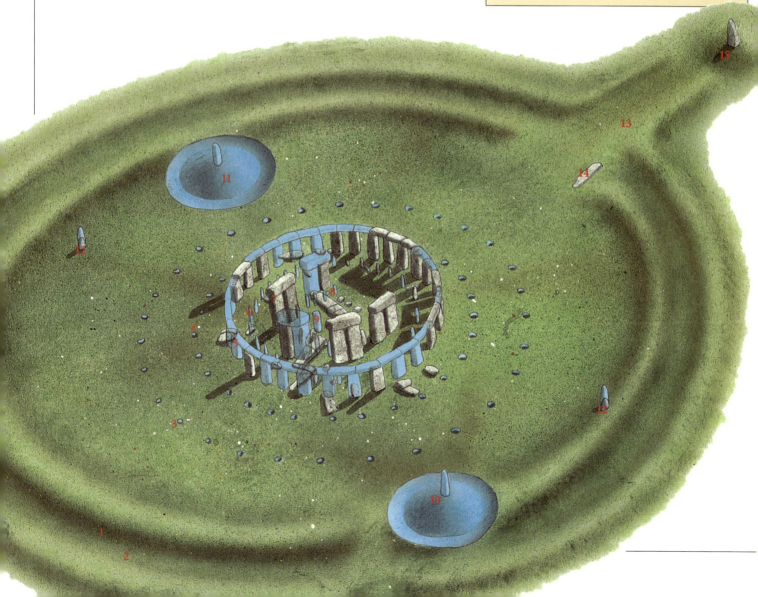

石头建筑 ■ 27

开端

大约在公元前 4500 年，出现了长冢与石墓，用来安葬逝者或举行祭奠，它们是最早的石碑遗迹。建造这些石头建筑的最难之处在于将沉重的大石块从很远的地方运到选址营建之处。这也说明了新石器时代的农耕村落已经是密切联系、组织得力的群体了。

国际化趋势

世界上很多地方都曾集中在数百年的时间里建造过巨石建筑。哥伦比亚圣奥古斯丁的诸多巨石坟墓（右图）会在墓前安置用整块巨石雕刻而成的人兽合体雕像，用此来守护逝者安宁。圣奥古斯丁的原住民们相信，逝者的灵魂从身体解脱出来后就会栖息在这些石像里。

上图：巨石阵今貌。

巨石阵

屹立在英国索尔斯伯里平原的巨石阵或许是今天世界上最著名的巨石遗迹。距今 5100 至 3100 年的两千年时间里，经历了数次重建。索尔斯伯里平原上有超过 500 处石制、木制和土制遗迹，巨石阵只是其中之一，可见，这里曾经一定是宗教与祭祀的中心。

复活节岛上高高耸立的巨石像大约建于 1000 年前。除了年代较近，我们对何人出于何种目的建造了这些巨石像一无所知。

史前动物

最早的时候，动物是人类主要的食物来源，以及制造工具和衣物的稀缺的材料来源；然而除了这些实实在在的用处，动物在其他方面对人也很重要。史前艺术家们留给我们大量的动物题材的壁画、雕刻、雕像，流露出早期人类对动物同情、敬畏、羡慕、恐惧的复杂感情。人类的生活离不开动物，人与动物的关系明显影响着人类自身的生活。现在，这些艺术创作的吸引人之处在于对史前动物的丰富记载，以及让我们看到哪些动物已经灭绝了。

狮画石板（法国瓦隆蓬达克的肖维岩洞）

除了标题里的狮子，这幅生动的壁画里还有很多其他种类的动物。画面右侧是狮子，且至少有13头（1）。看上去它们正在围攻一头野牛（2）。在左手边，一大群犀牛（3）好像也在逃避狮群的袭击。丰富的细节、栩栩如生的画面，好像在看一部野生动物纪录片。与艺术家的画技同样令人震惊的是，那么多的动物，包括长着球形蹄子的幼年猛犸象（4），都曾活生生在欧洲大陆生活过。狮子和犀牛在22000年前末次冰川期达到极寒的时候，从欧洲大陆消失了。

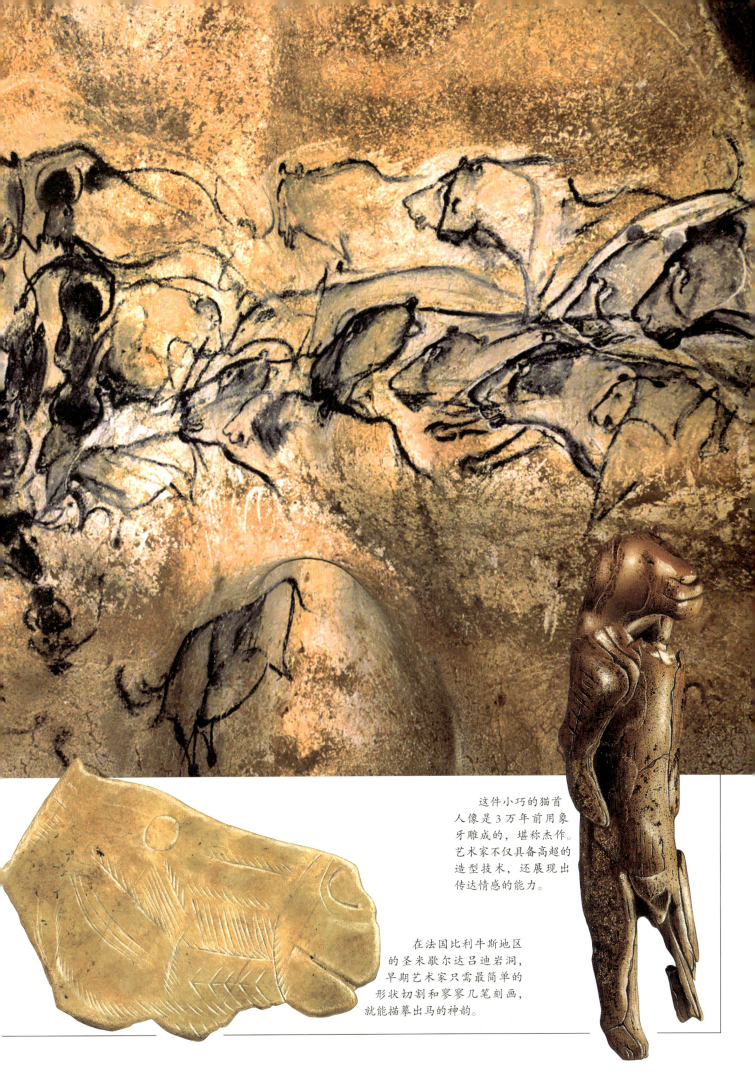

这件小巧的猫首人像是3万年前用象牙雕成的,堪称杰作。艺术家不仅具备高超的造型技术,还展现出传达情感的能力。

在法国比利牛斯地区的圣米歇尔达吕迪岩洞,早期艺术家只需最简单的形状切割和寥寥几笔刻画,就能描摹出马的神韵。

史前动物

迁徙

如今，生活在欧洲极北部地区的动物，在末次冰川期时曾生活在欧洲中部和南部。冰盖后撤，大地回暖，南欧洞穴壁画里的主角，如野山羊、驯鹿，陆续向北迁徙，或是住在曾经寒冷的阿尔卑斯山上。

史前猎人们懂得如何保留他们喜欢的猎物，他们更多地捕杀雄性，以使种群数量保持稳定。然而，气候变化仍令包括大角鹿在内的许多物种灭绝。

在西班牙境内比利牛斯山高处的伊斯图里茨洞穴中，一块岩石上刻着一只野兔好奇的脸。

史前艺术家无意创作写实场景，而是自有一套将不同动物排列组合在一起的标准。就像这段驯鹿角上刻着鹿和鲑鱼，我们或许永远无法知道艺术家为什么要这么做。

坚硬的鸟形鹿角投矛器

法国的图克·道朵贝尔洞穴地面上用黏土塑造了一对正在交配的野牛。史前艺术家轻易不会塑造群像，该塑像应与祈求生育的仪式有关。

史前动物

猛犸象是一种巨型多毛的象,长着硕大弯曲的象牙。它曾经广泛分布于大洋洲与南美洲以外的所有大陆上,而在末次冰川期灭绝。猛犸象是史前洞穴艺术的主角。法国的一处洞穴(鲁菲尼亚克)中甚至有超过150幅的猛犸象画!

立马造型的鹿角投矛器

猛犸象造型的投矛器

末次冰川期,一位西伯利亚艺术家在猛犸象牙上刻画了一头猛犸象。当时,这些毛茸茸的大家伙只能往南到西班牙才能见到。

琥珀大多产自北欧的波罗的海沿岸,是制作饰品和首饰的材料。这件琥珀雕成的小马雕件发现于德国。

法国拉斯科岩洞的公牛大厅

这幅公牛大厅的部分复原图,从左至右,依次是有时被唤作"独角兽"的神秘野兽(1),然后是几匹马(2)、一头欧洲野牛(现代牛的史前祖先)(3),它们都在向右侧奔跑,而右侧迎面而来的是一头欧洲公牛(4)。在两头欧洲野牛之间还分布着几只体型较小的鹿(5)。

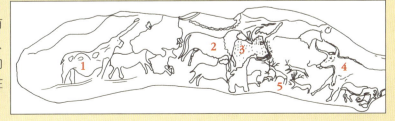

断代测年法

18世纪的许多欧洲人坚信公元前4004年上帝创造了世界,这个时间点是基于《圣经》计算得来的,而更多的科学信奉者则只能通过例举更早的遗物来反驳这一观点。如今,根据遗物的初步分期及材质的不同,考古学家们有了一系列不同的断定年代的方法。有一些断代方法,如树木年轮法,可以判断出久远遗物的准确年代;还有一些方法,如三分期法,只能给出诸如"早于某时"的相对年代。

三分期法

人类能掌握的技术随着时间的推移越来越复杂。正如我们在本书中看到的一样,250万年前,人类最早学会使用的工具是石头制成的,铜器出现前这段时间称为石器时代。从铜器诞生到铁器被发明,这段时间是铜器时代。最后一个时期是铁器时代。这是一种相对分期法。现在,仍旧有一些社会尚未进入铜器时代或铁器时代。

这件精美的铜头像是15世纪在非洲贝宁制作的。世界上有些地方铜器时代来得很早,比如中国和近东地区。

法国石器时代后半叶的一件精雕燧石,距今18000年。

英国泰晤士河中发现的铜饰铁矛头。英国的铁器时代发端于公元前600年。

树木年轮测年法

树木年轮法,又名树木年代学,自17世纪以来,一直被用来检测木制品年代。该方法通过树干年轮的厚度来判断活着的树木的年龄,也可以判断木制品的年代。通过截取层层年轮,科学家便可掌握7000年前至今的时间线(年代学)。

年轮宽且发白的部分是树木生长旺盛的夏季,而深色部分代表生长缓慢或停止生长的冬季。二者合起来就是一年完整的生长状况。在不同年份,生长有快(夏季生长年轮)有慢。每年的年轮都是独一无二的。

地层学

地层学研究和对比随时间累积的不同沉积层,也是一种相对断代法。地层分析法帮助考古学家弄清楚不同遗物的制作使用的年代先后顺序。下图这样的古代村落遗址是解释地层学判断方法的极好例子。

有些遗址在数千年的时间里一直有人类居住。一层一层的残骸残片累积起来,最上面是最后建造的房屋,最下面是最早的房屋。考古学家在挖掘的过程中会发现不同的层次,即地层,然后根据地层的上下位置关系判断该地层内物品的年代早晚关系。

断代测年法

放射性碳素断代法

放射性碳素断代法，又称碳14（写作C-14）断代法，是最常用的断代方法，只要曾经有生命的物品（木头、骨头、植物、动物等）都可以用这种方法判断年代。碳14是大气层产生的放射性元素，被植物吸收，再通过食物链进入动物与人类身体。从一个生命体死亡的那一刻开始，碳14开始衰变。而科学家知道碳14的衰变率，那么通过测量遗物内残留的碳14，就能知道其死亡时间。这种方法可以检测4万年以内的遗物。

热释光测年法

热释光测年法，简称TL法，可用来给陶器断代。所有陶器都含有一种随时间同比增长的放射性元素。加热陶器的时候，热光被全部释出，放射量归为零。制作陶器的方法是火烧。科学家再次加热陶器，并同时测量其中累积的热光，那么这件陶器被制成多久就知道了。TL法也可用来给烧过的燧石断代。该方法对于约8万年以内的器物都有效。

陶器是新石器时代及以后的遗址最常见的考古发掘物，TL断代法尤其适用。

钾氩测年法对检测早期人类遗骸的年代尤其有效。这具南方古猿鲍氏种的头骨，即是用该方法检测出其为180万年前的。

钾氩测年法

与碳14断代法和TL法一样，钾氩测年法依据的也是放射性元素的衰变率。只不过它主要用来检测火山岩中钾衰变为氩气的衰变量。由于衰变率极低，衰变极缓慢，这个方法最多能够检测10万年前的石头。

早期历法

古代人类使用的早期历法也可以成为我们断代的依据。当考古学家确定了古代历法中的一两件历史事件时，便可相应地解读并确定其他记载事件在古代历法中的时间。

阿兹特克历法石，圆盘边缘刻着阿兹特克历法中的20天符号。

历史记录与史前史的终结

当人类有了文字记录，史前史便从此终结，迎来了文明史。大约5300年前，美索不达米亚和古埃及首先发明了文字。在接下来的几个世纪，世界各地发展出各自的书写方式。也有一些族群例如澳洲原住民，至今没有自己的文字。

一些早期的书写形式：1.美索不达米亚楔形文字碑；2.中国古代象形文字；3.玛雅文化古抄本；4.古印度摩亨佐达罗的文字封印；5.古埃及象形文字。

索引

阿兹特克 33
埃及 17, 33
埃塞俄比亚 5
安第斯山脉 22
奥杜瓦伊峡谷 18
奥尔梅克 17, 22
澳洲原住民 33

巴基斯坦 23
巴勒斯坦 17
巴里 26
白令海峡 6
半坡 23
北美洲 6, 7, 21, 22
北欧 26, 31
贝宁 32
比利牛斯山 30
冰川期 6, 10, 12, 20, 28, 30, 31
波罗的海沿岸 31

查文 22

大洋洲 23, 31
德国 5, 31
底格里斯河 22
地层学 32
第聂伯河 19
东南亚 11

法国 9, 12, 13, 19, 28, 29, 30, 31, 32
法国比利牛斯地区 9, 19, 29
放射性碳素断代法 33
非洲 4, 5, 6, 11, 21, 23, 32
复活节岛 27

哥伦比亚 27
更新世 6

哈拉帕 23

加泰土丘 24, 25
贾巴林 21
钾氩测年法 33
匠人 4, 5, 6
杰力科 13
捷克共和国 6, 12
近东 16, 20, 23, 26, 32
巨石阵 26, 27

卡拉哈里沙漠 11
肯尼亚 4, 5

拉密达猿人 4, 5
拉斯科 14, 15, 16, 31
拉瓦切 19
利特里 6
龙山文化 23
卢多尔夫智人 5
鲁菲尼亚克 31
鲁姆 20
露西 4, 5

马拉哈 12
马斯·德·阿兹尔山洞 9
玛雅 33
芒通人 12
毛利人 6
梅日里奇 19
美索不达米亚 17, 22, 33
美洲 20, 21, 22
秘鲁 7, 12, 17, 22
明布雷斯人 13
摩亨佐达罗 23, 33
墨西哥 20, 22
母神 16

纳吐夫文明 17
南方古猿 4, 5, 7, 14, 33
南方古猿阿法种 4, 5
南方古猿埃塞俄比亚种 5
南方古猿鲍氏种 5, 33
南方古猿粗壮种 5
南方古猿非洲种 5
南方古猿湖畔种 5
南方古猿惊奇种 5
南非 5, 14
南美洲 7, 17, 21, 22, 31
南欧 16, 23, 30
能人 5, 7, 10, 18
尼安德特人 5, 7, 13
尼罗河流域 22
诺克斯岩洞 19

欧洲 6, 16, 20, 21, 22, 23, 26, 28, 30, 31
欧洲中部 30

披头士乐队 4

热释光测年法 33
日本 6, 16

撒哈拉沙漠 21
塞斯克洛 23
三兄弟岩洞 13
桑人 11
商朝 17, 23
绳纹文化 16
圣奥古斯丁 27
圣米歇尔达吕迪 29
树木年轮测年法 32
索尔斯伯里平原 27

塔西里高地 16
太平洋 6, 7, 21, 22
泰拉阿玛塔 19
泰晤士河 32
坦桑尼亚 5, 6, 18
碳14断代法 33
图克·道朵贝尔岩洞 30
土耳其 24

瓦尔卡莫尼卡 21

瓦尔托塔 11
瓦隆蓬达克 28
乌克兰 19

西班牙 5, 10, 11, 30, 31
西伯利亚 6, 31
西欧 26
西亚 21
希腊 23
下维斯特尼采 12
先驱人 5
肖维岩洞 23
新墨西哥 13
新西兰 6, 7

亚马孙 18
亚洲 6, 20, 21, 22, 23
仰韶文化 16, 23
伊斯图里茨 30
以色列 12
意大利 21, 26
意大利阿尔卑斯地区 21
印度 22, 23
印度北部 20, 23
印度河流域 22, 23
印度尼西亚 5
印加 12
英国 27, 32
幼发拉底河 22, 23
约旦 20

直立人 4, 5, 6, 7, 18
智人 5, 6, 7, 13, 14
中东 17, 22
中国 6, 16, 17, 18, 20, 22, 23, 32
中国北方 22, 23
中国人 17
中美洲 17, 22
周口店 18
朱迪亚沙漠 17

向准许我们使用其图片的图片库与摄影师致谢：

封面：斯卡拉集团，佛罗伦萨；16-17 斯卡拉集团，佛罗伦萨；29 亚当·沃菲特、科尔维斯；30-31 法国文化与交流部、罗纳－阿尔卑斯地区文化事务局、地区遗址管理局。

"艺术点亮文明：漫游世界文明史"系列还有以下分册：

《古埃及》
《古希腊》
《古罗马》
《中世纪》
《文艺复兴》

艺术点亮文明

漫游世界文明史

古埃及

[意]内尔·莫里斯/著

[意]保拉·拉瓦利亚、[意]亚历山德罗·坎图奇、[意]法比亚诺·法布鲁奇、
[意]安德烈亚·莫兰迪、[意]马泰奥·凯西/绘

李响/译

北京理工大学出版社
BEIJING INSTITUTE OF TECHNOLOGY PRESS

版权专有　侵权必究

图书在版编目（CIP）数据

漫游世界文明史. 古埃及 /(意) 内尔·莫里斯著 ;(意) 保拉·拉瓦利亚等绘 ; 李响译. — 北京 : 北京理工大学出版社, 2021.1

（艺术点亮文明）

书名原文: Art and Civilization:Ancient Egypt

ISBN 978-7-5682-8705-0

Ⅰ.①漫… Ⅱ.①内… ②保… ③李… Ⅲ.①文化史—埃及—古代—通俗读物 Ⅳ.①K103-49

中国版本图书馆CIP数据核字(2020)第124237号

北京市版权局著作权合同登记号　图字：01-2020-1920

Art and Civilization Ancient Egypt ©2018 Nextquisite Ltd, London Simplified Chinese translation copyright ©2020 by Beijing Institute of Technology Press All rights reserved.

出版发行 / 北京理工大学出版社有限责任公司	
社　　址 / 北京市海淀区中关村南大街5号	
邮　　编 / 100081	
电　　话 /（010）68913389（童书出版中心）	
网　　址 / http://www.bitpress.com.cn	
经　　销 / 全国各地新华书店	
印　　刷 / 朗翔印刷（天津）有限公司	
开　　本 / 889毫米×1194毫米　1/16	
印　　张 / 2.25	责任编辑 / 梁铜华
字　　数 / 45千字	文案编辑 / 杜　枝
版　　次 / 2021年1月第1版　2021年1月第1次印刷	责任校对 / 刘亚男
定　　价 / 33.00元	责任印制 / 王美丽

图书出现印装质量问题，请拨打售后服务热线，本社负责调换

目录

导言 4

金字塔的缔造者 8

众神 12

死亡与来世 16

统治埃及 20

日常生活 24

娱乐活动 26

艺术 28

科学与贸易 30

文字与文学 32

索引 34

导言

公元前 3100 年左右，上埃及的纳尔迈王武力统一了尼罗河三角洲地区（下埃及），上下埃及的统一拉开了古埃及文明的序幕。古埃及文明是世界上最古老的文明之一，也是时间最长、最繁盛的文明之一。公元前 450 年，当古希腊文明达到巅峰时，古埃及文明已经 2500 多岁了！沿着尼罗河两岸，古埃及领土呈狭长带分布，在下游，又随着尼罗河分为若干支流而形成三角洲。尼罗河每年都要泛滥，为两岸土地带来肥沃的淤泥。洪水退去后，农民在尼罗河两岸耕种，收获充足的粮食，伟大文明由此孕育。

约公元前 2900 年，披着纹饰斗篷的第一王朝国王的小型象牙雕像。

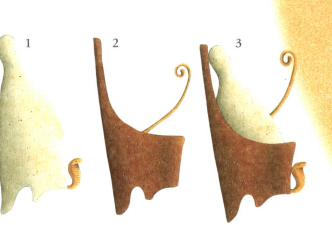

古埃及统一后，上埃及的白色王冠（1）与下埃及的红色王冠（2）合二为一，成为双王冠（3）。历任法老将这样的双王冠佩戴了 3000 年。

前王朝时代

人类在尼罗河谷定居已有 70 万年时间，然而，河水年年泛滥，掩埋、冲毁了大部分的人类活动痕迹。公元前 4500 年，书写记录出现，由此开始了"前王朝时代"，直至第一位法老统一埃及。前王朝时代的农业社会已经较为复杂，有国王、主教、富人、穷人之分。他们制造了精美的陶器和精湛的手工制品，一如图中的花瓶和象牙柄刀。

法老的王冠上有象征上埃及的秃鹫和象征下埃及的眼镜蛇。二者并立的形象贯穿整个古埃及时期。这件王冠是新王国时代第十八王朝打造的。

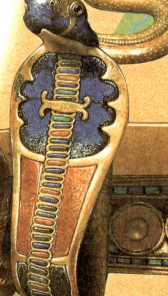

纳尔迈调色板（背面）

纳尔迈调色板发现于希拉孔波利斯，是纳尔迈献祭的，纳尔迈就是第一位统治整个埃及的传奇国王美尼斯。纳尔迈（1）戴着上埃及的白色王冠（2），正要用权杖（3）击打俘虏的头部，太阳神荷鲁斯（4）正旁观着这一切。王权守护者荷鲁斯的出现令画面很容易理解，它的爪正抓着一根纸莎草（5），寓意对三角洲地区（下埃及）的统治。

生命之河

有时，埃及被称作"尼罗河的馈赠"，因为尼罗河水孕育了生命，令国家免于沦为荒凉的沙漠。尼罗河由上游三条支流汇聚而成——白尼罗河、阿特巴拉河、青尼罗河——皆发源于南边的东非高原。尼罗河是世界最长的河流，在尼罗河干流形成之前，其长度就已经有 3400 英里[①]了，再流过 650 英里长的尼罗河谷和 100 英里广袤的三角洲地区，最后汇入北部的地中海。

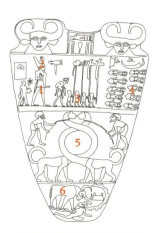

纳尔迈调色板（正面）

在调色板的另一面，纳尔迈（1）头戴下埃及的红色王冠（2），走在一队高官行列（3）中，前去视察两排已被斩首的敌人尸体（4）。画面下方是两头狮子，异乎寻常的长颈彼此缠绕。两狮脖颈围成的小圆盘用来研磨颜料（5）。狮子象征国王对一切敌对势力的掌控力度，也寓意在国王的治理下，埃及社会一派和谐。调色板底部，国王化身一头愤怒的公牛（6），摧毁城墙，刺伤人民，以警示国王为维系和谐可能采取的手段。

① 1英里=1609米。

古埃及历法

古埃及历法以尼罗河周期为基础，一年分三季，每季有四个月。第一季称为洪水季，以尼罗河水水位开始上涨为起点，持续时间约为每年7月中旬至11月中旬。在此期间，农民不事耕种，而是被国家征召兴建工程。洪水季过后是冬季，持续时间为每年11月中旬至次年3月中旬，其间农民犁开沉积着淤泥的田地，播种新庄稼。最后一季是夏季，这是一年中最繁忙的季节：农活繁重，要收割、打谷、扬谷、储藏谷物，还要收获其他庄稼。

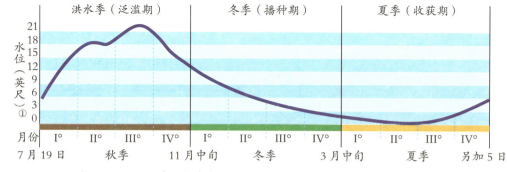

古埃及的一年分三季，每季有四个月。图为以现代的12月历法对照古埃及历法。

① 1英尺＝0.3048米。

务农

绝大多数古埃及人是农民或其帮工。他们主要种植大麦和双粒小麦，制成当地主要的食物和饮料——面包和啤酒。平整土地的方式就是简单的牛拉犁或人用锄头进行。农民用手把种子撒进地里，用木柄燧石刃的镰刀收割，再用驴将收获的谷子拉到打谷场。富有些的农民饲养了家牛和阉牛，有些用来食肉，有些用来犁地。饲养的绵羊和山羊则可以提供羊奶、羊肉和羊毛。

上图为古埃及早期的灌溉系统——桔槔(jié gāo)。古埃及人开凿引水渠，引尼罗河水灌溉。在干旱的季节，人们利用桔槔从河里或引水渠里汲水，浇灌农园。桔槔是一种一端系上水桶，另一端坠上大石块或泥块，利用杠杆原理汲水的装置。

这把镰刀的木柄是现代的，燧石刀刃则是古王国时代的。

底比斯壁画，两个人正在采葡萄。

酿酒

古埃及人会酿造红葡萄酒和白葡萄酒。他们将成熟了的葡萄踩碎，滤掉汁水，其余部分则装入大陶罐里发酵。几个月，甚至几年后，再加入蜂蜜和香料调味，或者加枣增加甜度。另外，枣、无花果、石榴也可以用来酿酒。

这幅壁画中，农场的工人正在户外扬谷，脱去谷壳。如今埃及部分地区还在使用同样的方法脱谷壳。

数牛纳税像

这是一套随葬的塑像明器。坐在高台中央的是墓主人（1）。围绕在墓主人周围的是书吏和官员（2），牧人（3）正将牛群驱赶到他们面前点数。不同花色的牛，牛角（4）或笼头（5）上拴着绳索，方便牧人驾驭。高台前方，一个人不知做了什么错事正在被鞭责（6）。

金字塔的缔造者

在古埃及王朝早期，不断出现的地方冲突已接近内战爆发边缘，整个王朝一盘散沙。第三王朝统治者乔赛尔登基后，定都孟菲斯，强化了社会统治与治理。乔赛尔的统治为古埃及迎来了稳定与繁荣，史称"古王国时代"（约公元前2686年—公元前2125年）。在此期间，王权的性质发生了变化，国王被当作神来看待。为了彰显巨大的财富和权力，国王们开始为自己修建金字塔形坟墓。很多金字塔至今仍屹立着，成为古埃及文明最举世瞩目的遗迹之一。

这件古王国时代的金鸟头象征国王的守护者荷鲁斯。

斯奈夫鲁（约公元前2613年—公元前2589年）是古埃及历史上最伟大的金字塔缔造者。他是第一位建成真正意义上的几何金字塔的国王，而非之前的阶梯式金字塔。终其一生，一共建造了三座全尺寸金字塔和两座小型金字塔。经考古学家计算，他一生主持搬运的石料足有2700万立方英尺[①]。

伊姆霍特普（左图）是乔赛尔最忠诚、最有才干的智囊。几千年来，他被古埃及人尊奉为建筑家、数学家、天文学家、作家和医生。第一座阶梯式金字塔便是伊姆霍特普的作品。

位于萨卡拉的乔赛尔阶梯式金字塔是古埃及历史上第一座金字塔，其全部由石料建造，向世人彰显着古埃及人卓越的建筑才能。

阶梯式金字塔

古埃及王朝早期的国王陵墓是平顶的泥砖墓室，当地人称其为"马斯塔巴"。乔赛尔的阶梯式金字塔是第一座全部由石砖建造的大型纪念建筑，堪称人类技术与艺术审美的双重飞跃。在它的周围还分布着许多其他建筑设施，北馆、南馆、大型神庙和露台、浮雕、廊柱、平台、神龛、圣堂，以及真人大小的雕像。围墙围起的面积达37英亩[②]，足与当时的一座大型城镇占地面积相当。

[①] 1立方英尺=0.0283立方米。
[②] 1英亩=4046.86平方米。

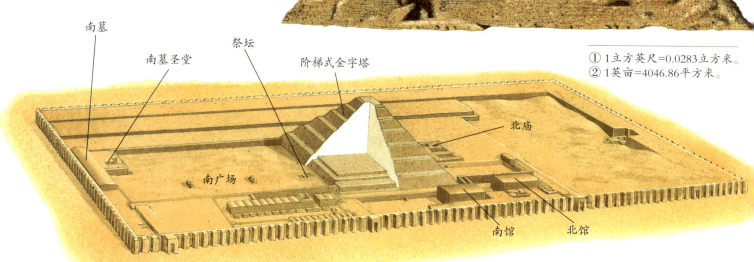

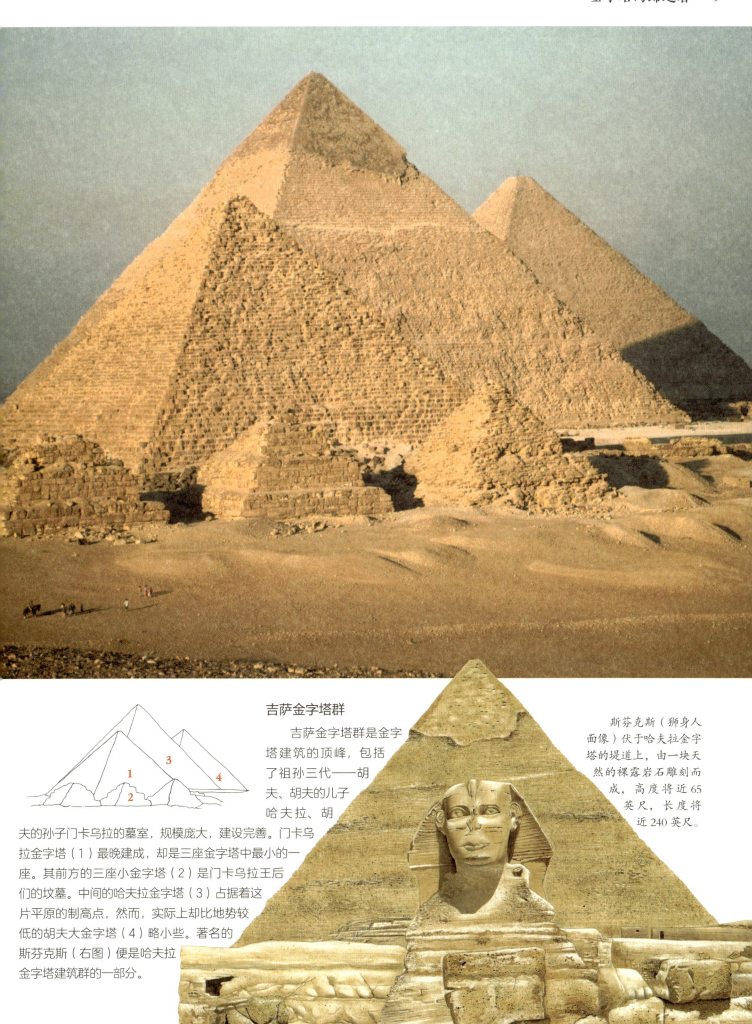

吉萨金字塔群

吉萨金字塔群是金字塔建筑的顶峰，包括了祖孙三代——胡夫、胡夫的儿子哈夫拉、胡夫的孙子门卡乌拉的墓室，规模庞大，建设完善。门卡乌拉金字塔（1）最晚建成，却是三座金字塔中最小的一座。其前方的三座小金字塔（2）是门卡乌拉王后们的坟墓。中间的哈夫拉金字塔（3）占据着这片平原的制高点，然而，实际上却比地势较低的胡夫大金字塔（4）略小些。著名的斯芬克斯（右图）便是哈夫拉金字塔建筑群的一部分。

斯芬克斯（狮身人面像）伏于哈夫拉金字塔的堤道上，由一块天然的裸露岩石雕刻而成，高度将近65英尺，长度将近240英尺。

10　金字塔的缔造者

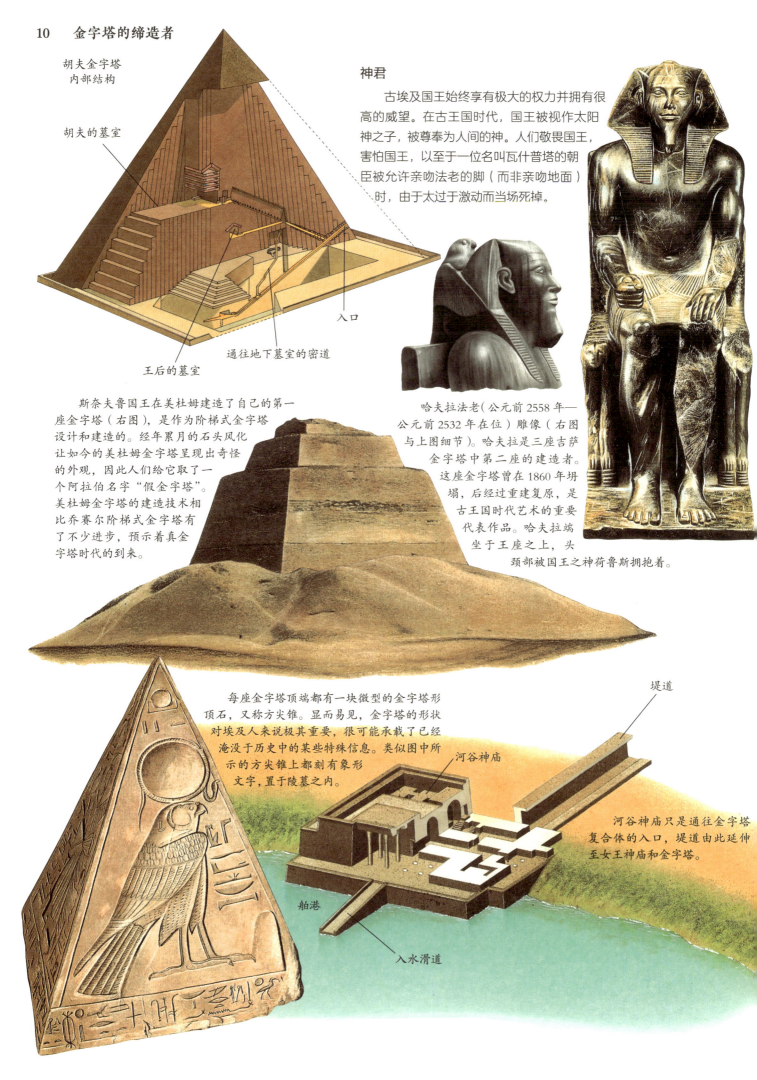

胡夫金字塔内部结构

胡夫的墓室

入口

通往地下墓室的密道

王后的墓室

神君

古埃及国王始终享有极大的权力并拥有很高的威望。在古王国时代，国王被视作太阳神之子，被尊奉为人间的神。人们敬畏国王，害怕国王，以至于一位名叫瓦什普塔的朝臣被允许亲吻法老的脚（而非亲吻地面）时，由于太过于激动而当场死掉。

斯奈夫鲁国王在美杜姆建造了自己的第一座金字塔（右图），是作为阶梯式金字塔设计和建造的。经年累月的石头风化让如今的美杜姆金字塔呈现出奇怪的外观，因此人们给它取了一个阿拉伯名字"假金字塔"。美杜姆金字塔的建造技术相比乔赛尔阶梯式金字塔有了不少进步，预示着真金字塔时代的到来。

哈夫拉法老（公元前2558年—公元前2532年在位）雕像（右图与上图细节）。哈夫拉是三座吉萨金字塔中第二座的建造者。这座金字塔曾在1860年坍塌，后经过重建复原，是古王国时代艺术的重要代表作品。哈夫拉端坐于王座之上，头颈部被国王之神荷鲁斯拥抱着。

每座金字塔顶端都有一块微型的金字塔形顶石，又称方尖锥。显而易见，金字塔的形状对埃及人来说极其重要，很可能承载了已经淹没于历史中的某些特殊信息。类似图中所示的方尖锥上都刻有象形文字，置于陵墓之内。

堤道

河谷神庙

舶港

入水滑道

河谷神庙只是通往金字塔复合体的入口，堤道由此延伸至女王神庙和金字塔。

金字塔的缔造者

这幅大图是一处标准的金字塔复合体，只能经过河流抵达入口进入河谷神庙，然后通过堤道进入金字塔体内。国王葬在金字塔内，金字塔外环绕着围墙，围墙外是庭院、三座为其王后建造的金字塔，以及一座二级金字塔，人们相信国王的灵魂在其死后保存在这里。

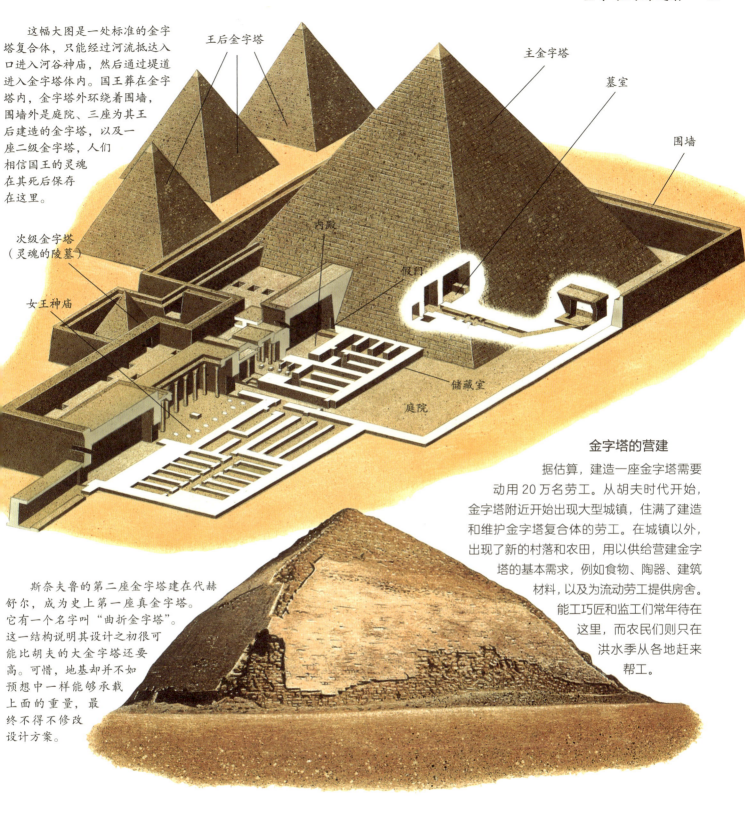

斯奈夫鲁的第二座金字塔建在代赫舒尔，成为史上第一座真金字塔。它有一个名字叫"曲折金字塔"。这一结构说明其设计之初很可能比胡夫的大金字塔还要高。可惜，地基却并不如预想中一样能够承载上面的重量，最终不得不修改设计方案。

金字塔的营建

据估算，建造一座金字塔需要动用20万名劳工。从胡夫时代开始，金字塔附近开始出现大型城镇，住满了建造和维护金字塔复合体的劳工。在城镇以外，出现了新的村落和农田，用以供给营建金字塔的基本需求，例如食物、陶器、建筑材料，以及为流动劳工提供房舍。能工巧匠和监工们常年待在这里，而农民们则只在洪水季从各地赶来帮工。

下图显示了几座大金字塔的相对高度。

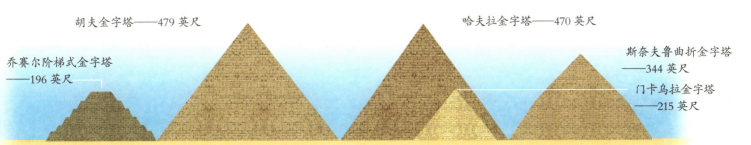

乔赛尔阶梯式金字塔——196英尺
胡夫金字塔——479英尺
哈夫拉金字塔——470英尺
斯奈夫鲁曲折金字塔——344英尺
门卡乌拉金字塔——215英尺

众神

古埃及有众多男神与女神。有些神是全埃及信奉的神,如俄赛里斯、伊西斯、荷鲁斯、哈托尔、阿努比斯和托特;还有些神只在很小的范围内被人们信奉,即使临近的村子也不知道。神灵所司之职,随时间不断发生改变,有时还会出现二神合一的情况。例如,阿蒙神和拉神,合体成为强大的创造者阿蒙拉。当出身于某村落的人在中央政府掌权后,就会提升自己家乡神灵的地位,该村落的地方神就会变成全国性的信仰,而无论何时,法老的家乡神都是最强大的。

下面这幅壁画出自国王谷中的赫伦希布法老墓。赫伦希布是在意外的情况下当上国王的。公元前1325年,年轻而尚无子嗣的图坦卡蒙法老去世,当时的赫伦希布还只是一位高阶军事长官。阿伊迎娶图坦卡蒙的遗孀,继承了王位;然而,阿伊年事已高,仅在位4年便过世了。此后,赫伦希布即位,统治了国家28年之久。赫伦希布一生建造了两座金字塔,一座位于萨卡拉,是其年轻时修建的,由于当时的赫伦希布并不知道自己有朝一日会成为埃及的法老,因此建得很朴素。另一座在国王谷,是他当上法老之后修建的,无比壮丽。

赫伦希布法老墓壁画

壁画上的法老赫伦希布站在诸神面前。赫伦希布（2）正将几杯葡萄酒献给古埃及最重要的神祇之一俄赛里斯（1）。俄赛里斯是冥神，主宰尼罗河的洪水和收成，以此赋予古埃及生命。他原本也是一位法老，死后变成了神。在下一场景中，赫伦希布（4）面向埃及信众最多的女神哈托尔（3）而立。哈托尔是力量与暴虐之神，但同时也象征母性和女性之爱。再后面，赫伦希布（6）为王权之神荷鲁斯（5）献酒。荷鲁斯原为下埃及的神，后演变为俄赛里斯和伊西斯之子、法老的保护者。荷鲁斯通常以隼或隼头人的形象示人。最右侧的女神是伊西斯（7），她同样是埃及最重要的女神之一。

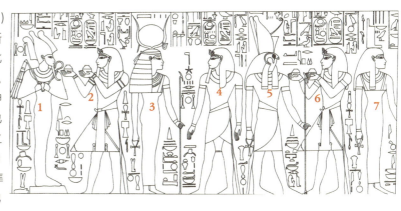

创世之神

根据著名的创世神话，创世者阿蒙拉被裹在莲花花瓣里，从努恩之水中升起而诞生。阿蒙拉创造了他的儿子舒（空气之神），以及他的女儿泰芙努特（雨露与湿气之神）。舒和泰芙努特生了一个儿子（盖布），是大地之神，还生了一个女儿（努特），是天空之神。盖布和努特有四个孩子——俄赛里斯、塞特、伊西斯、奈芙蒂斯——都生活在人间。

木乃伊人形棺上的一幅画。舒托举着自己的女儿——天空之神努特，将她与大地之神盖布分开。

奈赫贝特（左图）和乌托（右图）是上下埃及的领土之神。其中，秃鹫女神奈赫贝特是上埃及的保护神，眼镜蛇神乌托是下埃及的保护神。上下埃及统一后，国王将秃鹫和蛇的形象都放到了王冠正面。

秩序的重要性

供养玛阿特，维系世界秩序，是古埃及信仰活动的主要目的。古埃及人认为，世界诞生之初是无序的，最终也会以无序终结。而古埃及人的任务就是使生命和秩序免于混乱和失序的打扰。

玛阿特是真理、正义、有序之神，其形象是头插一根鸵鸟羽毛的跪地女性。

阿蒙拉被尊崇为创造者、众神之王，他是此前两位神明阿蒙和拉的组合。阿蒙原是南埃及的地方神。对阿蒙的信仰传入底比斯后，阿蒙不仅成为法老之神，同时，还与赫利奥波利斯的太阳神拉融为一体。

阿蒙拉展现出的王权属性——高大的金王冠、国王式胡须和权杖。

塞赫麦特，人称"凶猛猎手"，是强悍的战争女神、造物神卜塔的保护者，同时，也是卜塔的妻子。她常被描绘为一头母狮，或者头顶着太阳圆石、身前挂着蛇的狮头女身。

托特是知识之神和书记之神，他的形象是一只狒狒或一只鹭鸟。由于在心脏称量仪式（见第21页）中，托特负责记录下阿努比斯对死者灵魂的宣判，因此托特也会出现在有亡灵的场景中。

卜塔原本是古王国时代埃及首都孟菲斯的地方神。他是法力强大的造物神，只要念出物的名字，物就可被创造出来，同时，他也是工匠，尤其是雕刻工匠的赞助神。卜塔常以木乃伊之身出现，头戴蓝色无檐帽，手握权杖。

索贝克是鳄鱼神，被安放于尼罗河沿岸鳄鱼危害最严重的一些地方。

塞特常被塑造成弯钩尖嘴、方耳、斜眼的形象。他是上埃及的天空之神、俄赛里斯的弟弟，同时，也是令人棘手的神，总是制造混乱，带来无序。在著名的神话里，塞特杀掉了自己的兄长俄赛里斯，并与俄赛里斯之子荷鲁斯争夺埃及统治权。

女神奈芙蒂斯是伊西斯的妹妹，总是尽力帮助伊西斯。同时，身为塞特的妻子，她也是死者的保护神。

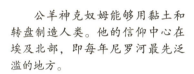

公羊神克奴姆能够用黏土和转盘制造人类。他的信仰中心在埃及北部，即每年尼罗河最先泛滥的地方。

伊西斯是古埃及最重要的女神之一。流传甚广的神话是这样讲的，伊西斯在丈夫俄赛里斯被塞特杀死后，重新将俄赛里斯的身体拼接了回去，并与俄赛里斯生下法老的守护神荷鲁斯。伊西斯法力强大，她可以疗愈疾病，起死回生。身为荷鲁斯的母亲，她还被奉为母神与生育之神。伊西斯出现时，头上常写着"王座"的象形文字。

阿努比斯是古王国时代的死神和亡灵保护神，负责处理亡者尸体。据说，正是阿努比斯发明了防腐技术。后来，阿努比斯还成为亡灵通往来世的引路人。他有着男人的身体和胡狼的头。

阿肯那顿献祭太阳。按照新信仰的说法，阿肯那顿是唯一能将亡者带往来世的人。俄赛里斯被请下神坛，阿肯那顿的王后纳芙蒂蒂则取代了全部女神。

矮小的贝斯神司掌快乐、盛筵、孩子和分娩。他身材矮胖，弓着两腿，吐着舌头，瞪着眼睛，可以说相貌相当丑陋了，或许因此便可以吓退恶鬼。贝斯以正脸示人，几乎看不到他的侧脸，这种表现手法与其他神的表现形式很不一样，应该是从非洲或阿拉伯传来的。

阿肯那顿（阿蒙霍特普四世）
公元前1350年—公元前1334年

第十八王朝时期，法老阿蒙霍特普四世彻底改变了古埃及的信仰。在位初期，阿蒙霍特普自己易名为阿肯那顿，意为"效忠阿托恩（太阳）"。阿肯那顿前无古人后无来者地只崇拜单一神——阿托恩。除阿托恩以外的所有男神和女神，甚至包括家庭守护神，全部被舍弃。阿肯那顿献给阿托恩一首长诗（与《旧约》诗篇第104章十分相似）："您出现在美丽的天边，哦，永生的阿托恩，生命之源……除了您的儿子阿肯那顿，无人认识您。"新的信仰形式使阿肯那顿成为人们与神灵沟通的唯一媒介，他下令取缔势力不断强大的神职，关闭神庙，甚至新建了一座名为阿赫塔顿（后称艾尔-阿玛尔纳）的城市献给阿托恩，并迁都至此。阿肯那顿去世后，阿赫塔顿被废弃，古埃及又回到了众神的怀抱中。

死亡与来世

大理石棺内部

以图坦卡蒙（公元前1336年—公元前1327年在位）为代表的一些国王，死后身体被制成木乃伊，放入一整套精心打造的棺椁中。这套棺椁既是为了彰显王室的显赫身份，更是为了保护木乃伊，还可以防止进入墓室者的劫掠和打扰。国王的尸身被制成木乃伊后，会用亚麻缠裹起来，一起裹在里面的还有宝石、武器和其他物品。戴上金面具后，木乃伊会被放入量身定制的金箔棺材中，再放入镶嵌着彩色玻璃的镀金木棺，然后，与更多的珍宝一同裹入亚麻布里。有时还会裹上第三层。最后，严丝合缝地嵌套在一起的棺椁会被放入大理石棺中。图坦卡蒙的大理石棺外，还有四层长方形镀金木椁。幸运的是，1923年，图坦卡蒙的墓室被发现时，盗墓者尚未能光顾这里。

脑和内脏从身体中取出后要单独存放。经过防腐处理的肝、肺、胃、肠被保存在卡诺皮克罐中，置于木乃伊棺椁旁。四个罐子的罐盖分别代表荷鲁斯神的四个儿子。

古埃及人对死后还有来世坚信不疑。他们不惜劳师动众为来世做好大量准备，包括用木乃伊的方式保存尸体，这样亡灵便可以继续住在里面。古埃及人的棺椁和坟墓变得越来越复杂，食物、衣服及其他所需物品也一并随葬，以供给亡者的灵魂。人们还用咒语抵御阴间的危险，这些咒语被称为《亡灵书》，有时，被放在木乃伊的绷带内。总之，大量葬礼仪式的目的只确保死者的灵魂在身体死亡后仍可以继续存活。甚至，一个人的名字和影子都被认为是永恒的存在。古埃及的艺术家和工匠们整日忙于绘制墓室壁画，为棺椁镀金以及雕刻纪念建筑和铭文。

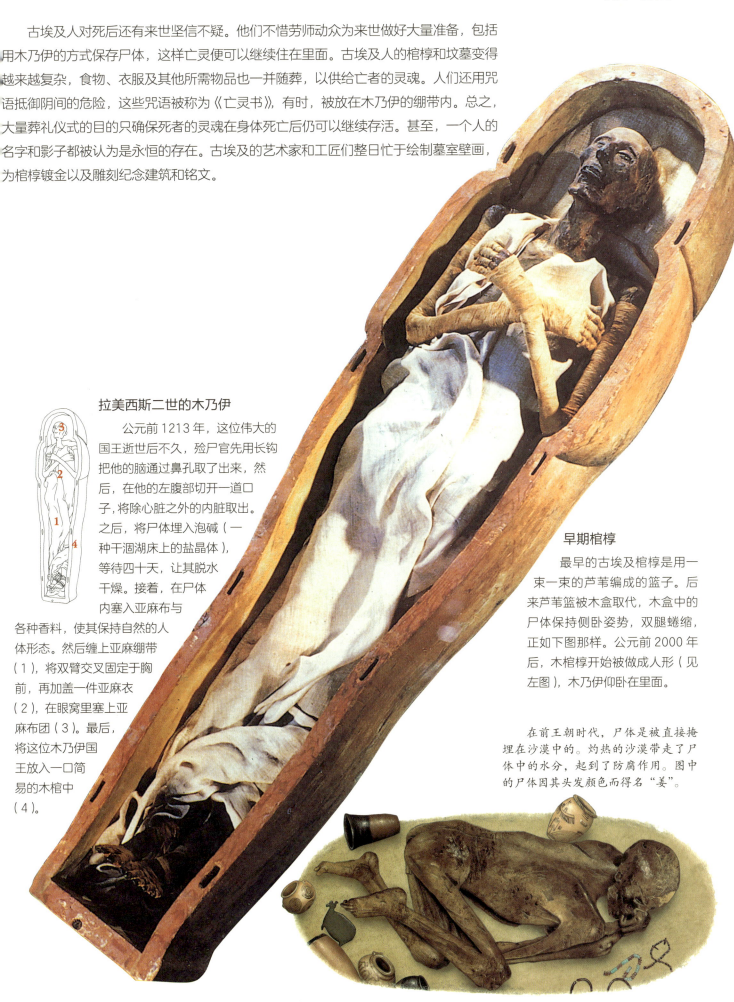

拉美西斯二世的木乃伊

公元前1213年，这位伟大的国王逝世后不久，验尸官先用长钩把他的脑通过鼻孔取了出来，然后，在他的左腹部切开一道口子，将除心脏之外的内脏取出。之后，将尸体埋入泡碱（一种干涸湖床上的盐晶体），等待四十天，让其脱水干燥。接着，在尸体内塞入亚麻布与各种香料，使其保持自然的人体形态。然后缠上亚麻绷带（1），将双臂交叉固定于胸前，再加盖一件亚麻衣（2），在眼窝里塞上亚麻布团（3）。最后，将这位木乃伊国王放入一口简易的木棺中（4）。

早期棺椁

最早的古埃及棺椁是用一束一束的芦苇编成的篮子。后来芦苇篮被木盒取代，木盒中的尸体保持侧卧姿势，双腿蜷缩，正如下图那样。公元前2000年后，木棺椁开始被做成人形（见左图），木乃伊仰卧在里面。

在前王朝时代，尸体是被直接掩埋在沙漠中的。灼热的沙漠带走了尸体中的水分，起到了防腐作用。图中的尸体因其头发颜色而得名"姜"。

壁画里的来世

这幅公元前1280年左右的壁画出土于一座村长的墓室中。村长森尼杰姆（1）和他的妻子艾尼菲尔蒂（2）正在来世的芦苇地（古埃及称"伊亚鲁"）里。画面被生命之水（3）环绕，这是古埃及人认为的天堂的样子。来到天堂的人们可以将他们在人间喜欢做的事一直进行下去。画面中，这对夫妇拔掉亚麻（4），犁地播种（5），收割麦子（6）。隼头太阳神拉哈拉克提（7）乘舟驶过阴间，两只狒狒（8）在两旁赞美他。

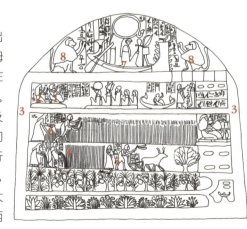

神圣的动物也被制成木乃伊，装入石膏棺、木棺或石棺内。图中的阿比斯神牛被葬在大理石棺内。

死亡与来世

随葬的奴隶俑用于来世服侍亡者。墓中还随葬有食物、衣物、化妆品和宝石。

陪葬船

坟墓内经常会随葬一些小船模型，用来帮助亡者渡过阴间。图中这件公元前1900年左右的木制模型中，两位女神伊西斯和奈芙蒂斯正看护着一尊木乃伊。掌船的人有两支大桨。

阿努比斯是长着胡狼头的死神，掌管殓尸仪式。在这幅墓室壁画中，死神正在整理一尊木乃伊，而在现实生活中，大祭司也会在制作木乃伊的过程中戴着阿努比斯面具。

仪式中，阿努比斯将木乃伊竖起来，这时，一位祭司会用一件特殊工具去触碰木乃伊的嘴部。这个步骤是为尸体重新赋予生命，这样亡者就可以吃东西和说话了。身着豹皮的另一位祭司负责布香。

古埃及人相信，人死后，心脏仍发挥着巨大作用，这也是为什么制作木乃伊不取出心脏的原因。人的心脏要放在天平的一端，另一端放着鹭头真理女神玛阿特的一根羽毛，二者一起称重。阿努比斯在此过程中会帮助心脏获得平衡，保护亡者顺利通过考验，进入来世。

这群女人正悲伤地与某位亡者挥手告别。有时葬礼上会雇佣一些女人来哭丧。

统治埃及

古埃及国王对全体民众享有至高无上的绝对统治权，同时，他也有责任保证古埃及世界的和谐、成功、繁荣。国王身兼大祭司，但通常会将大祭司之职委托给别人。与此同时，国王还是捍卫领土、抵御外敌的军事领袖。由于绝大多数人口从事农业生产，因此，国家对农田收成征税，用以供养王室，养活各级祭司、官员、书吏和士兵。官员们帮助国王治理帝国，譬如宰相，又称维齐尔。国王的正妻也有很大影响力，有的王后甚至以"国王"自居。

阿比多斯一座神庙里的国王牌位局部。牌位上用象形文字刻着这些古埃及统治者的名字与封号，有的还刻有其在位时间与大事记，用来纪念王室祖先的功绩。

在每一场宗教仪式中，国王都是大祭司，理论上，只有国王可以为诸神献礼。这尊全属雕像是正将两罐献礼供奉给神灵的图特摩斯四世（公元前1419年—公元前1386年在位）。

这幅画中的拉美西斯二世正驾驭战车，大战赫梯人。在古埃及绘画作品中，国王常被画得比其他武士大。

古埃及王后

人们称呼国王的妻子为"王后"，但古埃及人对她们的称呼是"伟大的王室妻子"。纳芙蒂蒂（上图石灰岩彩绘胸像）是阿肯那顿国王的正妻，对整个帝国实权在握。女性事实上曾以法老身份统治过埃及。哈特谢普苏特王后（公元前1473年—公元前1458年）在丈夫去世且儿子尚年幼的情况下接掌大权，将自己加冕为"女王"。在为其营建的一些纪念建筑中，她的形象是身着王袍，戴着假须的。

对外政策

古埃及人认为他们比古代世界里其他文明的人都要高级。他们的劲敌是北边（今天的土耳其和叙利亚）的赫梯人和南边的远在上埃及之外的尼罗河更上游的努比亚人。努比亚盛产黄金，所以古埃及人既想与他们贸易，又想征服他们。保证子民安全是国王的职责，这一点是左右国王对外政策的主要因素。

王权的象征

图坦卡蒙黄金胸像是其棺盖之一的上半部。这位少年国王头戴内梅什头巾（1），头巾正面是代表上埃及的秃鹫女神奈赫贝特（2）和代表下埃及的眼镜蛇神乌托（3）。此外，还有其他王权象征符号，如图坦卡蒙戴的假须（4）、手持的曲柄权杖（5）都是统治的符号，而另一只手拿着的连枷（6）则与俄赛里斯神和敏神相关，这种造型很可能源自苍蝇拍或打谷器。

图坦卡蒙墓

1922年，考古学家霍华德·卡特发现了国王谷中一座小型坟墓的入口。这座小墓就在拉美西斯六世的大墓附近，看起来毫不起眼，可是，当卡特走进墓中时，用他自己的话说，他发现里面装满了"美妙的东西"。除了几套金棺和少年国王图坦卡蒙的木乃伊，墓中还有镀金的卧榻、箱具、花瓶、战车，以及其他大量宝物。图坦卡蒙墓是20世纪最重大的考古发现之一。

刻在金王座靠背上的图坦卡蒙国王与王后图。安克赫娜蒙正在给丈夫抹香水。

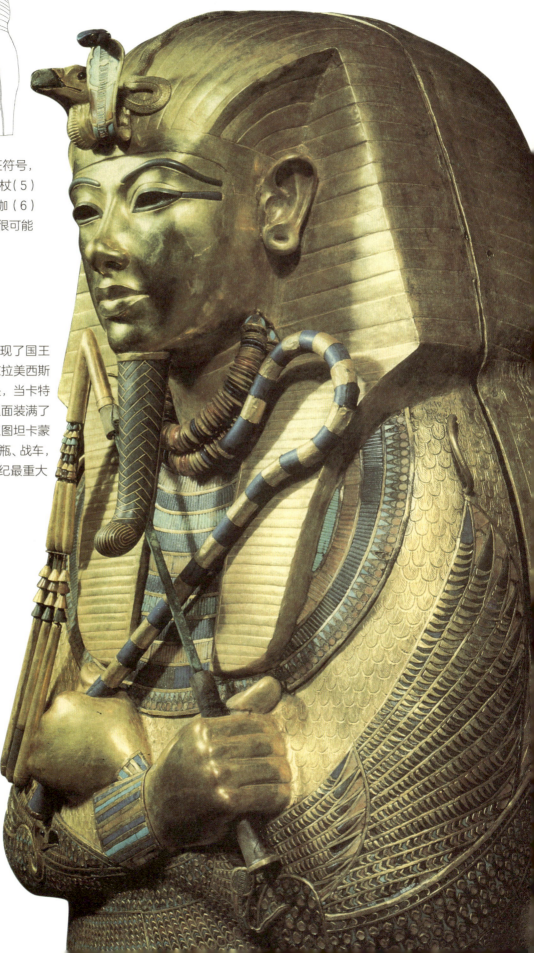

统治埃及　21

22　统治埃及

农产品要征税，同样，饲养牛、鹅等家畜家禽也要依数量征税。这幅画描绘了计算税额的场景。正常情况下，用农产品交税，但有时也用其他商品交税。

测算产量

这是一幅公元前1400年左右的墓室壁画，描绘了农业管理的场景。庄稼成熟时，土地调查员（1）用等距的绳结丈量田地有多少腕尺；然后，庄稼收割后被装入陶罐（2），以哈卡特为单位进行测量。16哈卡特为1哈尔，或1袋。书吏（3）记下测量结果。亭子里的梅尼纳（4）是一位高级官员，负责监督整个调查过程，这幅壁画正是发现于他的坟墓中。

统治埃及 23

古埃及帝国

图特摩斯一世（公元前1524年—公元前1518年在位）不仅吞并了努比亚，还实际掌控了大部分中东地区，将边界推移至幼发拉底河（见右图），古埃及帝国在其统治期间疆域最为辽阔。古埃及南部筑起堡垒，但维系这样一个庞大帝国的成本是十分高昂的。在接下去的几个世纪里，古埃及帝国的疆域逐渐缩小，直到公元前12世纪80年代，海上民族入侵，并在加沙一带定居下来。

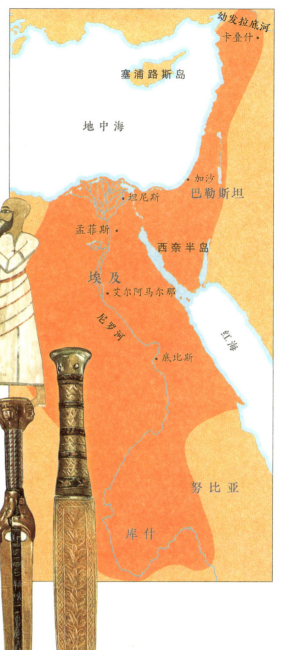

公元前14世纪的两块阿马尔那泥板，以阿卡德语（当时的国际通用语）书写，是国王与边陲官员之间的往来信件。这样的阿马尔那泥板一共有380块。

公元前14世纪的湿壁画，来自迦南的使者正向古埃及国王进贡献礼。

神职人员

生命之家是隶属于神庙的一个机构，书吏在此书写文案。虽然人们将生命之家工作人员和其他神庙工作人员称为"祭司"，但其实他们更像是普通官员。这尊木像（左图）雕刻于约公元前2490年，是古王国时代艺术风格的杰作。其原型是一位名叫卡·阿佩尔的生命之家的神职人员。

军队

这个步兵团（下图）是用彩绘木头制成的。这些人物雕刻于公元前2000年的中王国时代。450年后，新王国时代到来，在此之前，古埃及已经有了有组织的、职业的步兵军队和战车军队。军队分南北两部分，统领全军的总司令往往是国王的一个儿子。每个师有5000人，师的总数不超过5个，用于大型战斗。每个师都以一位神的名字来命名。

古埃及士兵肉搏时使用战斧和匕首。这件装饰华丽的战斧更像是在某些仪式中使用的，而非用于实战。

日常生活

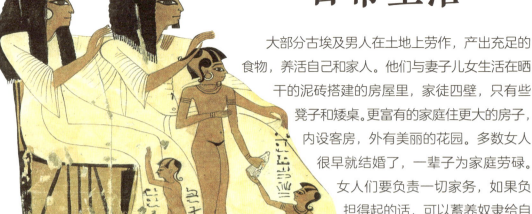

大部分古埃及男人在土地上劳作，产出充足的食物，养活自己和家人。他们与妻子儿女生活在晒干的泥砖搭建的房屋里，家徒四壁，只有些凳子和矮桌。更富有的家庭住更大的房子，内设客房，外有美丽的花园。多数女人很早就结婚了，一辈子为家庭劳碌。女人们要负责一切家务，如果负担得起的话，可以蓄养奴隶给自己帮忙。有的女人会自己纺织，但多数人还是交由专业的纺织工匠纺织。通常，女儿们给母亲当帮手，儿子们要学习父亲的营生。熟练的工匠很受欢迎，譬如木匠。每处城镇和乡村里都有加工日用品的作坊。

古埃及人很重视家庭。父母（尤其是母亲）会尽可能多地陪伴孩子。古埃及艺术家往往将孩子们的比例画得比实际要小得多，以示他们尚未长大，或许也有表现他们不那么重要的意思。

儿童和青年，无论男女，常把头发剃成只留一绺头发从一侧耳边垂下的模样。垂髫有时还会编起来，戴上饰品。成年人要么把头发彻底剃光，要么精心呵护自己的头发。戴假发的情况很普遍，尤其对于女性来说。

服饰

古埃及人穿用亚麻植物纤维纺织成的白色亚麻衣服（见上图中的父母）。人们花很大精力保持衣服的干净整洁。由于天气炎热，劳工们往往只缠个腰布，女仆也只是围一条束腰。孩子们嬉闹时穿得很少或索性一丝不挂（见上图）。富人们的罩衫和短裙是用最好的亚麻制作的，但款式却一如既往的简单，几千年来变化不大。

尼罗河不泛滥的时候，大部分男人要在田里劳作，农活辛苦而且繁重。驴帮农夫将脱壳后的谷子运到谷仓。在农忙季节，女人会到田里给丈夫送午饭，这样就不会耽误他干农活了。

烹饪

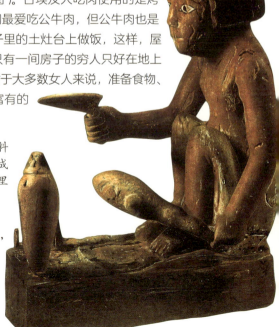

男子煽火烤鸭木像（右图）。古埃及人吃肉使用的是烤或放在罐子里炖的方法。人们最爱吃公牛肉，但公牛肉也是最贵的。人们多数情况在院子里的土灶台上做饭，这样，屋子里就不会有烟和气味了。只有一间房子的穷人只好在地上挖个坑，在坑里架火做饭。对于大多数女人来说，准备食物、做饭要花掉大量的时间，而富有的家庭则有奴仆做这些家务。

编篮子是寻常家务，材料主要是棕榈叶。棕榈叶能编成不少生活用品，比如，左图里的篮子盖、凳子和刷子。

古埃及人使用大量陶器，他们在公元前2000年以前就有了陶轮转盘。也有的陶器是舶来品，比如，这只来自迈锡尼的精美花瓶。

日常生活 25

木工作坊

这件彩绘木模型发现于底比斯的麦克特瑞的私人墓地,大约是公元前2000年的作品。模型中,一些木匠正在辛苦工作,另一些木匠则在休息。模型中央的那位木匠正在用长锯(1)锯开一块木板,这块木板被绑在立柱(2)上,以保持固定不动。这把锯是借由拉力锯开木料的,而非现代锯的借由推力。三位木匠正用锛子(3)削平木板。还有一位木匠正用着球锤(4)和凿子。斧、錾刻刀等其他工具(5)在工具箱上一并码放好,以备使用。

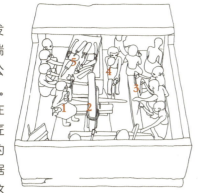

主食

古埃及人的主食是面包和啤酒。面包是主妇或仆人在家做的,主要原料是双粒小麦,后来村子里才渐渐有了面包店。啤酒是大麦酿的,既可以在家自酿,也可以从专业酿酒师那里买。这种啤酒口感醇厚,富于营养,且远低于今天的酒精含量。有时,啤酒中还会添加香料、蜂蜜、枣。家庭用餐方式是用陶盘在矮桌上吃饭,每个人都用手抓着食物吃。

上图:塑像中的女人正在石板上磨谷子,以得到面粉来制作面包。因此,面包中常会混入细微的石粉,对人的牙齿造成磨损。

古埃及最好的木材之一是西克莫无花果木,人们用它制作棺材、桌子、箱柜。早期的金属工具用硬铜制成,后来用黄铜。铁具很可能是舶来品。

王后们有大把时间消遣。画里的奈菲儿塔利（约公元前1300年—公元前1250年）是拉美西斯二世的正妻，她正在玩塞尼特棋。这种棋盘游戏在古埃及各个阶层都颇受欢迎。

塞尼特棋盘下方有一个小抽屉，可以收纳棋子。这是一种双人游戏，根据撒木棍或膝骨的结果，在棋盘上移动棋子。棋子落在某些特定的方格内，则要前移或后退相应的步数，正如今天的蛇梯棋。

娱乐活动

古埃及社会的富裕阶层有大量时间用来娱乐，他们聘请职业表演者为宴会或其他活动助兴。平民百姓大部分时间都在劳作，但仍有办法自娱自乐。人们对盛大的公众节日充满期盼，如新年（在洪水季开始，农民们无事可做的七月）、陶轮节。其他节日大多是对神灵的赞颂。在这些公共假日里，人们连续几日纵情歌舞、宴饮。在家里，孩子们互相追逐打闹，他们有自己的玩具，也会养些如猫、猴子这样的小宠物。大人们也有自己的游戏，一种名叫塞尼特棋的游戏很流行。

音乐与舞蹈

职业表演者将音乐与舞蹈结合在一起，为客人助兴。跳舞的多是年轻女孩，尚未发现男女共舞的记载。古埃及人有不少弦乐器，例如，竖琴、七弦琴，还有吹奏乐器和打击乐器。这些乐器能为公众节日增添气氛。在宗教仪式上，贵族女性和女祭司会演奏一种名叫"叉铃"的摇响乐器。

古埃及有职业女乐手。图中的女人正在使用七弦琴演奏乐曲。

某些活动上需要舞蹈表演。女舞者技艺高超，擅长空翻、侧手翻和倒立。

富人们很喜欢举办宴会，这两位女性便是宴会上的嘉宾。她们手握莲花，编成发辫的假发上顶着香锥。香锥可以发出香味。

这幅有趣的墨笔画讲述的是一只猫挥舞木棒赶鹅群的故事。古埃及人很喜欢讲故事，让故事一代一代地传下去。

狩猎与捕鱼

古埃及社会的富人们对打猎情有独钟。除了鱼、水鸟,人们还捕获沼泽里的鳄鱼、河马。河马的狩猎派对在船队上进行,人们向动物投掷矛,将其猎杀。猎狮子和野鹿则要去沙漠里。在新王国时代到来之前,法老们会亲自参与狮子、大象、犀牛等大型动物的捕猎活动。捕鱼对法老很有吸引力,无论收获怎样,都是对餐食很好的调剂。

上图:渔夫使用渔网和陷阱在尼罗河上捕鱼,有时用两条船牵引着渔网沿河划行的方式来捕鱼。年轻人尤其将划船、捕鱼视为体育运动。

尼罗河两岸的沼泽中栖息着大量水鸟,图中描绘的是一种流行于当时的捕猎方式。

下图:古埃及人用鱼叉捕鱼,也有用钓钩钓鱼的记载。某些鱼在有的地方是神圣的,因此当地人不会去捕这些鱼。

沼泽捕猎

书吏内巴蒙(1)沼泽捕鸟图,来自公元前1400年的底比斯墓穴教堂壁画。他右手抓住三只苍鹭(2)作为诱饵,左手正要掷出回旋镖(3)。内巴蒙的妻子(4)经过精心打扮,女儿(5)梳着年轻人的垂髫发型。家里的猫(6)也被带上这趟捕猎之行,正在攻击几只鸟。船头的鹅(7)或许也是诱饵。沼泽内纸莎草丛生(8),河里鱼量丰富(9)。

颜料与色彩

墓室绘画和其他地方的绘画多数都画在灰泥墙上。首先，画工在墙面上打好格子，在每个格子里勾画好线条；其次，画家开始涂颜色（深棕色和黑色比较常用）；最后画工会再描一遍线条。从矿物赭石可以得到黄色、红色、棕色，从石灰石中可得白色，其他颜色中调入白色则可以得到更浅的颜色。含铜物质磨成粉，可以制成蓝色。炭黑可充当黑色颜料。

棺椁绘画

这幅画绘于阿曼尼摩比墓中的棺椁上，阿曼尼摩比是阿蒙神的祭司，其墓位于底比斯西区，葬于公元前950年至公元前900年。这幅绘画中，阿曼尼摩比（1）在罩衫外套着象征祭司的豹皮长袍（2）。他正向冥神俄赛里斯（3）献礼，后者负责审判死去的国王（见第15页）。俄赛里斯手持连枷（4），连枷常与俄赛里斯一同出现，成为一种古埃及王权的象征符号。供桌（5）上有两朵莲花（6），是上埃及的标示。

艺术

古埃及人留给考古学家的最早的研究材料是石刻。最早的皇家雕像之一是公元前 2650 年的乔赛尔国王坐像，与乔赛尔本人几乎等身。浮雕、壁刻装饰着古王国时代的神庙和坟墓的墙壁。场景一行一行铺陈展开，人物一位一位侧身呈现。时间越久，保存下来的绘画越少，这是正常现象，好在绘画与雕刻的内容相仿。绘画的步骤是先画轮廓线，再均匀地平涂颜色。在公元前 1570 年至公元前 1070 年间，新王国时代的古埃及人为底比斯墓群留下了大量精彩的壁画，因此这一时代被称作"古埃及绘画的黄金年代"。尽管古埃及总体的艺术风格在几千年间并无巨大变化，但其技术始终在进步，变得越来越复杂。

珠宝首饰

古埃及人很早就开始把黄金、青金石、绿松石和紫水晶制成首饰。在中王国时代以前，首饰匠人一直都在创作高雅的作品。首饰被主人带入坟墓，故而能够保存到今天。工匠们利用弓钻刺穿小珠子或其他珠宝，将珠宝镶嵌在木料、金属或玻璃浆料里。不那么富裕的人也戴得起朴素的首饰。

左图为图坦卡蒙墓中 200 多件首饰中的一件，内嵌次等宝石。顶部的乌加特之眼是荷鲁斯神的眼睛，寓意神灵的庇佑。

这件陶瓷容器是在陶轮上制成的，其高挑长颈的造型及绘画都是新王国时期的典型风格。随着陶瓷的装饰性越来越强，乌加特之眼也出现在了陶瓷上。这个时代过去后，陶瓷又回归了日用器皿的实用性。

黄金

尼罗河至红海一带有不少金矿，古埃及人很喜欢黄金这种贵金属，要么将其锤打成型，要么将其熔化后浇铸在模具中。金匠们还会使用一种造粒技术，这种技术用于将黄金与其他物品焊接在一起。金箔很薄，容易操作，常贴在木雕（例如左图的人像和王座）或其他物品表面。古埃及人认为黄金是神圣的，与神灵有密不可分的联系，特别是拉神。

塞尔凯特女神的镀金木雕像。塞尔凯特是负责守护图坦卡蒙陵墓和四个卡诺皮克罐（内盛内脏）的四位女神之一。她头顶上是竖起尾巴的蝎子，因为她是一位蝎子女神。

托勒密时代（公元前 332 年—公元前 30 年）胸饰或胸甲的一部分。由包金银的玻璃浆料制成。玻璃烧制技术大概在公元前 15 世纪传入古埃及。古埃及人似乎将玻璃视为一种宝石。

镶嵌彩色玻璃和次等宝石的木制贴金图坦卡蒙王座。座椅腿的上端装饰狮子头，下面装饰狮腿和狮爪。

这件青铜器，古埃及人称为"桶"，用于盛装从神庙附近的圣湖汲来的水。在特定仪式上，祭司们要挥撒圣水。容器底部是尖形的，下面另有底座。青铜材料与早已广泛使用的黄铜一样，也用来制作家用容器和餐具，还有工具和武器。

科学与贸易

这枚金币是公元前350年铸造的，铸造地很可能在孟菲斯。正面的象形文字（上）写着"纯金"。

古埃及人的科学技术是实用导向的，用来预测尼罗河泛滥，建造旷世神庙、金字塔及其他一些陵墓等。与后来的古希腊人不同，古埃及人并未从实践中总结出一套普遍性的法则，但古埃及人在天文学、数学领域的理论与应用，仍是今天的专家学者们研究的课题。有些学者们认为金字塔的作用是天文观测。当然，古埃及人还在贸易与税收活动中发展出了精准的度量系统，但直到第二十九王朝（公元前399年—公元前380年）才有了钱币。对外贸易主要是物物交换（交换价值相当的商品），一般情况下商队可以抵达地中海地区甚至更远。古埃及人主要出口黄金、莎草纸、亚麻和谷物粮食，主要进口粗壮木料、香料、宝石，后来还进口铁。国家之间也会互换外交礼物，这是古埃及上层社会猎奇奢侈品的好机会。

随着古埃及帝国扩张，贸易跟进，外国奴隶变得越来越多见。大部分奴隶是战争俘虏。他们当中有些奴隶不是个人私产，而是归社区所有，帮助生产贸易所需。

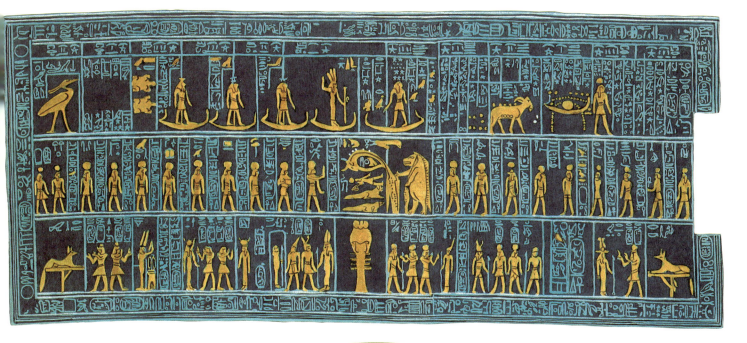

这份以象形文字记录的日历将一年分为三季（见第 8 页）。当天狼星，即犬星，被太阳遮挡 70 天后再度出现时，是新年的第一天。这一天正是每年的洪水眼见开始泛滥的时候，也正好是 7 月 19 日。古埃及人显然是敏锐的天文观测员，他们甚至在中王国时代就发现了五大行星。古埃及以月亮周期来确定月份。

星座

下图出自国王谷的塞蒂一世国王（公元前 1294 年—公元前 1279 年）墓室天顶，用美丽的黑黄二色绘成。画里是夜晚的 12 个小时（1）及不同的星宿：猎户座（2），代表神是被视作"俄赛里斯荣耀灵魂"的萨神；天狼星（3），又称"犬星"，代表神是女神索普德特，萨之妻；还有我们后来知道的金牛座（4）。这幅星宿图绘在棺椁上方的天花板上，棺椁内是塞蒂一世的木乃伊，其用意或许是令他的灵魂可以直接飞升上天。

下图为公元前 1370 年左右的镀金腕尺木棒。王室腕尺（约相当于 21 英寸）以男子小臂长度为基准，是常用的测量单位。

金属秤砣以迪本为单位铸造，如图中这件兔形秤砣，用于衡量商品的价值。

新王国时代（公元前 1570 年—公元前 1070 年）的雪花石膏容器（左图），用于测量液体体积。石秤砣与金属秤砣的用法相同，还有更轻的陶秤砣。

度量

重量和尺寸的知识对于古埃及人发展贸易和科学来说都很重要。由于钱币很晚才出现，人们最初是用"迪本"这一重量单位来衡量物品价值的。从一些财产清单中得知，一只山羊的价值是 1 迪本，一张床的价值是 2.5 迪本，不过价值常会上下波动。王室腕尺是基本的长度单位，用尺棒（见下图）或结绳（见第 24 页）来测量。液体与谷子等物料的体积以盛装的容器来衡量。

一位官员正用天平为王室的金戒指称重（右图）。称重结果会被记录在莎草纸卷上。这些记录有助于厘定物品价值，是达成贸易的关键因素。

文字与文学

彩绘石灰岩书吏像。这位书吏盘腿坐着,这是书吏工作时的常规姿势。这尊雕像的右手中很可能曾握有芦苇笔。

近来的发现已经表明,古埃及人在公元前 3250 年以前,就已经在使用一种名叫圣书文字的古文字了。"圣书"一词来自希腊语的"神圣的雕刻",而古埃及文字主要用来书写神庙陵墓碑文及宗教文献,故此得名。迄今,人们已识读出了 6000 多个圣书文字符号。在古埃及,只有极少人有能力理解和使用象形符号,绝大部分人不会读写。从王朝时代早期开始,书吏们发明了一种更简捷的书写方式以应对每天的书写,叫作"僧侣体"。后来,僧侣体又被一种能够写得更快的书体替代,叫作"世俗体"。有一种写在金字塔里、帮助亡者抵达来世的咒语和文本,后来发展为写在莎草纸卷上,称为《亡灵书》。《亡灵书》用以上三种文字书写,富人大多会在棺椁内放上一份。

纸莎草可被制成书写材料,一张一张的莎草纸接在一起就成了纸卷。图中这一卷莎草纸上写着圣书文字。

书吏

书吏在古埃及很重要,也很受重视。他们的工作与大多数古埃及人所从事的体力劳动截然相反。"书写"的象形符号(左图)是拴在一处的芦苇笔和红色水袋,他们是书吏用红黑颜料块调制墨水时需要用到的工具。

这块圣甲虫形石上刻着阿蒙霍特普三世国王一生的丰功伟业。石头的造型是古埃及人心目中神圣的蜣螂。

公元前 4 世纪的一块木棺盖上雕刻着这些精美的象形符号,显示出高超的手工艺水平。其中的猫头鹰代表字母 m。

让·弗朗索瓦·商博良(1790-1832),法国语言学家、古埃及学家,他通过罗塞塔石碑(右图)破解了象形文字。

罗塞塔石碑上刻着圣书体(上部)、世俗体(中部)和希腊文(下部)。这块石头不过才 3 英尺高。

这块封泥上是一位军官的名字与官衔。左栏里插着羽毛的马代表"骑兵",右栏中的公牛代表军官的名字(卡-纳黑特,意即"强壮的公牛")。

罗塞塔石碑

1822 年,商博良用这块刻碑破解了古埃及文字。关键原因在于,碑上用三种不同文字书体刻写着同一段内容。文字内容是公元前 196 年所刻,记录着托勒密五世为古埃及带来的恩典。这段内容本身对历史学家来讲并无重大史料价值,但认读象形文字的能力却让人们更深入了解古埃及。

文字与文学

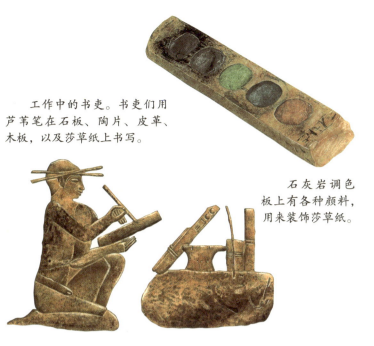

工作中的书吏。书吏们用芦苇笔在石板、陶片、皮革、木板，以及莎草纸上书写。

石灰岩调色板上有各种颜料，用来装饰莎草纸。

图特摩斯三世神庙

神庙的后墙上写有象形文字。图特摩斯三世（1）正在向阿蒙拉神（2）进献清水和香芬。王冠上华丽的羽毛（3）说明他是新王国时代最高级的神。两道椭圆装饰板上分别写着国王的两个名字：出生名字（4）以"拉神之子"（5）开头，加冕名字（6）以"莎草与蜜蜂之王"（7）开头，意为"上埃及与下埃及之王"。右边栏（8）里，"阿蒙拉、两片土地的主人、天空之神"正对国王说："我，永恒的拉神，赐予你生命、权力、稳固与快乐。"

索引

阿比斯神牛 18
阿赫塔顿 15
阿卡德语 23
阿肯那顿 15, 20
阿拉伯 10, 15
阿马尔那泥板 23
阿曼尼摩比 28
阿蒙霍特普三世国王 32
阿蒙霍特普四世国王 15
阿蒙拉 12, 14, 33
阿蒙神 12, 28
阿努比斯 12, 14, 15, 19
阿特巴拉河 5
阿托恩 15
阿伊 12
艾尔-阿玛尔纳 15
艾尼菲尔蒂 18

白尼罗河 5
白色王冠 4, 5
贝斯 15
卜塔 14

代赫舒尔 11
底比斯 4, 7, 14, 23, 25, 27, 28, 29
地中海 4, 5, 23, 30
东非 5

俄赛里斯 12, 13, 14, 15, 21, 28, 31

非洲 15

盖布 14
古埃及历法 6
古王国时代 6, 8, 10, 14, 15, 23, 29
古希腊 4
国王谷 12, 21, 31

哈夫拉 9, 10
哈夫拉金字塔 9, 11
哈拉克提 18
哈特谢普苏特王后 20
哈托尔 12, 13
海上民族 23
荷鲁斯 5, 8, 10, 12, 13, 15, 16, 29
赫利奥波利斯 4, 14
赫伦希布 12, 13
赫梯人 20
红海 4, 23, 29
红色王冠 4, 5
胡夫 9, 10, 11
胡夫金字塔 9, 10, 11
霍华德·卡特 21

吉萨 4, 9, 10
加沙 23
迦南 23
假金字塔 10
阶梯式金字塔 8, 10, 11
金牛座 31

卡·阿佩尔 23
克奴姆 15

拉美西斯二世 17, 20, 26
拉美西斯六世 21
拉神 12, 18, 29, 33
猎户座 31
罗塞塔石碑 32

玛阿特 14, 19
迈锡尼 24
麦克特瑞 25
梅妮娜 22
美杜姆 10
美尼斯 5
门卡乌拉 9, 11
门卡乌拉金字塔 9, 11
孟菲斯 4, 8, 14, 23, 30
敏 21

纳尔迈 4, 5
纳尔迈调色板 5
纳芙蒂蒂 15, 20
奈菲儿塔利 26
奈芙蒂斯 14, 15, 19
奈赫贝特 14, 21
内巴蒙 27
尼罗河 4, 5, 6, 13, 14, 15, 20, 23, 24, 27, 29, 30
尼罗河流域 4
尼罗河三角洲 4, 5
努比亚 20, 23
努比亚人 20
努恩 14
努特 14

前王朝时代 4
乔赛尔 8, 10, 11, 29
乔赛尔阶梯式金字塔 8, 10, 11
青尼罗河 5
曲折金字塔 11

让·弗朗索瓦·商博良 32

萨 31
萨卡拉 8, 12
塞蒂一世 31
塞尔凯特 29
塞赫麦特 14
塞特 14, 15
森尼杰姆 18
上埃及 4, 5, 14, 15, 20, 21, 28, 33
书吏 7, 20, 22, 23, 27, 32, 33
舒 14
双王冠 4
斯芬克斯 9
斯奈夫鲁国王 8, 11

斯奈夫鲁曲折金字塔 11
索贝克 14
索普德特 31
泰芙努特 14
天狼星 31
图坦卡蒙 12, 16, 21, 29
图特摩斯三世 33
图特摩斯四世 20
图特摩斯一世 23
托勒密时代 29
托勒密五世 32
托特 12, 14

瓦什普塔 10
乌托 14, 21

希拉孔波利斯 4, 5
下埃及 4, 5, 13, 14, 21, 33
新王国时代 4, 23, 27, 29, 31, 33

伊姆霍特普 8
伊西斯 12, 13, 14, 15, 19
伊亚鲁 18
幼发拉底河 23

中东 23
中王国时代 23, 29, 31

向准许我们使用其图片的图片库与摄影师致谢：
封面：国王谷的赫伦希布法老墓（弗兰克·泰希曼，斯图加特）
7，8~9 于尔根·利佩，柏林；11 科尔维斯·内里与格拉西亚·内里；14~15 弗兰克·泰希曼，斯图加特；19 白星；20 阿卜杜勒·加法尔·谢迪德，慕尼黑；23 于尔根·利佩，柏林；24 罗特斯·菲尔姆，考夫博伊伦；27 于尔根·利佩，柏林；30 大英博物馆；32 阿卜杜勒·加法尔·谢迪德，慕尼黑；35 于尔根·利佩，柏林。

"艺术点亮文明：漫游世界文明史"系列还有以下分册：

《史前时代》
《古希腊》
《古罗马》
《中世纪》
《文艺复兴》

艺术点亮文明

漫游世界文明史

— 古希腊 —

[意]马蒂尔德·巴尔迪/著

[意]保拉·拉瓦利亚、[意]亚历山德罗·坎图奇、[意]法比亚诺·法布鲁奇、
[意]安德列亚·莫兰迪、[意]马泰奥·凯西/绘

李响/译

北京理工大学出版社
BEIJING INSTITUTE OF TECHNOLOGY PRESS

版权专有　侵权必究

图书在版编目（CIP）数据

漫游世界文明史.古希腊 /(意)马蒂尔德·巴尔迪著；(意)保拉·拉瓦利亚等绘；李响译. — 北京：北京理工大学出版社，2021.1

（艺术点亮文明）

书名原文：Art and Civilization: Ancient Greece

ISBN 978-7-5682-8706-7

Ⅰ.①漫… Ⅱ.①马… ②保… ③李… Ⅲ.①文化史—古希腊—通俗读物 Ⅳ.①K103-49

中国版本图书馆CIP数据核字(2020)第123910号

北京市版权局著作权合同登记号　图字：01-2020-1918

Art and Civilization Ancient Greece ©2018 Nextquisite Ltd, London Simplified Chinese translation copyright ©2020 by Beijing Institute of Technology Press All rights reserved.

出版发行 /	北京理工大学出版社有限责任公司
社　　址 /	北京市海淀区中关村南大街5号
邮　　编 /	100081
电　　话 /	（010）68913389（童书出版中心）
网　　址 /	http://www.bitpress.com.cn
经　　销 /	全国各地新华书店
印　　刷 /	朗翔印刷（天津）有限公司
开　　本 /	889毫米×1194毫米　1/16
印　　张 /	2.25
字　　数 /	45千字
版　　次 /	2021年1月第1版　2021年1月第1次印刷
定　　价 /	33.00元

责任编辑 / 梁铜华
文案编辑 / 杜　枝
责任校对 / 刘亚男
责任印制 / 王美丽

图书出现印装质量问题，请拨打售后服务热线，本社负责调换

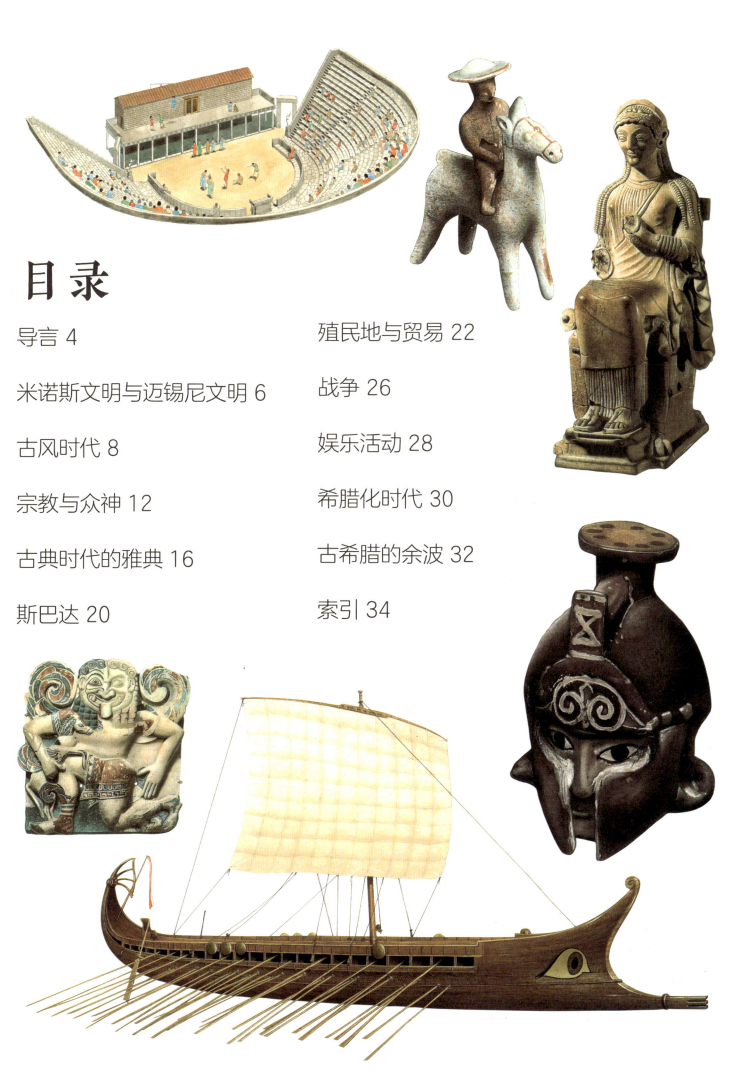

目录

导言 4

米诺斯文明与迈锡尼文明 6

古风时代 8

宗教与众神 12

古典时代的雅典 16

斯巴达 20

殖民地与贸易 22

战争 26

娱乐活动 28

希腊化时代 30

古希腊的余波 32

索引 34

导言

地中海东北角上,干燥多山的希腊大地是古希腊人的家园,它孕育了欧洲第一个伟大文明。古希腊与更早的米诺斯文明和迈锡尼文明处于同一地区,并受到它们的影响。由众多独立城邦组成的古希腊进入古典时代,在公元前5世纪达到巅峰,每座城邦都是艺术、戏剧、科学求知、政治与哲学辩论的中心。如今,2500年过去了,古希腊人的发明创造仍持续影响着欧洲、美国及其他许多地区的思维与重大事件。

海豚湿壁画局部复原图。约公元前1600年,米诺斯的艺术家把它们画在了克诺索斯宫殿的墙壁上。原画只保留下少量残片。

古希腊

这张地图展示的是公元前850年前后,刚刚走出黑暗时代的古希腊。虽然古希腊的影响力在接下来的几个世纪里不断远播,但这一地区始终都是古希腊语言与文化的舞台中心,直到500年后,亚历山大大帝从近东席卷而来。

古希腊神话

古希腊有许多神话传说,各地流传的版本不同。古希腊神话大部分被古罗马吸收,并被文艺复兴继承,继而流传到现代世界中。

陶瓶上绘有双胞胎——卡斯托和波鲁克斯,他们是遭遇海难的水手的保护神。他们彼此无法分开,死后被宙斯化作双子座。

公元前8世纪的双马陶盘。

右图这两个小小的红陶俑是2500年前在维奥蒂亚制作的,是孩子们的玩具。

古希腊艺术

古希腊的能工巧匠各怀绝技,他们可以用青铜、大理石、黄金制作雕像,烧制造型、尺寸各异的陶瓶并装饰它们,还可以用黄金和其他贵金属,还有宝石制作首饰。

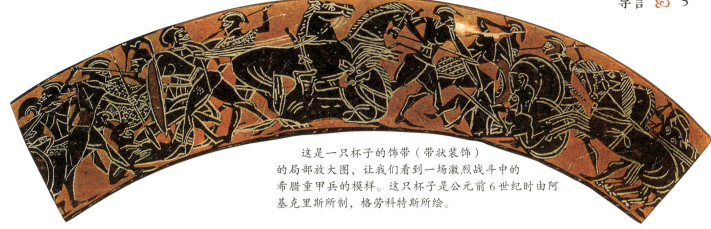

这是一只杯子的饰带（带状装饰）的局部放大图，让我们看到一场激烈战斗中的希腊重甲兵的模样。这只杯子是公元前6世纪时由阿基克里斯所制，格劳科特斯所绘。

瓶画

我们对古希腊的典礼仪式、宗教信仰、日常生活的了解大多来自瓶画，因为公元前6世纪以来，古希腊人很喜欢用神话故事和现实生活场景来装饰陶瓶。这些陶瓶被带往古希腊的各个地方，用来交换必需品，如粮食、橄榄油和葡萄酒。

弗朗索瓦陶瓶

这件大陶瓶（通高66厘米）出土于意大利基乌西的伊特鲁里亚人坟墓，曾被当作混酒器使用。它是迄今发现的最早绘有神话故事场景的雅典制作的陶瓶。瓶身有6条饰带，故事由200余人共同演绎。主饰带（1）环绕陶瓶一整圈，众神列队祝贺新婚的珀琉斯与忒提斯。顶部饰带上画着猎杀卡吕冬野猪（2），其下方是帕特洛克罗斯的葬礼（3）。每个把手上都画着戈耳工（4）、带着猎物的阿尔忒弥斯（5）和扛着阿喀琉斯尸体的大埃阿斯（6）。

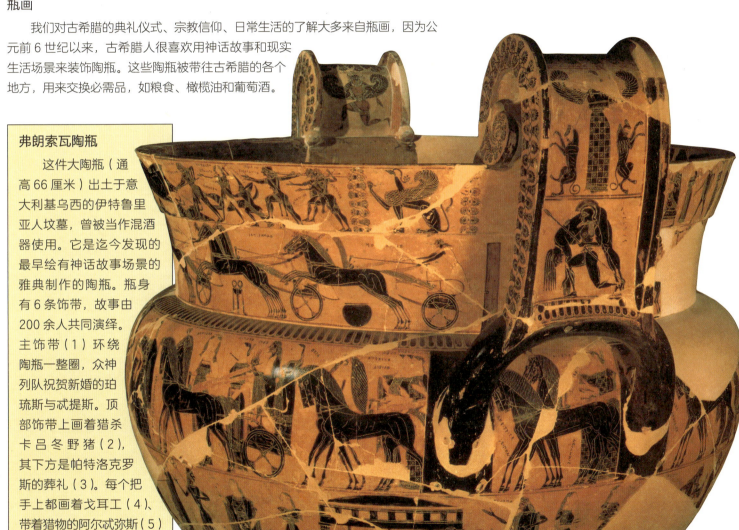

1900年，这只漂亮的大陶瓶被博物馆工作人员摔成了638片，现已经过仔细修复。

艺术家

弗朗索瓦陶瓶上有陶工埃戈提莫斯和画师克里提亚斯两人的签名。几乎每一个场景都有注名，大多数物品旁也都标注着物品的名称。

米诺斯文明与迈锡尼文明

在古典时代到来之前,希腊陆地和岛屿上曾有两大文明繁盛一时。最早是发端于公元前2000年的米诺斯文明,其得名于传奇的米诺斯国王。米诺斯文明主要存在于地中海的克里特岛上,公元前1450年前后,被自然灾害和大陆来的入侵者合力灭绝。不过,迈锡尼人很快重建了米诺斯人留下的大量宏伟的宫殿城市。迈锡尼人来自大陆(很可能正是他们蹂躏了温顺的米诺斯人),尽管不如米诺斯文明那般天真与美好,但迈锡尼文明确实吸收了不少米诺斯文明的内容。富有的迈锡尼人居住在堡垒林立的山顶城镇。公元前12世纪,或由于北方征服者的入侵,或由于内战,迈锡尼文明走向了衰亡。

迈锡尼城王室陵墓中的金面具。

迈锡尼城

迈锡尼文明最大的城市名为迈锡尼城(迈锡尼文明便得名于此)。传说,这里是洗劫了特洛伊城的那位著名的阿伽门农国王的都城。考古学家已发掘出大量的城墙遗址,以及一些富有居民的墓葬。墓葬中出土了精美且极具价值的面具、陶器、首饰及其他物品。

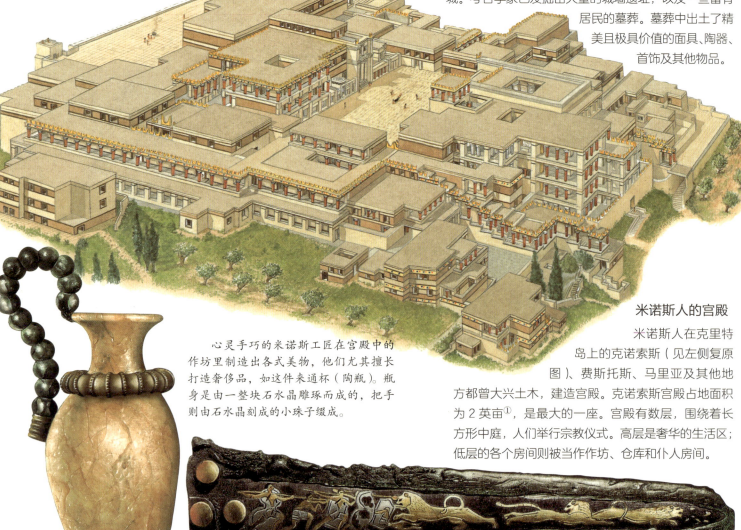

心灵手巧的米诺斯工匠在宫殿中的作坊里制造出各式美物,他们尤其擅长打造奢侈品,如这件来通杯(陶瓶)。瓶身是由一整块石水晶雕琢而成的,把手则由石水晶刻成的小珠子缀成。

米诺斯人的宫殿

米诺斯人在克里特岛上的克诺索斯(见左侧复原图)、费斯托斯、马里亚及其他地方都曾大兴土木,建造宫殿。克诺索斯宫殿占地面积为2英亩①,是最大的一座。宫殿有数层,围绕着长方形中庭,人们举行宗教仪式。高层是奢华的生活区;低层的各个房间则被当作作坊、仓库和仆人房间。

这把刀,刀身上镶嵌着黄金、白银、乌金石,呈现出一幅惊心动魄的迈锡尼人猎狮画面。

① 1英亩=4046.86平方米。

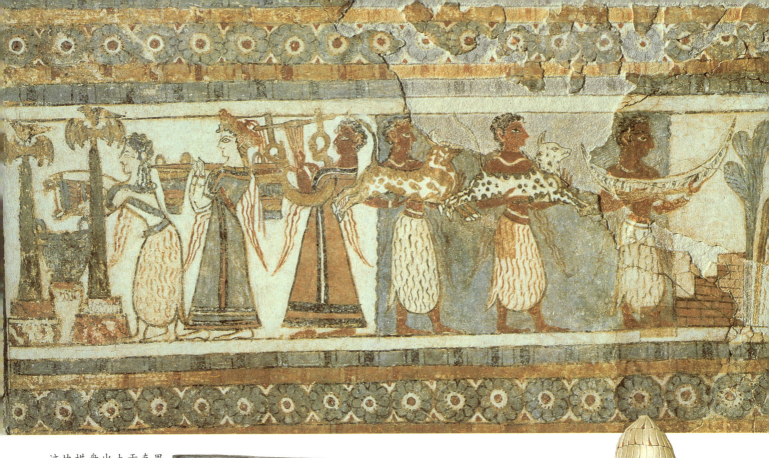

这块棋盘出土于克里特岛的克诺索斯宫殿遗址内,由米诺斯工匠所制。它由象牙、石水晶、黄金、白银、蓝玻璃浆制成。参与游戏的人很可能要掷骰子,玩法介于双陆棋和国际象棋之间。

迈锡尼的手工匠人长于制陶。迈锡尼陶器上往往有几何、动物、人等纹样。独具一格的制陶风格传入地中海东部诸岛,在迈锡尼文明消亡后仍延续着。

绘有宗教仪式图的米诺斯石棺

这具公元前1450年左右的石棺出土于克里特岛的哈吉亚·特里阿达,石棺上绘有两幅宗教仪式(或是葬礼)的湿壁画。左侧,三位女性在七弦琴的乐声中缓缓行进(1)。最左侧的女性(2)很可能是一位祭司,正向大陶瓶(3)中倾倒液体。右侧,三位男性正手捧动物和其他祭品(4)走向一座人像,人像很可能便是死者(5)。男女的发型(6)和服饰(7)皆为典型的米诺斯风格。

好战民族

迈锡尼贵族墓中出土了大批青铜兵器。单人墓中有时会随葬十几件装饰精美的剑和匕首,以及各式刀具、箭镞、矛头。上图这套结实的青铜铠甲与头盔用掉40头野猪的獠牙,因此,可判断其主人应是一位富有的武士。

古风时代

从迈锡尼文明消亡至公元前5世纪古希腊进入古典时代的这段时间,被称作古风时代。人们对古风时代初期(公元前12世纪—公元前11世纪)所知甚少,文字被遗忘,人口锐减,因此这段时期又被称为"黑暗时代"。大约从公元前1000年开始,为了找寻更好的农耕土地,人口从古希腊大陆向小亚细亚(今土耳其西部)和爱琴海各岛屿迁徙。北方的多利安人趁机占领了希腊大陆。此后,公元前10世纪,由于生存条件的不断改善,人口保持增长,新的市镇拔地而起。一个个小型独立社群,正是古风时代晚期与古典时代城邦的雏形。

这是两件古希腊早期首饰。上面的耳环,出土于公元前8世纪雅典的一座墓葬中,已经具有精细的金丝纹饰。左侧的耳环,同样出土于雅典的一座墓葬中,是公元前9世纪中叶的作品。

这件公元前10世纪的古希腊陶瓶是最早的同类陶瓶之一。这一时期的陶瓶以抽象图形为装饰,而非人和动物的造型,因此被称为"原几何"风格。

黑暗时代

20世纪80年代,考古学家在优卑亚岛的勒夫坎地发现了随葬丰厚的墓群,黑暗时代由此露出冰山一角。考古学家在此发现了青铜铸造的实证,还发现了公元前1000年左右当地与塞浦路斯岛、古埃及、巴勒斯坦地区之间开展贸易活动的痕迹。另外,考古学家还发掘出一处用泥砖建在石基之上的走廊建筑。这些发现表明,至少在古希腊时期的某个角落,黑暗时代并不如人们一度认为的那样落后。

公元前8世纪的吟游诗人(四处游走的乐手和讲故事的人)俑。

勒夫坎地发现的半人马(一半是人,一半是马)红陶俑。

人口迁徙

在迈锡尼文明行将尾声的时候,爱琴海地区很多地方似乎都出现了大规模的人口迁徙。即使到了黑暗时代,小规模的人口迁徙也从未止息,整体上而言是一个漂泊不定的年代。在此期间,一个名为多利安的部族从北方而来,出现在古希腊大陆。迎接这些讲多利安方言的人的,是充满敌意的其他部族,如爱奥尼亚人(他们建造了举世闻名的雅典城),他们甚至不允许多利安人进入爱奥尼亚人建造的神庙。

彩绘黏土衣箱模型,装饰着五个开着天窗的谷仓,周身绘有几何风格彩绘,是公元前9世纪位于雅典的一位女性墓中的随葬品。

古风时代 9

迪普隆双耳瓶上的悼亡场景细节。

陶器风格

公元前 10 世纪，随着人口增长和经济复苏，蓬勃发展的城镇里开始出现新的陶器装饰风格。这一时期（公元前 10 世纪—公元前 8 世纪）被称为几何时期。陶瓶上画着彼此交错的抽象几何图案，也有一些动物或人的造型。图案通常高度对称。公元前 7 世纪，贸易量扩大，大量近东地区生产的商品一股脑涌了进来，对古希腊本土艺术家产生了巨大影响，他们将很多近东母题融入既有的艺术风格中（如近东的动物饰带），并发展出了"黑色人像"技术，史称东方化风格。随后，"红色人像"技术在公元前 6 世纪诞生于雅典。

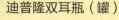

东方化时期的两件大瓶。一只（上图）瓶口为狮鹫头部造型，装饰母题是典型的近东风格；另一只（左图）呈大壶造型，装饰着数行野山羊和一些神话中的动物。

迪普隆双耳瓶（罐）

迪普隆双耳瓶是几何纹样瓶中最大、最美的。它通高 5 英尺①，曾作为标志物放在一位女性的墓顶。其描绘的主要情节（1）是亡者躺在殡殓床上（2），床榻前有四位哀悼者（3），床榻两侧各有七位哀悼者（4）全部做出双手举过头顶的悲痛姿势。瓶颈靠近瓶口的部位绘有一圈羚羊（5）。

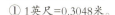

① 1 英尺=0.3048 米。

城邦

最晚到公元前 750 年,古希腊各地纷纷出现了独立自治的群体,称为"城邦"。城邦,希腊语为"polis",与现代的城市并不是一个意思。城邦指在同一座城镇及其周边农村共同生活、受同一个立法与司法系统管辖、靠统一的思想观念维系、有同样的神话谱系和宗教信仰的一个群体。起先,城邦由贵族家族和军事统领掌权,他们中间有些人逐渐制定出更加民主的体制。有的城邦会采用选举的方式选出一些男性公民,大家集会讨论本城邦该如何治理。

古希腊有数百个城邦,模式上大体接近。每个城邦都以一座城镇为中心,环绕城镇修建防御外敌的城墙(1)。城镇中心的山上建有卫城(2),邻近卫城是集会广场(3)。大多数城邦选择沿河(4)或沿海(5)建造,以方便交通运输与贸易。

荷马

人们对于《伊利亚特》《奥德赛》的作者、古希腊诗人荷马的生平和背景几乎一无所知,然而,大部分学者认为荷马是在公元前9世纪至公元前8世纪之间创作的这些诗篇(并非荷马本人手写,而是荷马死后,由后来的人书写记载下来)。荷马史诗对于古希腊人很重要,是他们教育与文化的基础。受过良好教育的古希腊人能够大段背诵这些诗篇。荷马史诗被视为希腊统一体的象征,是道德与行为准则的源泉。这些史诗被译作多种语言,至今仍在全世界流传。

在米克诺斯发现的一件红陶瓶,对荷马史诗《伊利亚特》中的特洛伊木马做了近乎卡通化的描绘。

特洛伊木马

东方化时期,古希腊艺术家们开始利用文学题材来装饰陶瓶。上图中的特洛伊木马是《伊利亚特》中经典的一幕。古希腊人诱骗特洛伊人将装满古希腊武士的木马拉进了特洛伊城,当晚,趁着特洛伊人入睡,士兵们跳出木马,攻敌不备,占领了城池,赢得了战争的胜利。

这一幕被刻在了公元前 650 年的一件陶瓶的瓶颈上,马(1)装了轮子(2),古希腊士兵有的已跳出木马(3),有的还藏在木马内(4)。

米诺斯文明和迈锡尼文明都留有文字记录。随着迈锡尼文明的陨落,古希腊境内文字也随之遗失了。这块泥板上刻着一种名为"线性文字B"的迈锡尼文字,学者们已经破译了这种文字,将其视为希腊文的早期形式。米诺斯的文字"线性文字A"尚未被识读,但可知其不是希腊文字。

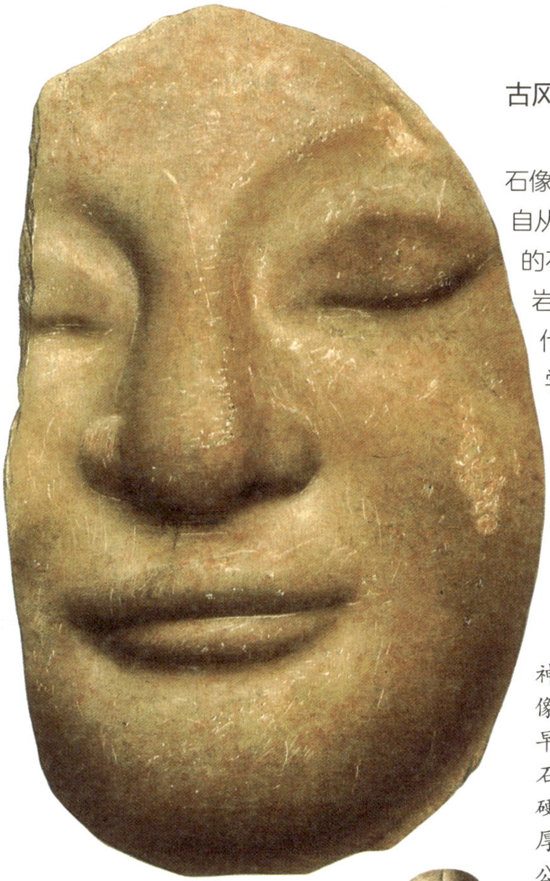

古风时代雕塑

在公元前 680 年之前,古希腊尚未出现大型的石像和浮雕,彼时的雕塑体量小,且通常是木质的。自从与古埃及人建立了交往,古希腊人也有了自己的石刻艺术,选材以古希腊多产的大理石和石灰岩为主。早期的雕塑拘谨呆板,到了古风时代晚期,风格已经变得很自然了,人体解剖学也得到了很好的运用。古风时代的雕塑,即便是晚期的,无不带着距离感。这种距离感赋予雕塑安宁之美,使它们成为最具吸引力的古希腊雕塑。

上图:古风雕塑一般没什么表情,唯有一种有时看上去很勉强,有时却又很神秘的微笑,是公元前 6 世纪上半叶流行的神态。

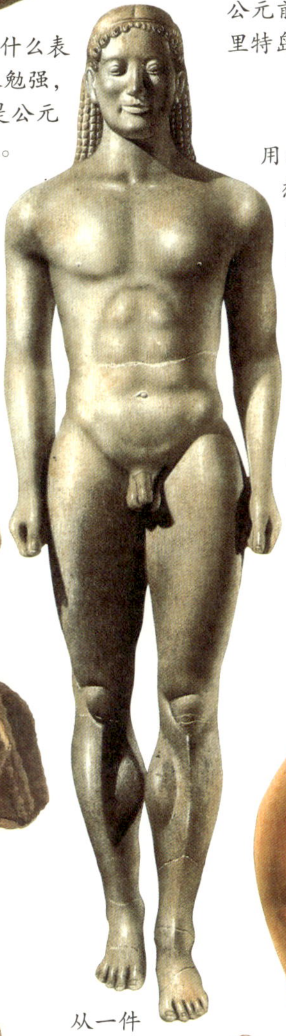

虽然现在人们看到的古风时代雕塑已褪去颜色,但它们最初被制作出来时都涂着鲜亮的色彩。很多雕塑上仍残留了颜料痕迹,如下图中雕刻于公元前 510 年的雅典的女孩科莱像。

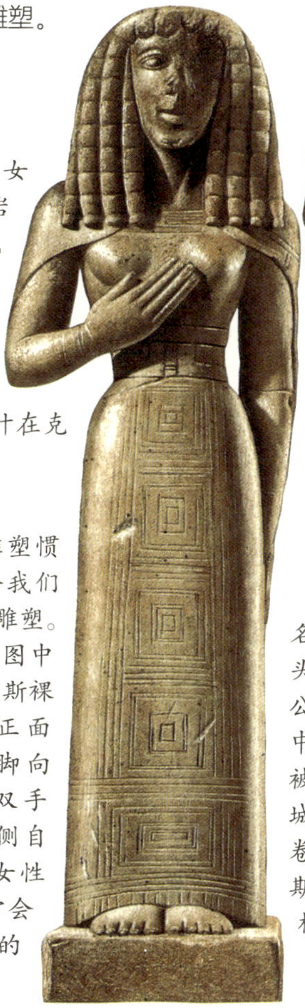

这件小型的女神奥赛尔石灰岩像,是古风时代早期的代表作。石灰岩像站姿僵硬,戴着好几层厚厚的假发,是公元前 7 世纪中叶在克里特岛上制作的。

这尊精美的丰收女神德墨忒尔红陶像,制作于西西里岛(今意大利)上的一块古希腊殖民地,有古风时代晚期风格,身体已经不那么僵硬了。

古希腊雕塑惯用的姿势常令我们想到古埃及雕塑。举例来说,图中的青年库罗斯裸体立像,正面站立,左脚向前迈出,双手在身体两侧自然垂下。女性雕塑则通常会以裹着布的姿态呈现。

右图:著名的朗潘骑士头像,制作于公元前 6 世纪中叶,做好后被安置于雅典卫城。精致紧密的卷发是古风时代晚期雕塑的典型样式。

从一件古希腊陶瓶上复原而来的雕塑家工作场景。

红陶武士头像,出自公元前 6 世纪的罗德岛。这类小雕塑有各式各样的造型,是用来装香水的。

宗教与众神

虽然希腊语中没有"宗教"一词,但这并不意味着古希腊人不奉神或没有宗教信仰。相反,古希腊人有多神信仰,宗教意识渗透日常生活的方方面面。十二位主神住在嶙峋的奥林匹斯山顶的宫殿里,他们中多数是宙斯的兄弟、姐妹、子女。以冥王哈迪斯为核心的另一组神灵住在地下。每一座村庄和城镇都是对某一位神的献礼,人们每天都要膜拜这位神灵。几乎每一个群体(如家庭、城镇)都是一种宗教组织;几乎每一场集会(如体育比赛、节日聚会、婚礼、葬礼)都是一场宗教仪式。

德尔斐的阿波罗神谕是古希腊人心目中最重要的,人们从古代世界的四面八方赶来这里问询,寻求解答。

奥林匹斯众神

宙斯:主神,正义之神;赫拉:宙斯的嫉妒之妻,被全希腊信奉;阿波罗:法力强大,信众广泛,是宗教律法和城市兴建之神,也是音乐、诗歌、舞蹈之神;阿尔忒弥斯:狩猎、自然、贞洁、生育女神;雅典娜:战争女神、手艺女神,也是雅典城的保护神;阿瑞斯:战神、尚武精神的化身;阿芙洛狄忒:爱神与美神;德墨忒尔:谷物女神、大地之母;赫菲斯托斯:火神、铁匠之神;波塞冬:海神、地震之神、马神;赫尔墨斯:畜牧之神、众神的信使、帮助亡灵抵达冥界的神、牧羊人之神;赫斯提亚:家宅与家庭之神。

右图:美丽的阿尔忒弥斯的古典时代风格的雕像。阿尔忒弥斯是野兽、植物、狩猎、贞洁与生育女神,是宙斯和勒托的女儿、阿波罗的孪生姐姐。阿尔忒弥斯很可能由某位更早的自然女神演变而来,古希腊的年轻姑娘们会在丛林中跳舞,赞颂阿尔忒弥斯。女神本人也喜欢在山上、在溪流里、在密林中跳舞,是乡下人爱戴的女神。

右图:发现于奥林匹亚的公元5世纪的雕像,主神宙斯抱走男孩伽倪墨得斯,作为自己在奥林匹斯山上的斟酒人。

传说中,德尔斐是世界中心,古希腊人在这里建造了巨大的石碑,命名为"世界的肚脐"。原件的复制品现保存在德尔斐博物馆。

圣地与神谕

圣地是神灵崇拜的重要场所,为感恩神灵保佑,如战争胜利、熬过饥荒、终结瘟疫而兴建。有些圣地上建有神庙、大门、围墙,还有些圣地只是简单地用一圈石头在地面做出标记。古希腊境内有数百处圣地。很多圣地还写有神谕,人们来此探询未来。大部分重要决策,如该跟谁结婚,都要在请示过神谕之后才能作出;而更重大的国是决策,诸如是否应该兴战参战,则全部需要请示神谕。

爱神阿芙洛狄忒雕像,长着山羊脚的好色的牧神潘正欲抱住她,爱神脱下一只拖鞋,佯装要打潘。小爱神厄洛斯徘徊在爱神的肩膀上方,一只手已经抓住了潘头上的一只角。

宗教与众神

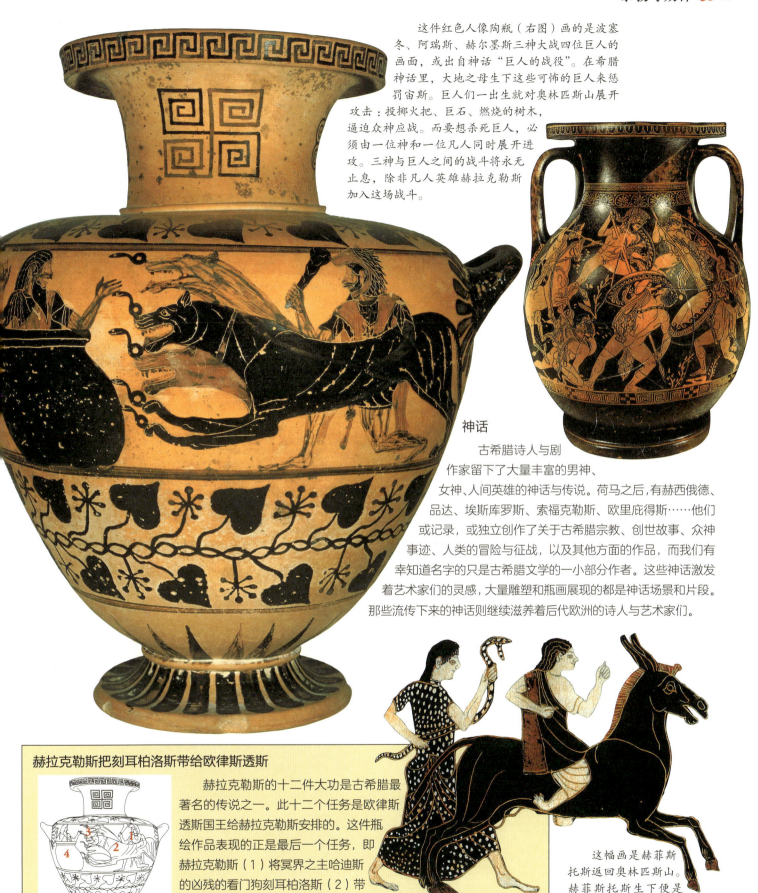

这件红色人像陶瓶（右图）画的是波塞冬、阿瑞斯、赫尔墨斯三神大战四位巨人的画面，或出自神话"巨人的战役"。在希腊神话里，大地之母生下这些可怕的巨人来惩罚宙斯。巨人们一出生就对奥林匹斯山展开攻击：投掷火把、巨石、燃烧的树木，逼迫众神应战。而要想杀死巨人，必须由一位神和一位凡人同时展开进攻。三神与巨人之间的战斗将永无止息，除非凡人英雄赫拉克勒斯加入这场战斗。

神话

古希腊诗人与剧作家留下了大量丰富的男神、女神、人间英雄的神话与传说。荷马之后，有赫西俄德、品达、埃斯库罗斯、索福克勒斯、欧里庇得斯……他们或记录，或独立创作了关于古希腊宗教、创世故事、众神事迹、人类的冒险与征战，以及其他方面的作品，而我们有幸知道名字的只是古希腊文学的一小部分作者。这些神话激发着艺术家们的灵感，大量雕塑和瓶画展现的都是神话场景和片段。那些流传下来的神话则继续滋养着后代欧洲的诗人与艺术家们。

赫拉克勒斯把刻耳柏洛斯带给欧律斯透斯

赫拉克勒斯的十二件大功是古希腊最著名的传说之一。此十二个任务是欧律斯透斯国王给赫拉克勒斯安排的。这件瓶绘作品表现的正是最后一个任务，即赫拉克勒斯（1）将冥界之主哈迪斯的凶残的看门狗刻耳柏洛斯（2）带给欧律斯透斯。刻耳柏洛斯有三个头，口吐猛蛇，脚亦踏猛蛇（3）。在雅典娜和赫尔墨斯的帮助下，赫拉克勒斯得以进入冥界，并成功将这头凶犬带出（当然，不得不经过一番搏斗）。当赫拉克勒斯将刻耳柏洛斯带到国王的宫殿时，欧律斯透斯吓得躲进了陶缸里（4）。最后，赫拉克勒斯又把看门狗还给了哈迪斯。

这幅画是赫菲斯托斯返回奥林匹斯山。赫菲斯托斯生下便是跛足，于是他很小的时候就被母亲赫拉或父亲宙斯逐出了奥林匹斯山。这幅画里赫菲斯托斯的脚被描绘为长着一只动物的爪子。

男祭司与女祭司

根据规则,男神由男性祭司供奉,女神由女性祭司供奉。祭司的职责包括监督仪式进行、惩戒不遵守圣律者及维护圣殿秩序。由于多数圣地每年只开放几天,男女祭司并不是很忙,地位也不高。

宗教节日和世俗节日

古希腊宗教并不常是压抑的,很多宗教节日都是古代历法的节点。每年最重要的节日是那些为农耕祈福或纪念重大事件的节日,耕种期的节日多些,收获期的节日则少些。还有一些节日是庆祝人生大事的,如新娘在其所属城市或农村登记结婚,新生儿出生五天后,家里会举行仪式,欢迎其加入大家庭。此外,还有缅怀死者的节日,尤其是悼亡那些在战争中阵亡的将士。

左图:浮雕上的男女祭司站在一根铭柱前,双臂上举,摆出特定的祝祷姿势。

古希腊节日里常举办庆祝游行,有时,参加游行的只是一小群人,如一个家庭;有时,如遇到雅典一年一度的泛雅典娜节①的时候,则举办全民大游行。人们走街串巷,将供品带往神庙,献给本城的保护神。

① 早期时候,泛雅典娜节是一年一度,后来改成了四年一度。

左图:泛雅典娜节(全雅典人的节日)游行复原图。泛雅典娜节每隔四年举办一次,雅典人要为帕特农神庙里的雅典娜神像披上新的羊毛袍子,其盛况无与伦比。

奠酒,即把某种液体(红葡萄酒、蜂蜜、橄榄油、牛奶、水,或以上的混合物)洒在祭坛上或火里,以此敬神或悼亡。下图中,手持橄榄枝的男子正在奠酒。

牺牲与供品

牺牲是敬神的一种重要方式。牺牲品通常是动物,如糕点、水果等其他献礼也很常见。献祭动物的典型做法是将牲礼的大腿骨涂满油脂,置于祭坛上焚烧。余下的肉经过简单烹饪,参加者们在仪式之后的宴会上分食。供品要定期献上。通常,水果成熟后,收获的头一份要献给神,宴饮上要先奠酒敬神,捕获的猎物也要预留一份给神。

宗教与众神

木梁上铺设瓦顶。

神庙的正面与两侧均建有立柱。立柱有三种风格，以发源地命名。最早出现的是严肃的多利安式。爱奥尼式发源于安纳托利亚。最具装饰性的科林斯式发源于希腊中部的科林斯。

多利安式柱头

爱奥尼式柱头

科林斯式柱头

供奉的神像立于神庙"内殿"（cella），希腊语称为"naos"，祭司们在此举行各种仪式。

三角墙上通常饰有雕像。

这座神庙采用多利安式立柱，柱面上有凹槽和凸起。

神庙

尽管并非所有圣地都建有神庙，但神庙一定是建在圣地内的。最早的神庙建于公元前10世纪到公元前8世纪，是简单的木屋。后来，古希腊富裕起来，建筑师技术不断提高，神庙逐渐演变为更精密的石材建筑。神庙通常门朝正东或正西，与太阳升起和降落的方向保持一致。祭坛设于神庙外，通常在神庙正前方，为的是仪式可以在户外举行，让更多人看到并参与。

这幅画画的是献祭羊牲的场景，发现于科林斯的皮萨洞穴中，距今已超过2500年。虽然是画在木板上的，但画面依旧保持完好。

左图：公元前680年在阿尔戈斯制作的彩绘黏土神庙模型，用来献给女神赫拉。

古典时代的雅典

雅典是所有古希腊城邦中最大最强的一个。公元前5世纪中叶，雅典城邦鼎盛，成为光辉璀璨的学习、艺术与戏剧中心。雅典城还是宗教与政府管理领域的先驱。当时，全部公民都有政治权利，人民议会与法庭是主要的决策者。雅典实行的是民主制度，但只有出生在雅典城的男性才被视为"公民"，女性、异邦人和奴隶（他们构成了人口的绝大多数）则被排除在民主制度之外。

公元前594年，政治家梭伦被选举为雅典执政官（地方长官），他与其继任者克里斯提尼共同通过了为民主社会打下框架基础的法律。梭伦自言："我所通过的法律对贫富一视同仁。我的目标是为每个人带来公平正义。"

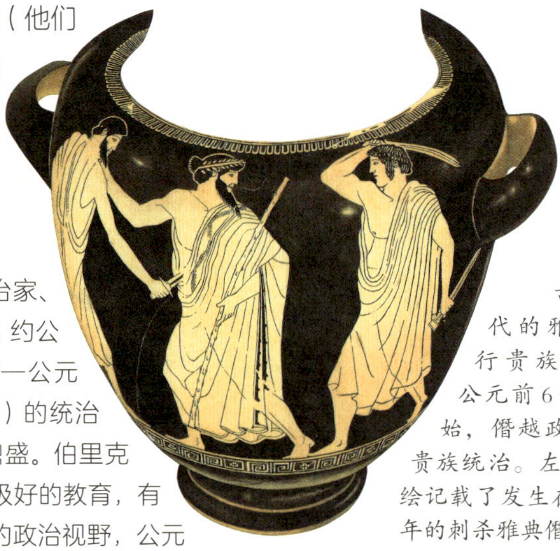

伯里克利

雅典在政治家、将军伯里克利（约公元前495年—公元前429年）的统治下达到鼎盛。伯里克利受过极好的教育，有广阔的政治视野，公元前480年，波斯人洗劫重创雅典城后，他受命带领大家重建这座城市。伯里克利重建了城市广场，夯实了道路，扩建了比雷埃夫斯港。而他最伟大的功绩在于修建了卫城的帕特农神庙及其他庙宇，并且开展了影响深远的政治改革，赋予穷人和边缘人更多权力。

古风时代的雅典实行贵族统治，公元前6世纪开始，僭越政治取代贵族统治。左图中的瓶绘记载了发生在公元前514年的刺杀雅典僭主希帕克事件。

下图中的陶器残片上记录着经投票决定被逐出城邦的放逐者姓名。

头戴战盔的伯里克利像

这两个圆盘（下图）为公众表决之用。审判时，投票者用它们做出有罪或无罪的判定。如图中这样带轴的圆盘表示被告人无罪。

雅典公民投票瓶画

古典时代的雅典

雅典卫城

雅典城重要的神庙和城市建筑都在卫城里。这件模型塑造的是公元前5世纪波斯战争后重建的卫城。帕特农神庙（1）是主殿。厄瑞克忒翁神庙（2）在其左侧，是一座献给雅典娜的美丽的爱奥尼式神庙。紧挨着它的是织造之家（3），四位出身良好的少女住在这里，每四年为雅典娜织一条新的佩普洛斯圣衣（长袍），并参与供神仪式。身着战袍的高大的雅典娜铜像（4）站在卫城入口内侧，这里被称为卫城山门（5）。山门右侧是胜利女神雅典娜神庙（6），神庙后面是狩猎女神阿尔忒弥斯的神域。

卫城主殿帕特农神殿里的雅典城守护神雅典娜金像。

磨谷子妇女像。面包是古希腊人饮食结构中的主食,对于很多妇女来说,把谷子磨成面粉,再做成面包,是每天都要做的家务。在雅典这样的大城市,面包店已经比较普及了,人们也会从面包店购买现成的面包。

家具很简陋,富人家亦是如此。很多家具(如沙发),白天坐在上面吃饭,晚上躺在上面睡觉。这位女子(右图)正将叠得整整齐齐的亚麻衣物收入衣箱。

女性负责将羊毛纺成毛线,织成布料,再制成成衣。

雅典女性

雅典女性几乎没什么权力,既无权拥有财产,也得不到法律保护,更不能参与公共事务。女性的生活只能围绕着家庭。她们要照顾丈夫和子女,保证家庭的正常运转,每位家庭成员都能吃好穿好,有足够的生活必需品。某种程度上,穷人家的女性比富人家的女性过得更自在些,至少她们无须监护人陪着就可以自由出门采买,或者出去工作。

异邦人

所有大城市都会吸引外乡人前来,雅典也不例外。雅典城中的异邦人有的是重获自由的奴隶,但更多的是行商坐贾和有识之士,然而,无论多么富有,异邦人都不可享有政治权力。伯里克利曾通过一项严格限定公民身份的法律,即父母双方必须都出生在雅典。

这幅画画在公元前430年雅典的一只杯子的内壁上,画中的两人正在阅读。其中,少年读的是一块对折的木牍,男子读的是一卷手卷。

雅典卫城里古风时代的狮身人面像,是古希腊人借鉴东方形象的典型代表。

教育

雅典人七岁上学。虽然上学要自费,但并不太贵,大多数男孩都有条件接受至少几年的学校教育。学校开设三大主科:文学、体育和音乐。其中,文学课程包括阅读、写作、语法、背诗,尤其要背诵荷马史诗。

手工技艺

市场一带的城市中心地区遍布作坊，手工匠人们在这里打铁、铸铜、做鞋、做包、制陶、打首饰等。多数作坊为家庭经营模式，人数不多，他们把商品零售给到店的顾客，或者批发给前来大宗采购的商人，后者会在自己的小店销售或将商品卖到外地去。

下图：鞋匠铺子瓶画。鞋可以量脚定制。

服饰

古希腊男女都穿简单的羊毛或亚麻束腰外衣，又称希顿古装。两块方布料从侧边缝起来，就能制成这样一件衣服，再在腰间系一条带子或束带，便形成柔软的衣褶。为了保暖，冬天，人们会在上身加穿披风，即古希腊风格的宽松长衫。

右图：两种精致的皮凉鞋。古希腊人的鞋子各式各样，有凉鞋、常鞋、一伸脚的靴子和系带的靴子等。

右图：铁匠作坊工作场景。左侧的人用钳子夹住待打制的铁器，图中，右侧的人正要用斧子把铁片打出造型。背景墙上挂着一些工具。

城市广场

城市广场是市中心一块市民集会的露天场地，到处是小摊位，周边环绕着神庙、店铺、作坊及公共建筑。多数男性每天在此跟朋友聊天或谈论政治。

下图：雅典城市广场出土的三种官方量器。

雅典的多种钱币上都有猫头鹰的形象。猫头鹰是这座城市的象征之一。

度量衡

政府为干湿商品都制定了度量工具。这些度量工具根据用途的不同，尺寸和形状各异，但上面都印有官方标志。参与买卖的每个人都用同一规格的量器，重量与尺寸都是标准化的。若缺斤短两，则会给予相应惩罚。

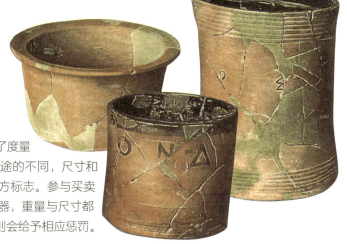

斯巴达

斯巴达的管理与社会组织方式在古希腊各城邦中独树一帜。斯巴达同时有两位终身制的国王，他们在战时拥有绝对权力，在平时则稍稍受到选举出的 30 位男性公民组成的议会的制约。公元前 8 世纪，斯巴达军队已十分强大，吞并了周边的城邦，俘获的敌方公民沦为奴隶（斯巴达人称之为"希洛人"）。奴隶人数剧增，已达到斯巴达人人数的 7 倍，因此，斯巴达人不得不供养起一支强大的武装，实行严格的社会管理制度。全部男性公民必须在 5 岁时就参军，一直服役到 30 岁。

斯巴达战盔，很可能属于一位贵族士兵。斯巴达社会以军士等级制度为基础，纪律森严。

公元前 700 年，斯巴达城邦附近发现的黏土武士头像。

斯巴达摔跤瓶画。较大画面中，左侧男子已经鼻喷鲜血，但对抗仍在继续。

斯巴达的起源

传说，公元前 9 世纪，斯巴达城邦已经成立，但并没有什么早期证据可以证明这一点。公元前 8 世纪，斯巴达人征服了邻近的美塞尼亚，而这是一片"好耕好锄"的膏腴之地（斯巴达诗人提尔泰奥斯之言）。这次征服成为斯巴达历史的转折点，斯巴达由此开始需要一支有力的军队来镇压广大农奴。斯巴达公民每人分到一块土地，被征服的希洛人要为其斯巴达主人耕种，并将一半产出上交主人。

左图：这件雅典瓶画上画着斯巴达国王墨涅拉奥斯之妻海伦与特洛伊国王普里阿摩斯。在古希腊神话里，特洛伊战争爆发的原因是普里阿摩斯之子帕里斯抢走了海伦，并把她带回了自己的国家。

伯罗奔尼撒战争

（公元前 431 年—公元前 404 年）

斯巴达和雅典是古希腊两个最强的城邦，分割控制着整个古希腊世界，其他城邦大多归属于二者之一的阵营。斯巴达与雅典之间的战争爆发于公元前 431 年，战争残忍而悲情。雅典掌控着很多海外殖民地，财力雄厚，还组建了海军，而斯巴达人只能单靠自己的陆上军队。战争付出了昂贵的代价（不少战役打响在遥远的意大利南部），一直拖延至公元前 405 年，斯巴达人将雅典船队彻底击垮。雅典自此投降。

斯巴达军事将领帕萨尼亚斯胸像。在波斯战争中，他领导的古希腊联合军击败了波斯人，可战后，他又被指控叛国与密谋颠覆斯巴达。帕萨尼亚斯逃入一座神庙，斯巴达人包围了这个神庙，最后，帕萨尼亚斯被活活饿死在了神庙里。

斯巴达

威克斯铜瓶

这件青铜大瓶出土于法国巴黎南部的一座凯尔特公主墓。很显然，这是公元前6世纪晚期，生活在斯巴达的一位古希腊艺术家的作品。上图中放大的细节来自瓶颈部，刻画了七位凶悍的斯巴达武士和七辆战车。步兵（1）裸体，只有头部带着精致的头盔（2），手持巨盾（3）。四四骏马（4）正拉着一辆轻型战车，车上站着一位武士（5）。艺术家高超地捕捉到了斯巴达武士们一贯带给人们的恐怖气氛。

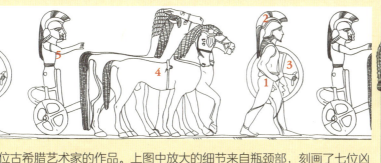

下图：威克斯铜瓶。

斯巴达女性

古希腊女性并无个人自由可言。在大户人家里，女性生活的空间是与房屋主体分隔开来的。体面的女性只有在男性的陪伴下才会出门。大部分地区的女孩不去上学，也不参加体育训练。只有斯巴达有记载显示，女孩们可以作为运动员参加体育训练，也可以参加体育比赛。斯巴达女性很可能在生活的其他方面也享有更大的自由和权利。

虔诚吹奏双管乐的小型男子像（右图），以及全副武装的武士像（左图），出土于斯巴达阿尔忒弥斯神域。

殖民地与贸易

公元前8世纪至公元前6世纪，古希腊在地中海与环黑海地区建立了多处殖民地。建立殖民地是一项正式开展的事业：先选定首长，然后任命新殖民地各领区官员，再询问神谕以择佳期佳址；然而，出人意料的是，古希腊的新殖民地从一开始便独立于母邦。新殖民地的建设者们不会再返回故土，仅维持有限的贸易接触。殖民者无论定居在哪里，都会在当地传播古希腊语言与文化，而伴随着广阔的商贸之路，古希腊的影响力继续传向更远的地方。

古希腊人在色雷斯沿海地带（今保加利亚）建立了多个殖民地，其中，最著名的一个就是君士坦丁堡（今伊斯坦布尔）。左图的银质来通杯（角形酒杯）制作于公元前4世纪的色雷斯，融合了古希腊与色雷斯的双重元素。

这件公元前4世纪的腓尼基玻璃瓶出土于地中海的撒丁岛，岛屿南部曾是腓尼基人的殖民地。

意大利南部洛克里的陶窑复原图。双耳细颈陶酒罐（一种陶罐）、陶瓶、水壶等用以储存和运输油、酒、水的各类容器供不应求。

运出待售的陶罐

井

成品陶罐

烧窑

腓尼基人

古代腓尼基位于黎凡特，即今天黎巴嫩所在地。腓尼基人是优秀的海商与殖民者，当古希腊人开始海外殖民的时候，腓尼基人已经控制了北非海岸线与西班牙大部。虽然是敌对关系，但古希腊与腓尼基双方仍有贸易往来和文化交流。举例来说，古希腊文的字母表就是以更早的腓尼基字母表为基础的。

意大利南部洛克里的一座神庙内的骑马青年黏土像。马骑在一座狮身人面像上。

大希腊

意大利南部与西西里岛有大量的古希腊殖民地，以至于这一地区被称作"大希腊"（更大范围的希腊）。这一地区与古希腊地区毗邻，良田、天然良港，都使其成为理想的定居所。因为同一时期内，意大利中部活跃着伊特鲁里亚文明，殖民地集中于意大利南部（但两个地区之间保持着频繁往来）。古罗马人正是通过南部的古希腊殖民地吸收了大量古希腊文化。

西西里岛锡拉库萨一座神庙的圣坛里的蛇发女怪美杜莎彩绘像。在古希腊神话中，美杜莎是三大妖怪之一，常被刻画为长着双翅、圆脸吐舌的形象。图中的美杜莎紧紧抱着自己的儿子飞马帕加索斯。

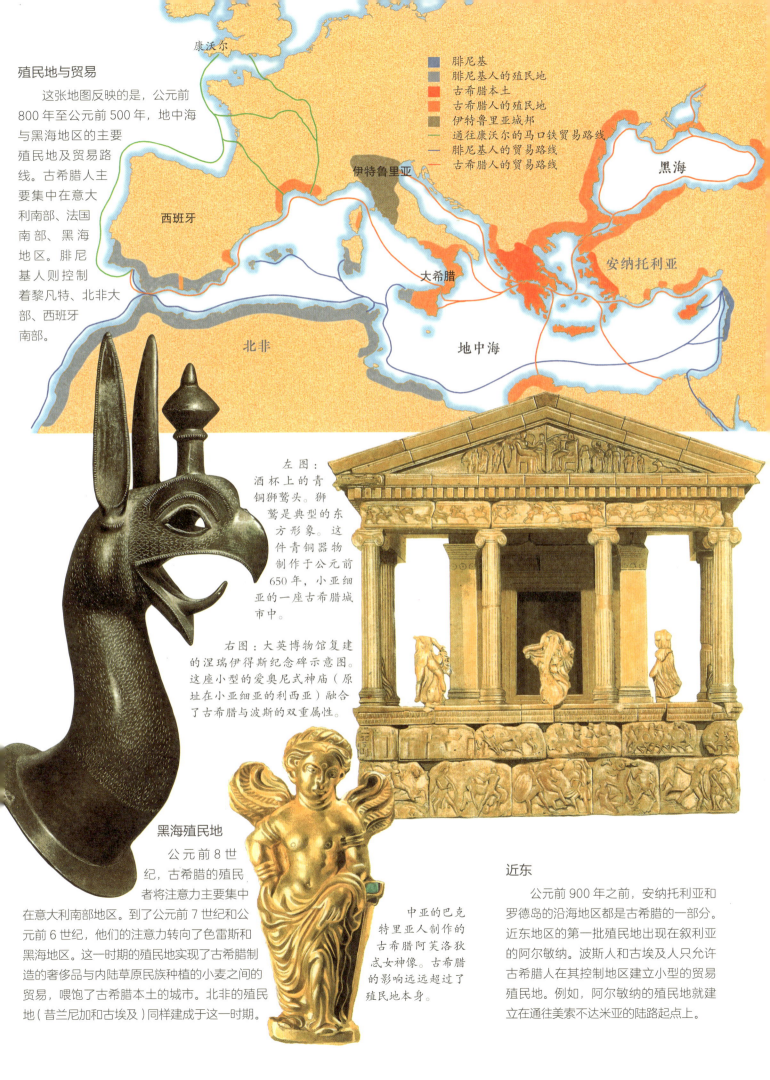

殖民地与贸易

这张地图反映的是,公元前800年至公元前500年,地中海与黑海地区的主要殖民地及贸易路线。古希腊人主要集中在意大利南部、法国南部、黑海地区。腓尼基人则控制着黎凡特、北非大部、西班牙南部。

图例:腓尼基 / 腓尼基人的殖民地 / 古希腊本土 / 古希腊人的殖民地 / 伊特鲁里亚城邦 / 通往康沃尔的马口铁贸易路线 / 腓尼基人的贸易路线 / 古希腊人的贸易路线

地图标注:康沃尔、西班牙、伊特鲁里亚、北非、大希腊、地中海、安纳托利亚、黑海

左图:酒杯上的青铜狮鹫头。狮鹫是典型的东方形象。这件青铜器物制作于公元前650年,小亚细亚的一座古希腊城市中。

右图:大英博物馆复建的涅瑞伊得斯纪念碑示意图。这座小型的爱奥尼式神庙(原址在小亚细亚的利西亚)融合了古希腊与波斯的双重属性。

黑海殖民地

公元前8世纪,古希腊的殖民者将注意力主要集中在意大利南部地区。到了公元前7世纪和公元前6世纪,他们的注意力转向了色雷斯和黑海地区。这一时期的殖民地实现了古希腊制造的奢侈品与内陆草原民族种植的小麦之间的贸易,喂饱了古希腊本土的城市。北非的殖民地(昔兰尼加和古埃及)同样建成于这一时期。

中亚的巴克特里亚人制作的古希腊阿芙洛狄忒女神像。古希腊的影响远远超过了殖民地本身。

近东

公元前900年之前,安纳托利亚和罗德岛的沿海地区都是古希腊的一部分。近东地区的第一批殖民地出现在叙利亚的阿尔敏纳。波斯人和古埃及人只允许古希腊人在其控制地区建立小型的贸易殖民地。例如,阿尔敏纳的殖民地就建立在通往美索不达米亚的陆路起点上。

殖民地与贸易

上图：野猪狩猎瓶画。狩猎是很受古希腊富人喜欢的一项运动。常见的猎物是野猪、野鹿、野兔。对于狩猎而言，运动消遣的意义远大于吃肉。捕鱼活动相比之下更普遍，鱼类是古希腊人膳食中重要的蛋白质来源。

下图：非洲奴隶青铜像。古希腊有成千上万的奴隶，几乎每个家庭都有至少一个奴隶。富人可能每家拥有多达50个奴隶。

货物

一般来讲，古希腊大陆的城市从殖民地或周边国家进口生活必需品，如谷物、橄榄油、葡萄酒和腌鱼，他们用奢侈品来交换这些商品，如陶器、首饰和其他手工艺品。木材、矿石、奴隶、大理石和玻璃也是常见商品。

手艺高超的古希腊工匠造出精美的陶瓶，它们中很多被画上神话故事。另外，工匠们还打造首饰和艺术品。

下图：瓶画中，丰收的农夫们正用长棍摇下树上的橄榄。

农耕

希腊乡村多山，夏季炎热干燥，冬季寒冷，并非理想的农耕环境。国土面积的20%适宜种植蔬菜、小麦及其他谷物。山地的矮坡上也被种上了橄榄和葡萄。即使如此，农业仍是古希腊的经济支柱。多数农田是家庭经营的小型产业。

随着古希腊大陆城市的人口激增，对食物的需求也随之增长。根据雅典的记载，这座城市依赖于比雷埃夫斯港上岸的小麦。当地政府制定法律，要求商人们必须在此卸货上岸。

昔兰尼彩绘盘

在古希腊殖民地昔兰尼（今属利比亚），手执王杖的阿尔塞西拉斯二世国王（1）正监督着繁忙的贸易。几位仆人（2）正扛着待过秤的麻袋（很可能是这块殖民地盛产的草药），另一些仆人正在装袋并记录重量（3）。这些货物很可能即将被运往古希腊本土。几种动物固定着秤的位置，除了鹳鸟（4），还有豹子（5）、蜥蜴（6）和猴子（7），这些都是常见的非洲动物，向我们暗示着场景的发生地。

殖民地与贸易

货币

公元前 7 世纪，安纳托利亚（今土耳其）开始使用金属钱币支付货款。这种方法迅速在古希腊世界传播开来，每个城邦都铸造了自己的钱币，上面装饰着有本邦特色的图案，如统治者头像或名特产。

贸易与商业

小商贩经营着中心市场一带的作坊生意，而大商人随着贸易发展开始在港口做买卖，他们租船给需要的人，有能力左右进出港贸易。豪商开始出现，他们不仅靠贸易赚钱，还通过向其他商贩借贷来获利（利息通常极高）。

这幅瓶画表现的是海盗的一艘单层甲板帆船正在加速追赶一艘商船。海盗是当时存在的一大难题，有些城邦会将商船编成船队；同时，派海军护航。

战争

古希腊城邦之间频繁爆发内战。伯罗奔尼撒战争（公元前431年—公元前404年）是其中最惨的一次，几乎将全部城邦卷入其中，大家分属雅典和斯巴达两大对峙阵营。而该世纪初，各城邦才刚刚齐心协力打败了企图入侵的波斯人。古希腊人历经艰险赢得了希波战争（公元前490年—公元前479年）的胜利。在著名的马拉松战役和萨拉米斯海战中，虽然兵力远不如波斯人，但凭借战术、勇气和运气，古希腊人赢得了这两场战斗的最终胜利。公元前4世纪，一位古希腊武士——亚历山大大帝——缔造了这个世界上曾存在过的最庞大的帝国。

上图：阿喀琉斯在特洛伊城杀死亚马逊女王彭忒西勒亚。这幅瓶绘让我们看到身穿铠甲、头戴羽饰战盔的古希腊武士有多么吓人。

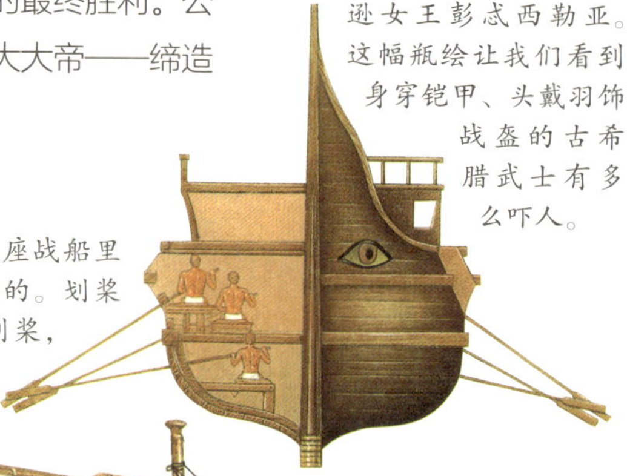

这张图向人们展示了古希腊三桨座战船里的桨手们是如何分列于三个不同楼层的。划桨手们按照风笛手指挥的节奏来划桨，风笛声可以盖过战斗的厮杀声而被划桨手们听到。

上图：战盔的样式因时间和地域的不同而有很大差异。上边那件是科林斯盔，只露出很少的眼部，有护鼻挡板，而右图这件则是典型的斯巴达盔。

战船

公元前5世纪以后，三桨座战船成了古希腊海军的主力。在战斗过程中每艘战船有170名划桨手提供动力。船上只有少量士兵，因为当时的作战目标不是登上敌船，而是依靠速度将船首的金属撞锤撞向敌船。鼎盛时期，雅典拥有400艘这样的三桨座战船。

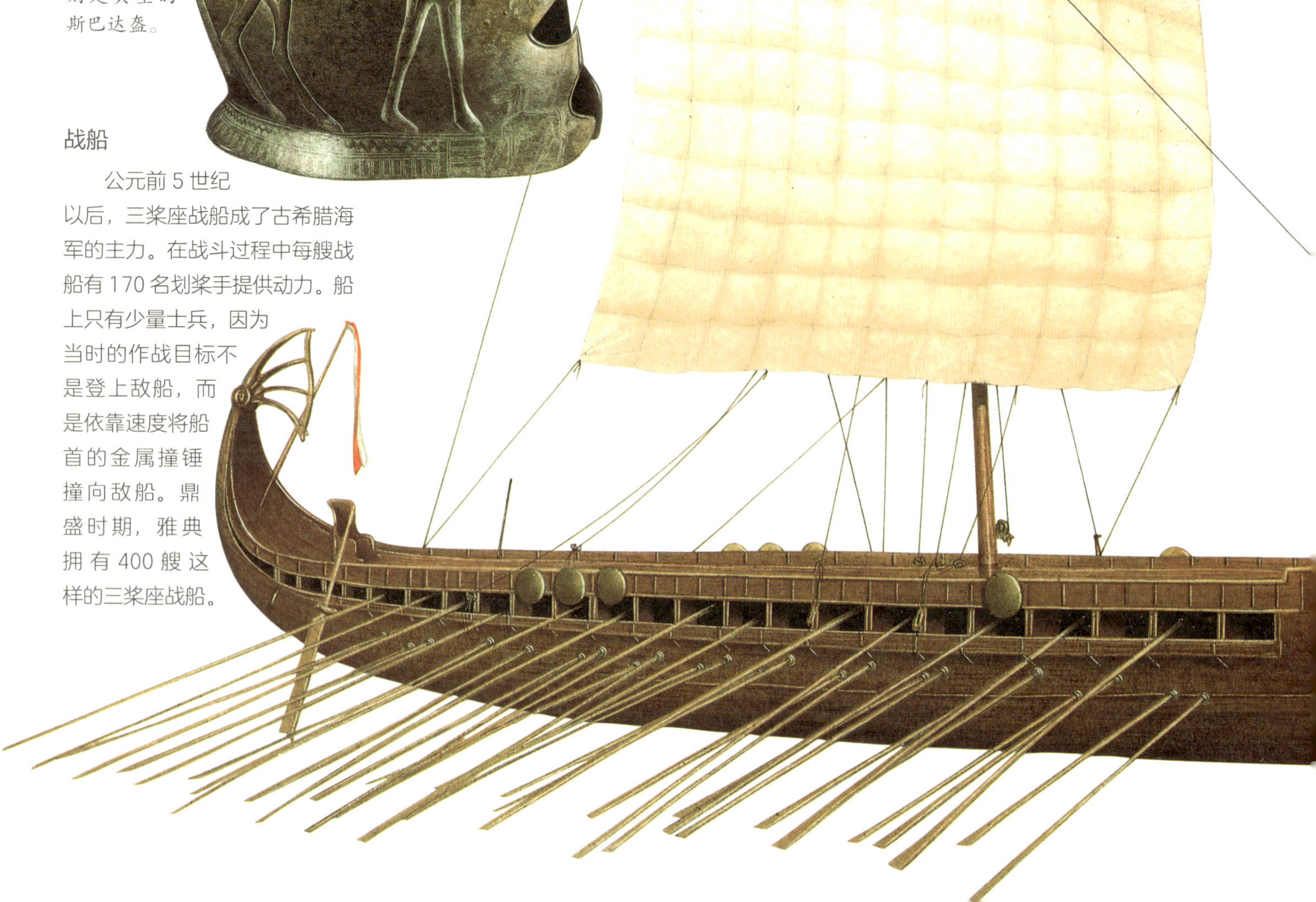

战斗中的古希腊步兵

这件公元前7世纪科林斯烧制的陶器上,画着参战的古希腊重装步兵。他们无不手持长矛(1)和锃亮的盾牌(2),穿着防御用的胸甲(3),头戴插着羽毛的头盔(4),套着保护膝盖和小腿的护腿(5)。画面左侧(6),风笛手正吹响战斗乐曲。

右边第一个图画的是即将对敌军展开进攻的古希腊士兵列阵。手拿武器的士兵们成排向前冲锋,这是一种常见的阵型。当前排士兵负伤倒地时,后排相应位置的士兵立刻补上。这样一来,阵型就不会乱了。

全副武装的古希腊武士复原图。

武器与用兵

古典时代的士兵常用的武器是长矛,有时也有投掷矛、弓箭、吊索、剑等。公元前5世纪之前,绝大多数士兵都是本城邦的公民。既然如此,他们就被要求自行准备铠甲和武器,富人还要自备马匹。公元前5世纪的伯罗奔尼撒战争,让职业雇佣军有了发展壮大的机会。

娱乐活动

生活在城市中的古希腊富人们有大量的闲暇时光，无论亲自参与还是旁观，总有各式各样的娱乐活动可供他们消遣。大众娱乐活动有戏剧、诗歌朗诵，并伴随有音乐、舞蹈及体育活动。在家的时候，男性喜欢举办晚宴和饮酒会，并在聚会上高谈阔论哲学与政治（当然还有八卦绯闻）。另外，聚会上还有职业演员和乐手表演舞蹈与音乐。有地位的女性过着深居简出的生活，但她们也有自己的聚会和晚宴活动，可惜人们对此知之甚少。孩子们则跟今天差不多——玩玩具、做游戏，或是养些宠物。

富裕阶层的饮酒会。男人们倚在榻上，享受女人们的服侍。前景的两张小桌子上，酒杯东倒西歪。

会饮与饮酒会

古希腊的男性很喜欢在晚上呼朋引伴地大餐一顿，名为会饮。客人们日落时分到达，第一件事是吃晚餐。根据主人经济条件的不同，客人们可能吃到一顿包含鱼、牡蛎和其他海鲜的大餐，以及面包、奶酪、禽类、家畜肉类、蔬菜和橄榄。餐毕，客人们洗了手，享用餐后水果。整个用餐过程中都可以喝酒。等水果吃完了，桌面清理干净，饮酒会就正式开始了。客人们尽情聊天、做游戏、吟诗，陶醉于音乐和舞蹈。

战车比赛是很流行的一项运动，获胜者将享有很多殊荣。这也是一项富人运动，因为车和马都很昂贵。有些赛车手是职业选手。

右图：古希腊著名瓶画艺术家埃克塞基亚斯的作品，描绘的是古希腊英雄大埃阿斯和阿喀琉斯博戏的场景。

左图：古希腊运动员均是裸体参赛。这些男人正在进行的一定是短跑比赛，因为他们摆动的手臂和双腿表现出的是速度，而非马拉松长跑所需要的耐力。

体育

体育或许是古希腊人最重视的一种娱乐，古希腊人很认真地对待体育这件事。年轻人每天都要训练，保持健美的体型和身体的魅力。匀称的身体常被认为是发达的大脑的外在表现。跑步、跳远、摔跤、投掷铁饼、投掷标枪、拳击、赛马，这些都是很普及的运动项目。多数地方不允许女人参与体育项目，似乎只有斯巴达例外，有记载显示，斯巴达的体育比赛中出现过女性运动员。

公元前1世纪，休息的拳击手像。他双手套着的"拳击手套"和面颊上的伤口，让人意识到他所从事的运动有多么危险。

剧院瓶画

这件公元前4世纪的陶瓶上画着喜剧表演的场面。古希腊戏剧中，同时在台上的通常只有三个人（全部是男性演员，女性角色也由男性演员扮演）。画面中有一位表演倒立的杂技演员（1），一位带着丑陋面具的喜剧演员（2），他们都面朝着扮演狄奥尼索斯坐像的那位演员（3）。杂技演员上方的左右两侧各有一个画框，里面画着两张女性面具（4）。演员表演时必须全程戴着面具。

娱乐活动 29

玩具和游戏

孩子们爱玩陀螺、羊拐（左图女孩正在玩的）、木制和黏土玩具、拨浪鼓、玩偶。此外，还有棋盘游戏，比如蛇与梯子游戏、博戏。养宠物的孩子也不少，如养猫、狗、鸡、鸭、猴子、乌龟等。

这些彩绘泥人是孩子们的玩具。

老师正在教两位年轻学生弹奏七弦琴（也称里拉琴）。

戏剧

古希腊人很喜欢去剧院看戏剧，或许当时的戏剧真的很精彩。古典时代创作的大部分作品，如今看来仍是最伟大的作品，至今仍在上演。戏剧在阶梯座位的露天剧院上演。有时，在雅典的春节——酒神节——观众们连续四天待在剧院里，每天从黎明坐到黄昏，只为了观赏顶级剧作家的最新作品。

音乐

古希腊几乎任何活动都需要有音乐伴奏，除了众所周知的舞蹈、宴会、宗教节日以外，在战争和体育比赛中，甚至烤面包这样的日常劳作的时候，古希腊人也要听着音乐。男孩们在学校要学习演奏乐器和唱歌。古希腊人认为，音乐与歌曲对男孩的思想有教化作用，让他们不那么野蛮，言谈举止和谐高效。

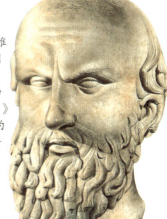

右图：雅典第一位伟大的剧作家埃斯库罗斯，其代表作有《阿伽门农》《复仇者》和《被缚的普罗米修斯》。

希腊化时代

亚历山大马赛克壁画

这幅巨大的古罗马镶嵌画（长为6米，宽为3米）是对一幅更早时候的古希腊绘画的再现，歌颂亚历山大大帝战胜波斯国王大流士三世的壮举。两位领袖很容易辨认：左侧的亚历山大（1）骑在马背上，没戴头盔；右侧的大流士三世（2）在一辆后撤的战车上，戴着头盔。二人周围的士兵激战正酣。前景中间一匹战马跌倒（3），他的骑士正试图让马站起来，而亚历山大正朝他冲过来，长矛刺向骑士（4）。大流士三世身后的长矛一律刺向天空（5）。

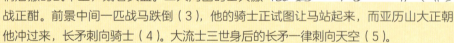

下图：著名的美惠三女神群像，文艺复兴早期发现于意大利锡耶纳。这组希腊化时代的群像（以及更广泛地讲，这个主题）被文艺复兴艺术家们一再仿作。

这幅公元前4世纪的马赛克壁画来自马其顿国王的王宫。猎狮是从近东传入的一项运动，是马其顿历任国王们钟爱的游戏，因此，也会经常出现在艺术家的作品中，是常见的一类母题。

希腊化时代

希腊化时代（公元前 336 年—公元前 31 年）持续了大约三百年时间。从亚历山大大帝统治时期延续到第一位古罗马大帝奥古斯都冉冉升起，尽管古希腊文明在本土已经衰落，但在希腊化时代里，古希腊文明传入西亚，最远波及印度北部。公元前 323 年，亚历山大大帝去世，他一手建立的庞大帝国分裂为三个主要王国：马其顿王国（亚历山大的出生地、古希腊北部）、塞琉西王国（安纳托利亚至波斯）和托勒密王国（古埃及）。尽管三国之间常有征战，但古希腊的语言和文化仍将三国之地维系在一起。这是一个极具创造力的时代，至少到公元前 160 年，古罗马日渐侵蚀古希腊世界之前皆是如此。

古希腊雕塑家莱奥哈雷斯创作的年轻的亚历山大大帝大理石头像。

亚历山大大帝

公元前 356 年，马其顿的亚历山大三世国王出生在佩拉，20 岁时就因父亲遭遇谋杀而登上王位。亚历山大迅速巩固其在马其顿本国国内的势力，而后一路东征，最远抵达印度。他的帝国绵延 20000 多英里①，在古希腊的辖治下，统一了 300 年，直到最后被古罗马人征服。

极具动感的亚历山大大帝立马（很可能是他的爱马比塞弗勒斯）铜像。这尊铜像造于古罗马时期，在众多的亚历山大肖像作品中，最好地捕捉到了亚历山大一生的戎马精神。

亚里士多德

亚里士多德（公元前 384 年—公元前 322 年）是古希腊最著名的两位哲学家其中之一。他在马其顿宫廷长大，父亲是一位医生。父亲去世后，亚里士多德被送往雅典，跟随另一位伟大的哲学家柏拉图学习。公元前 342 年，亚里士多德重返马其顿宫廷，给亚历山大当了三年老师。再次回到雅典后，亚里士多德创建了重要的学派，他的著述涉及人类学识的方方面面，对后世的西方思想与穆斯林思想都有极大影响。

铸有古埃及托勒密一世（公元前 364 年—公元前 283 年）头像的货币。

米洛斯的维纳斯（雕刻于公元前 2 世纪的女神阿芙洛狄忒雕像）是古希腊艺术中最杰出的典范。

亚历山大港

古埃及城市——亚历山大港由亚历山大大帝建立于公元前 332 年，是古埃及自治领的首府，也是亚历山大的海军基地。亚历山大大帝死后，托勒密掌权，建立了自己的王朝。在诞生不到一百年的时间里，亚历山大港已经成为当时世界上最伟大的城市和学习古希腊的中心。这里有古代世界里最大的古希腊图书馆，50 万部书卷收藏于此。图书馆最终毁于 3 世纪的一场内战中。

希腊化时代的艺术与科学

艺术与科学在希腊化时代都表现出极大创造力。艺术作品越来越有表现力，今天，人们熟知的古希腊名作（如米洛斯的维纳斯、拉奥孔群像）都是这一时代的作品。以几何定理著称于世的伟大的数学家欧几里得也生活在这个时代。在这个时代，实用技术也有进步。

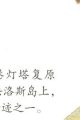

亚历山大港灯塔复原图。灯塔建在法洛斯岛上，是世界七大奇迹之一。

---

① 1 英里=1609.344 米。

古希腊的余波

英国诗人拜伦勋爵是 19 世纪浪漫主义时期受古希腊文化影响的众多艺术家之一。拜伦深受古希腊遗产的震撼,他甚至加入了希腊反抗土耳其侵略的战争,在希腊因病去世,年仅 36 岁。

古希腊文化、观念对后来社会的深远影响,尤其是对欧洲和美国的影响,是任何一种古代文明难以企及的。古罗马人霸占了亚历山大大帝身后的帝国遗产,是学习古希腊制度与理念的最早先例。文艺复兴时期,即 14 世纪至 16 世纪的欧洲,古希腊与古罗马的艺术、文学、思想迎来了一场复兴热潮。古希腊的影响力一直延续到了今天。从奠定了西方世界大多数语言文字基石的古希腊字母表,到政治概念(例如民主),再到现代科学与医药,更不必提体育(例如奥林匹克运动会)、艺术与哲学了,现代生活中很难找到古希腊人未曾探索过的领域。

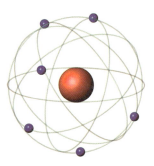

原子示意图。公元前 5 世纪,古希腊的思想家们就提出,自然界里的任何物质都是由微小的粒子构成的,并称这种粒子为"原子"。至于科学领域的一些其他想法,现代科学也证明了古希腊人大体上是正确的。

左图：意大利维琴察的圆厅别墅，其设计者是16世纪意大利著名的建筑家安德烈·帕拉迪奥。帕拉迪奥以古罗马建筑家维特鲁威为学习对象，而后者极大程度上受到古希腊风格的影响。

右图：这是文艺复兴时期的艺术家本韦努托·切利尼创作的青铜雕像，名为"伽倪墨得斯与鹰"。古希腊英雄伽倪墨得斯由于生得相当俊美，而被宙斯强行带走去做自己的斟酒人。

艺术、建筑与文学

如何强调古希腊人在这些领域的贡献都不为过。古罗马人在文学与艺术方面吸收了古希腊人的理念，伴随而来的"古典"（古希腊的与古罗马的）思想塑造了古罗马人。

左图：手举奥林匹克火炬的运动员。每回举办奥运会，圣火都会从希腊奥林匹亚出发，一路到达开幕式庆祝现场。

奥林匹克运动会

第一届奥林匹克运动会（以下简称奥运会）在古希腊的奥林匹亚举办，时间是公元前776年。此后，奥运会每四年举办一次，直至393年，被古罗马皇帝狄奥多西一世禁止。1896年，法国顾拜旦男爵复兴了奥运会，并保持每四年举办一次（除了20世纪先后爆发的两次世界大战期间曾中断，以及2020年新冠病毒爆发导致推迟一年）的传统。

以古典时代风格建造的华盛顿特区——白宫。

政治

民主的概念最初是由古希腊人发明的，意为人民的统治。虽然站在今天的立场来看，公元前5世纪的雅典既有奴隶，也有无公民待遇的人，根本谈不上民主，但雅典确实是公民有权决定社会如何治理这一理念的发源地。

左图：美惠三女神彩绘盘。这一古罗马艺术主题实际上源自古希腊艺术，后来，在文艺复兴时期再度流行起来。

下图：希波克拉底头像。

希波克拉底宣言是医生的行为准则，指导了西方医学界两千多年。

《欧罗巴被劫》

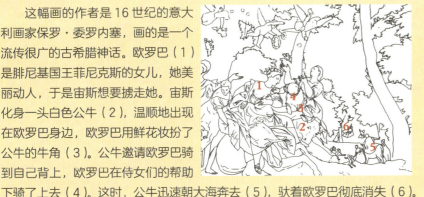

这幅画的作者是16世纪的意大利画家保罗·委罗内塞，画的是一个流传很广的古希腊神话。欧罗巴（1）是腓尼基国王菲尼克斯的女儿，她美丽动人，于是宙斯想要掳走她。宙斯化身一头白色公牛（2），温顺地出现在欧罗巴身边，欧罗巴用鲜花妆扮了公牛的牛角（3）。公牛邀请欧罗巴骑到自己背上，欧罗巴在侍女们的帮助下骑了上去（4）。这时，公牛迅速朝大海奔去（5），驮着欧罗巴彻底消失（6）。

科学与医药

古希腊思想家愿意通过对世界的直接观察来建立知识架构。今天人们认为理所当然的很多观点，如疾病与自然（而非超自然）原因的关联，最早都是由古希腊人提出的。

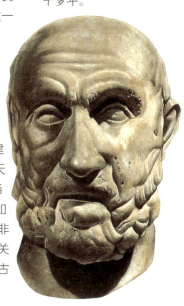

索引

阿波罗 12
阿尔戈斯 15
阿尔敏纳 23
阿尔塞西拉斯二世国王 24
阿尔忒弥斯 5, 12
阿尔忒弥斯神域 17, 21
阿芙洛狄忒 12, 23, 31
阿伽门农 6, 29
阿基克里斯 5
阿喀琉斯 5, 26, 28
阿瑞斯 12, 13
埃戈提莫斯 5
埃克塞基亚斯 28
埃斯库罗斯 13, 29
爱奥尼亚 8
爱琴海各岛屿 8
安德烈·帕拉迪奥 33
安纳托利亚 15, 23, 25, 31
奥古斯都 31
奥哈雷斯 31
奥林匹克运动会 32, 33
奥林匹斯 12
奥林匹斯山 12, 13
奥林匹亚 12, 33

巴克特里亚 23
巴勒斯坦 8
巴黎 21
柏拉图 31
拜伦勋爵 32
保加利亚 22
北非 22, 23
本韦努托·切利尼 33
比雷埃夫斯 16, 24
比塞弗勒斯 31
波鲁克斯 4
波塞冬 12, 13
波斯人 16, 20, 23, 26
波斯战争 17, 20, 26
伯里克利 16, 18
伯罗奔尼撒战争 20, 26, 27

大埃阿斯 5, 28
大流士三世 30
大希腊 22, 23
德尔斐 12
德墨忒尔 11, 12
狄奥多西一世 33
狄奥尼索斯 28

地中海 4, 6 ,7, 22, 23
多利安人 8
多利安式 15

厄洛斯 12
厄瑞克忒翁 17

法国 21, 23, 33
法洛斯 31
泛雅典娜节 14
非洲 24
腓尼基 22, 23, 33
腓尼基人 22, 23
费斯托斯 6
弗朗索瓦陶瓶 5

伽倪墨得斯 12, 33
格劳科特斯 5
古埃及 8, 11, 23, 31
古风时代 8, 11, 16, 18
古罗马 30, 31, 32, 33
古罗马人 22, 31, 32, 33
古希腊字母 32
顾拜旦男爵 33

哈迪斯 12, 13
哈吉亚·特里阿达 7
海伦 20
荷马 10, 13, 18
赫尔墨斯 12, 13
赫菲斯托斯 12, 13
赫拉 12, 13, 15
赫拉克勒斯 11, 13
赫斯提亚 12
黑海 22, 23
华盛顿特区 33

基乌西 5
近东 4, 9, 23, 30
酒神节 29
君士坦丁堡 22

卡斯托 4
康沃尔 23
科林斯 4, 15, 26, 27
克里斯提尼 16
克里特 4, 6, 7, 11
克里提亚斯 5
克诺索斯 4, 6, 7
刻耳柏洛斯 13

拉奥孔 31
勒夫坎地 8
勒托 12
黎巴嫩 22
黎凡特 22, 23
利比亚 24
利西亚 23
罗德岛 11, 23
洛克里 22

马拉松 26
马里亚 6
马其顿 30, 31
迈锡尼 6, 7
迈锡尼文明 4, 6, 7, 8, 10
美塞尼亚 20
美索不达米亚 23
美国 4
米克诺斯 10
米诺斯 4, 6, 7, 10
米诺斯国王 6
墨涅拉奥斯 20

女神奥赛尔 11

欧几里得 31
欧里庇得斯 13
欧罗巴 33
欧律斯透斯 13
欧洲 4, 13, 32

帕加索斯 22
帕萨尼亚斯 20
帕特洛克罗斯 5
帕特农神庙 14, 16, 17
潘 12
佩拉 31
彭忒西勒亚 26
皮萨 15
品达 13
珀琉斯 5
普里阿摩斯 20

撒丁岛 22
萨拉米斯海战 26
塞琉西王国 31
塞浦路斯 8
色雷斯 22, 23
胜利女神雅典娜神庙 17
双子座 4
斯巴达 4, 20, 21, 26, 28

梭伦 16
索福克勒斯 13

忒提斯 5
特洛伊 6, 10, 20, 26
特洛伊战争 20
提尔泰奥斯 20
土耳其 8, 25, 32
托勒密王国 31
托勒密一世 31

威克斯 21
维奥蒂亚 4
维琴察 33
维特鲁威 33
卫城 10, 11, 16, 17, 18
文艺复兴 4, 30, 32, 33

西班牙 22, 23
西西里岛 11, 22
西亚 31
希波克拉底 33
希腊化时代 30, 31
希帕克 16
昔兰尼 24
昔兰尼加 23
锡拉库萨 22
线性文字 A 10
线性文字 B 10
小亚细亚 8, 23
叙利亚 23

雅典 4, 5, 8, 9, 11, 12, 13, 14, 16, 17, 18, 19, 20, 24, 26, 29, 31, 33
亚里士多德 31
亚历山大大帝 4, 26, 30, 31, 32
亚历山大港 31
伊斯坦布尔 22
伊特鲁里亚 5, 22, 23
意大利 5, 11, 20, 22, 23, 30, 33
优卑亚 8

织造之家 17
中亚 23
宙斯 4, 12, 13, 33

感谢以下图片库和摄影师准许我们使用其图片：
封面：帕特农神庙；索引，佛罗伦萨。

7 斯卡拉集团，佛罗伦萨；9 斯卡拉集团，佛罗伦萨；15 斯卡拉集团，佛罗伦萨；19 格拉齐亚·内里图片社；29 斯卡拉集团，佛罗伦萨；31 斯卡拉集团，佛罗伦萨；32 斯卡拉集团，佛罗伦萨；34 斯卡拉集团，佛罗伦萨。

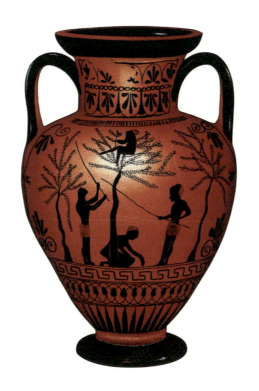

"艺术点亮文明：漫游世界文明史"系列还有以下分册：

《史前时代》
《古埃及》
《古罗马》
《中世纪》
《文艺复兴》

艺术点亮文明

漫游世界文明史

古罗马

[意]乔瓦尼·迪·帕斯奎尔、[意]伦佐·罗西 /著
[意]斯塔利奥工作室([意]亚历山德罗·坎图奇、[意]法比亚诺·法布鲁奇、
[意]安德烈亚·莫兰迪、[意]伊万·斯塔里奥)、[意]马泰奥·凯西、
[意]洛伦佐·切基 /绘
李响/译

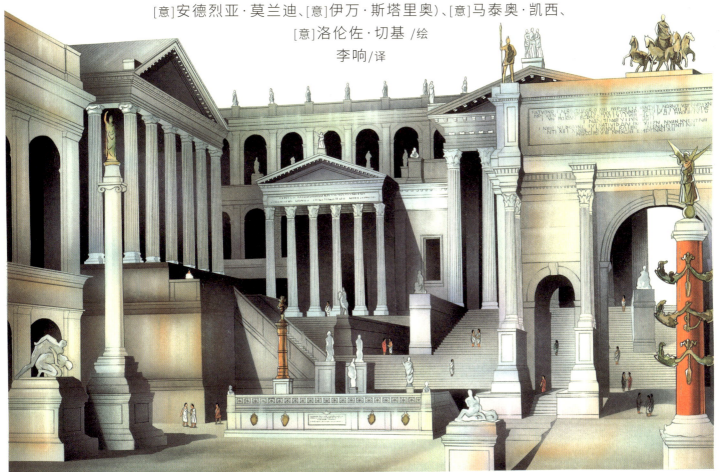

北京理工大学出版社
BEIJING INSTITUTE OF TECHNOLOGY PRESS

版权专有　侵权必究

图书在版编目（CIP）数据

漫游世界文明史. 古罗马 /(意)乔瓦尼·迪·帕斯奎尔,(意)伦佐·罗西著；意大利斯塔利奥工作室,(意)马泰奥·凯西,(意)洛伦佐·切基绘；李响译. — 北京：北京理工大学出版社, 2021.1
（艺术点亮文明）
书名原文: Art and Civilization:Ancient Rome
ISBN 978-7-5682-8707-4

Ⅰ.①漫… Ⅱ.①乔… ②伦… ③意… ④马… ⑤洛… ⑥李… Ⅲ.①文化史—古罗马—通俗读物 Ⅳ.①K103-49

中国版本图书馆CIP数据核字(2020)第123909号

北京市版权局著作权合同登记号　图字：01-2020-1916

Art and Civilization Ancient Rome ©2018 Nextquisite Ltd, London Simplified Chinese translation copyright ©2020 by Beijing Institute of Technology Press All rights reserved.

出版发行 / 北京理工大学出版社有限责任公司	
社　　址 / 北京市海淀区中关村南大街5号	
邮　　编 / 100081	
电　　话 / (010) 68913389（童书出版中心）	
网　　址 / http://www.bitpress.com.cn	
经　　销 / 全国各地新华书店	
印　　刷 / 朗翔印刷（天津）有限公司	
开　　本 / 889毫米×1194毫米　1/16	
印　　张 / 2.25	责任编辑 / 梁铜华
字　　数 / 45千字	文案编辑 / 杜　枝
版　　次 / 2021年1月第1版　2021年1月第1次印刷	责任校对 / 刘亚男
定　　价 / 33.00元	责任印制 / 王美丽

图书出现印装质量问题，请拨打售后服务热线，本社负责调换

目录

导言 4

从源起到共和 6

古罗马帝国 8

宗教 10

店铺与买卖 12

交通与交流 14

战争 16

食物 18

娱乐活动 21

健美与服饰 22

科学、技术与文学 24

艺术与建筑 26

住房 30

古罗马的城市 32

索引 34

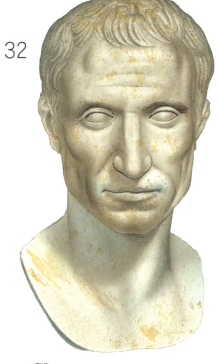

导言

公元 2 世纪，当古罗马帝国达到强盛的顶峰时，东达美索不达米亚（今伊拉克），向北和向西可至大不列颠和西班牙半岛，南抵北非的地中海沿岸。500 万人口生活在这个幅员辽阔的帝国。古罗马帝国边境戍守着庞大的军队。全体人民——不同种族与文化背景的大融合——一律遵守罗马法。通达的道路保证了古罗马帝国与域外的往来。公元 1 世纪末期，罗马城已有 10 万多居民，是一座繁荣兴旺的城市。

古罗马女神是帝国力量的象征。奥古斯都大帝是最早信奉古罗马女神的人，而且他还下令让民众也信奉这位女神。奥古斯都大帝死后亦被封神。

古罗马的政体

一开始，古罗马奉行君主制，先后有 7 位国王登上王位。公元前 509 年，君主制被共和制取代，古罗马帝国变成了古罗马共和国。在共和制下，全部官员都由公民选举产生。统领政府和军队的称为"执政官"，共有两位。他们与元老院共商国是，元老院由实力雄厚的领主——即贵族组成。

早期的征服

公元前 4 世纪中期，古罗马的拉丁人已经征服了周边的城镇和族裔，他们的关注点移向意大利中南部，对定居在那里的古希腊人和古意大利人发起了连续征战。征服整个意大利后，古罗马人又与北非的迦太基人展开了持久战，并于公元前 146 年取胜，得以控制整个地中海。

元老院议员们身穿一种名为"托加"的宽大外袍。

奴隶超过古罗马人口总数的三分之一，他们中的很多人都是战争中被擒获的俘虏。图中的男孩就是一个家养奴隶。

古代意大利各部族聚居图

皇帝

将军们发动的内战为古罗马共和国画上了句号。其中，屋大维将军实力最强，逐渐在众多将军中脱颖而出，他决意采用帝制。公元前 27 年至公元 14 年，屋大维统治古罗马，成为第一位古罗马皇帝，被授予"奥古斯都"之名。这位帝王手握政治、宗教、行政大权，背后有强大的军队支持，身边还有精锐的贴身护卫。古罗马帝国被划分为若干行省，由派遣的总督治理。

工匠雕琢出精美的首饰。这件浮雕宝石是古代流传至今同类物品中最大的一枚。据说上面刻画的是提比略皇帝及其家族成员。

胜利女神被塑造为长着翅膀的少女形象，象征着帝国的荣耀，在古罗马艺术中很常见。

罗马城

公元前3世纪到公元前1世纪，农村人口涌向城市，罗马城的规模在这段时间里迅速扩张，用于政治活动的场所如雨后春笋般围绕着广场建起。历代皇帝又加盖神庙、长方形廊柱会堂、凯旋门、柱廊、图书馆与市场。这幅帝国时期的广场复原图里有尤利乌斯·恺撒建造的尤利亚大会堂（1）、古罗马国库所在地的农神庙（2）、韦帕芗神庙（3）、康科德神庙（4）。背景中雄伟的档案馆是保存国家档案的地方（5）。画面右侧屹立着塞普蒂米乌斯·塞维鲁凯旋门（6）。前景中的"演讲台"（7）是政治演说家的舞台。各个建筑上都装点着名士圣贤的雕像。

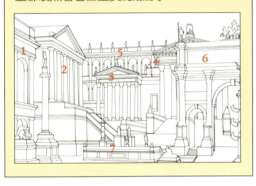

古罗马绘画深受古希腊风格的影响。这幅庞贝湿壁画是一对新婚夫妇的写实肖像画。已婚妇女负责经营家庭。

下图为"拳击手"雕塑。公元前1世纪，它的创作者——雅典人阿波罗尼奥斯在古罗马工作。古罗马的竞技场、浴池以及富人和学者的别墅，都装饰有运动员雕塑。

古希腊对古罗马的影响

在古罗马出现第一位帝王的400年前，古希腊文化就已经昌明鼎盛了，古罗马人对古希腊文化充满了仰慕。古罗马人在生活中的很多方面效仿古希腊人，尤其是在崇拜神灵、热衷体育运动、艺术风格等方面。古罗马人征服位于意大利南部的古希腊殖民地后，有学养的古希腊艺术家、作家、诗人沦为奴隶，被带往罗马城，与他们一起被带走的还有古希腊雕塑和其他艺术品。

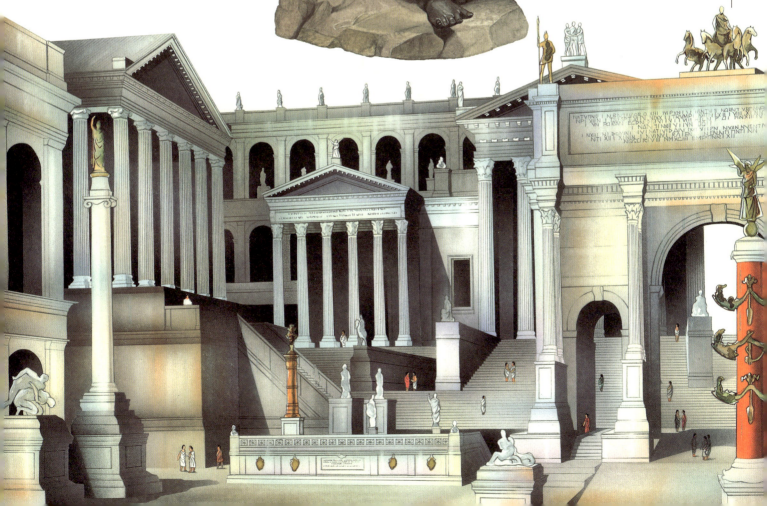

从源起到共和

传说，古罗马是公元前 753 年由罗慕路斯在台伯河左岸的帕拉蒂尼山上画下一个正方形标记而建立的。事实上，古罗马并非在某一个特定时间点建立的，而是在众多河边山村的发展与融合过程中逐渐形成的。古罗马位于两条至关重要的交通线路的交叉点上。一个是盐路，从意大利西海岸沿着河流向内陆延伸；另一个是连接伊特鲁里亚和坎帕里亚之间的南北交通要道。公元前 7 世纪至公元前 6 世纪，古罗马人不得不在强敌环伺下拼命生存。北方的伊特鲁里亚人控制着罗马城，数任国王先后执政，直至公元前 509 年，古罗马人流放了最后一任国王，成立了古罗马共和国，由若干杰出公民治理。古罗马共和国持续了 500 年，其间贵族（古代世袭贵族）与平民（贵族以外的所有人）之间的社会冲突突显。古罗马共和国不断扩张，最终控制了整个地中海盆地。

罗马诞生的神话

这尊著名的铜像是一头母狼正在哺育刚刚出生就被遗弃在台伯河边的双胞胎兄弟罗慕路斯和雷穆斯。等他们稍大些，牧羊人接着养育这两个男孩。后来，罗慕路斯杀死了弟弟雷穆斯，创建了古罗马并成为首任国王。

伊特鲁里亚人

伊特鲁里亚人生活在古罗马以北地区，然而，他们的领土不断向西南方向扩张，最终触犯到古希腊殖民者的地盘。双方为了地中海控制权争夺不已。伊特鲁里亚人自始至终没能建立自己的国家，而是以城市联盟的形式存在。他们创造了先进的文化，古罗马人从他们那里学来了字母表、艺术技巧、宗教仪轨等。

这尊雕塑很可能出自伊特鲁里亚雕塑家之手，一位领袖正向民众挥手致意，或在引起大家的注意。

伊特鲁里亚战士

第一批定居者

最早的古罗马人聚居在台伯河畔帕拉蒂尼山上的茅草屋里过着群居生活。考古学家已在古罗马的下层土壤里发掘出公元前 8 世纪的出土物。

古罗马第六任国王塞尔维乌斯·图利乌斯对罗马城展开了大规模营建活动。城市内部被分为四个区域，外部筑起城墙。罗马城墙的一些区段可追溯至公元前 4 世纪，这样的城墙至今仍被称作"塞尔维乌斯城墙"。

共和国

从君主制向共和制的转变，以详细的政治生活组织为标志。两位最高等级的官员被任命为执政官，政府和军队皆受其领导。为避免生出野心，执政官的任期只有一年。这样一来，古罗马的政治稳定性系于元老院一身。

古罗马共和国疆域图。古罗马人发动了长年累月的血腥征服战争，鲜少战败，这让古罗马人在公元前 2 世纪末就已经控制了地中海地区。

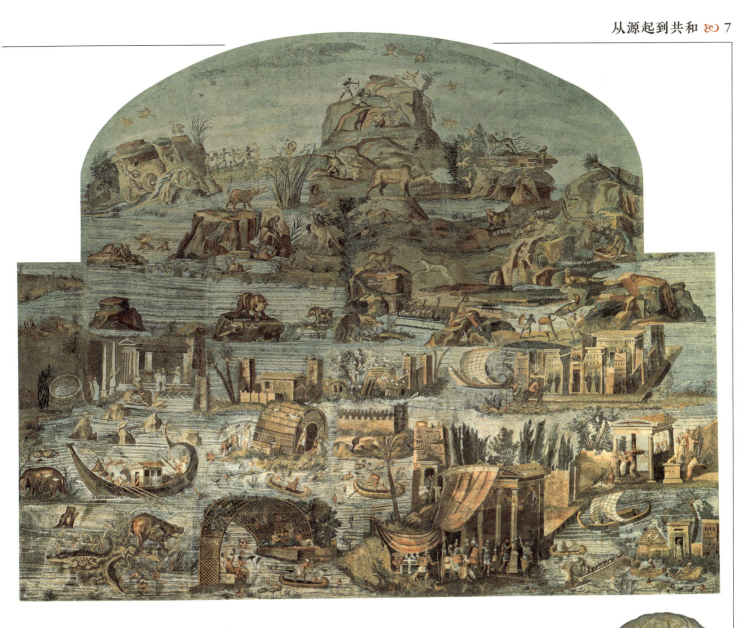

尼罗河镶嵌画

位于帕莱斯特里纳的福尔图娜圣地内的镶嵌画,是古希腊艺术风格最重要的代表作品之一。上半部分是风景画,是猎人(1)、珍禽异兽和神话动物活动的地方。画面下方流淌着尼罗河,河马(2)与鳄鱼(3)生活在这里。在船只与房屋之间,有一座高大的廊柱建筑,里面的士兵们(4)或许正接待一位来访的古罗马将军。

古罗马的征服

征服了意大利中部大片土地后,古罗马人开始对最重要的半岛南部的古希腊殖民地摩拳擦掌。公元前281年,塔兰托战役爆发。伊庇鲁斯(大概相当于今天的阿尔巴尼亚)国王皮洛士率军登陆意大利,以支持塔兰托人民抵抗古罗马军队的入侵。皮洛士带来的军队中,既有步兵,也有大象骑兵。

庞贝的战象小雕塑

尤利乌斯·恺撒

尤利乌斯·恺撒是古罗马最能干的将军和政治领袖。征服高卢(今法国)之后,他发动了对不列颠的第一次远征,但是这次远征并未带给他多少政治利益。恺撒与老对手庞培展开激烈的夺权斗争,最终在公元前44年被政敌刺杀于元老院。恺撒的身亡导致古罗马连续不断的内战,直到屋大维称帝,这一局面才结束。

古罗马帝国

帝制时代的古罗马正式开启于屋大维成为奥古斯都大帝的公元前 27 年，终结在末代皇帝罗慕路斯·奥古斯图卢斯被废黜的公元 476 年。尽管共和时代的机构还在运行，但权力却实实在在地集中到了一个人手里——对立法、军事、宗教享有最高权力的古罗马皇帝。帝国征服的广袤疆域被划分为若干行省，由皇帝信得过的官员坐镇治理。沿边境线驻扎了军队，时刻驱逐入侵的蛮族。整个帝国，尽管人民风俗、宗教、文化差异巨大，却使用着统一的语言并贯彻执行着统一的法律和古罗马精神。

图拉真在位期间（公元 98 年—公元 117 年）古罗马帝国扩张图

帝国的扩张

来自西班牙塞维利亚的图拉真（右图）是第一位出生在意大利以外的古罗马皇帝。他是一位军事天才，被认为是奥古斯都大帝之后最伟大的古罗马皇帝。在图拉真的率领下，古罗马疆域面积达到最大值。征服达契亚（今罗马尼亚境内），公元 114 年从帕提亚人手里抢到亚美尼亚、美索不达米亚、亚述，这些都是图拉真的军事功绩。

艺术服务皇帝

帝制时期，官方艺术被用来盛赞皇帝与他的亲属。早期的写实主义消失了，人的形态被理想化，如这件利维娅（奥古斯都的妻子）的头像。她的形象永远是年轻的。

皇帝的宫殿

在距离罗马城骑马两小时的蒂沃利，哈德良皇帝（公元 125 年—公元 135 年）自己设计建造了一座宫殿。这是最大、最有趣的罗马建筑群之一，占地长 1800 英尺①，宽 900 英尺。华丽的房屋、浴场、球场、体育场、图书馆、竞技场、剧院、音乐厅、大型泳池与装饰性的观赏水池，一切规划有序。与其说这是皇帝居住的宫殿，不如说是一座小型城市。这位皇帝在蒂沃利复制出雅典的建筑、古埃及的卡诺皮克罐，再现了古希腊色萨利的底比斯流域，以及但丁诗中描述的地狱。可惜，哈德良皇帝没能享受他创造的这一切，公元 138 年，宫殿落成后仅三年，他就在巴亚去世了。

① 1 英尺＝0.3048 米。

古罗马帝国

这件大理石雕像是元老院和古罗马人民送给奥古斯都的礼物，颂扬他的无畏、宽容、公正和仁慈。

皇帝之德

人民期待在皇帝身上看到的品德有公正、宽容、同情和虔诚（尊敬神灵），而战士们想看到的是勇气和领导才能，但并非所有皇帝都是全才。尼禄、卡里古拉、图密善（1世纪）犯下了很多不公正的罪行；提图斯则为自己赢得了"人类之喜"的赞美；安东尼纳斯被称为庇护者安东尼纳斯；而马可·奥勒留为捍卫帝国的统一，身经百战，是一位理智又温和的皇帝。

四帝雕像：戴克里先、马克西米安、加莱利乌斯、君士坦提乌斯·克洛卢斯。

第一门的奥古斯都像

奥古斯都一只手臂抬起示意肃静，另一只手握着权杖。他外穿铠甲（或称胸甲），内穿军用上衣，一件披风裹着臀部，胸甲上的浮雕是象征奥古斯都的图案。顶部：天堂图景（1）；太阳神车（2）；奥罗拉与福斯福洛斯（3）。中部：一位古罗马将军，也是未来的提比略皇帝，带着他的爱犬，正在向帕提亚国王弗拉特斯四世致意，公元前53年，古罗马人与帕提亚人曾在卡雷交战，弗拉特斯四世正把从战败的古罗马指挥官克拉苏处俘获的军旗交还提比略（4）；拟人化的行省潘诺尼亚（今匈牙利），被提比略征服，平静而安定（5）；拟人化的日耳曼（6）；拟人化的地球，斜倚着，两个小天使陪伴左右（7）。

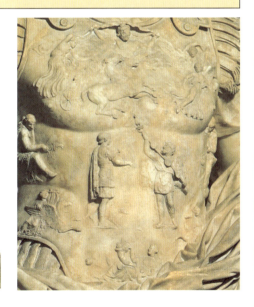

帝国分治

公元2世纪，古罗马帝国的疆域已经大到无法管理。蛮族的频繁侵扰令帝国颓势渐显，防不胜防。为了解决这一问题，戴克里先皇帝（公元284年—公元305年在位）将古罗马帝国分为东西两部分，各由两人掌权，位高者称为奥古斯都，副手称为恺撒。戴克里先开创了四帝共治制，即四人组成特别政府。公元330年，君士坦丁大帝统一东西罗马，将首都迁至君士坦丁堡。公元395年，古罗马帝国再次分治，西罗马帝国定都拉文纳，东罗马帝国仍旧以君士坦丁堡为都城。此时，蛮族趁机入侵，公元476年灭亡西罗马帝国。此后东罗马帝国又延续了一千年，于公元1453年覆灭。

这件浮雕宝石表现的是古罗马战士与蛮族激战的场面。

宗教

早期的古罗马人崇拜司掌农事和社会活动的神。接触到伊特鲁里亚文明后，古罗马人渐渐接纳了以朱庇特、朱诺、密涅瓦为代表的新的神，而在征服意大利南部的古希腊殖民地后，他们又把几位古希腊神吸收到自己的信仰中。古罗马的正统宗教十分拘谨，而非精神性的，既不宽慰此生也不安抚来世。或许正因如此，古罗马帝国时代，人们开始信仰古埃及和亚洲传来的各种神灵。古埃及女神伊西斯和叙利亚的密特拉（太阳神）教十分流行。另外，一位名叫西布莉，有众神之母之称的亚洲女神也很受爱戴。接着，公元391年，基督教被确立为古罗马帝国的官方宗教。

古希腊诸神

古罗马人在同古希腊人的接触中逐渐开始信仰奥林比亚众神。以宙斯为例，其对应的是朱庇特，赫拉则对应朱诺。此外，还有阿波罗、德墨忒尔（即古罗马的刻瑞斯）、狄奥尼索斯（巴克斯）、阿芙洛狄忒（维纳斯）、赫尔墨斯（墨丘利）。甚至古希腊的凡人英雄也成了古罗马的神，如赫拉克勒斯就成了赫尔克里斯神。

上图：阿芙洛狄忒出浴裸体雕像。古罗马人喜欢在浴场和花园中摆放模仿古希腊雕塑的作品。

古埃及诸神

公元1世纪，整个古罗马世界都信奉古埃及神话中的女神伊西斯和她的丈夫俄赛里斯。神话中，女神伊西斯使丈夫起死回生，这给了人们来世的希望。

公元2世纪的伊西斯像。她一只手握着叉铃（一种乐器），另一只手拎着陶瓶，瓶里是尼罗河的生命之水。

古罗马的朱庇特凌驾于众神之上，其地位等同于古希腊的宙斯。

公元前205年，对众神的伟大母亲西布莉的信仰传入古罗马，在帝国时代很盛行。

圣地

帕莱斯特里纳神殿建造于公元前2世纪，是共和时代最大的宗教建筑群。神殿建在六个依山而建的人工平台上，通过楼梯和柱廊可以一直登上第六层，那里有双柱环绕的大型露天广场。广场的一侧是剧院空间，最高处建有一座供奉着福尔图娜女神像的圆形神庙，此处圣地便是为她而建的。

女灶神维斯塔神庙。她负责保护至关重要的家庭用火。

两个拉尔青铜小像。拉尔是传统中家庭房屋边界的守护神。

节日

为了祈求神灵保佑，古罗马人会举行各类仪式，这在当时是至关重要的国家大事。计划举办仪式的那些日子，会在日历（上图）上标记出来。用大写字母标记的日期是适宜作为宗教节日的，不祥的日期也会被标记出来。每年的10月19日为武器清洁仪式，3月23日为号角日——战前祈祷神灵眷顾。如果仪式中出现差池，那么一切都将从头再来一遍。

民间信仰

家庭内部信仰往往比官方信仰轻松，且内心更为虔诚。每个古罗马家庭里都有一个小小的神龛，供奉着梅内斯或自家先人的灵位；珀那忒斯，保护家庭财产的精灵；拉尔，守护家庭所在地及周边道路。家里的灶台是维斯塔的供奉之所。为了博得神灵襄助，时不时还要举行些仪式。

在众多流传至今的古罗马基督教艺术作品中，耶稣基督常被描绘为一位善良的牧羊人。

基督教

公元1世纪至公元2世纪，基督教传入古罗马。基督教受到穷人的拥戴，人们自发聚集起来，奉行新的仪轨。基督教教徒长期受到迫害，因为他们质疑皇帝的神性。尼禄皇帝在位时，官方惩治基督徒的运动终于爆发。尼禄指控基督徒要为公元64年几乎摧毁罗马城的那场大火负责。基督徒们并未放弃，公元313年，君士坦丁大帝宣布基督教为帝国的官方宗教。

图密善祭坛

这件公元前1世纪的饰带，是一座纪念建筑两侧的装饰部件，很可能曾是祭坛。它装饰的是海神尼普顿婚礼上的人物，是共和国时代唯一保存下来的雕塑，极具历史意义。画面中表现的是战斗开始之前，人们举行动物献祭仪式，以取悦战神马尔斯。用牺牲的动物换取神灵的护佑，这种仪式保持了几个世纪。祭坛（1）左侧是马尔斯（2）和两名乐手（3）；祭坛右侧是一位行政官（4），还有手捧圣物的男女辅祭（5）。行政官正欲献祭由祭祀屠夫牵着的一头公牛、一只绵羊和一头猪（6）。

店铺和店主

多数店铺由奴隶家庭或曾经是奴隶的自由人来打理，收益归店铺所有人。店主通常就住在店铺楼上。大多数店铺是出售食品的——面包房、屠户、杂货铺、烤肉店等，但也有很多店铺是工作室和作坊，如金匠、调香师、鞋匠、纺织工、大理石匠和木匠。

墨丘利是商业和商人的保护神，同时也是（或许并非巧合）小偷和骗子的保护神。墨丘利的形象是头戴翅帽，拿着手杖，杖上缠着两条蛇，系着一个袋子。

葬礼的浮雕饰带上，一个女人正在加工待出售的鸡、猪和兔子。

店铺与买卖

古罗马人做着各式各样的买卖，人们从文学作品里还有墓碑的浮雕上可以清楚看到这一点。在庞贝古城和赫库兰尼姆古城——它们都在公元 79 年的维苏威火山爆发中被掩埋——还能看到真实存在过的店铺，以及为各种生意打广告的浮雕和湿壁画。在一些画面里，人们就在店铺里对待出售的商品进行加工，说明产出多是小规模的。军用物资加工大概是仅有的全国性产业。

位于庞贝的面包店湿壁画。

商品售出前需要过秤。一根金属秤杆，一端坠着可移动的秤砣；另一端，则坠着盛放商品的秤盘。有严格的措施禁止卖方用假秤欺骗顾客。称重单位是磅。

城市市场

罗马城的广场是这座城市的商业中心，同时，也是聚集地和政治演说台。这里能找到各种生意，尤其是货币兑换生意。公元 113 年至公元 117 年，图拉真建造了古罗马最后一座，同时，也是最震撼的广场。这里汇集了一座长方形廊柱会堂、两座图书馆，还有共四层、可容纳 150 间店铺的巨大市场（右图）——正如现在的购物中心一样。

手工艺者

大多数手工艺品都是半技术工人在小作坊里加工出来的。铁匠的需求量很大，因为其他手工匠人都需要铁匠打造的工具，日常用品，如刀、锁、容器等，也需要铁匠来加工。每一行当的工匠都隶属于一个同业公会，即职业协会。帝国时代的古罗马有150多个同业公会。

刀具商正在介绍其商品。

纺织商展示布料。天花板上悬挂着一些刺绣布匹和垫子。

阿奎利亚的铁匠石碑

浮雕刻画的是铁匠铺子的内部场景。另外，还有几件铁匠制作的成品。助手（1）正用风箱重新为锻铁炉（2）点火，他站在防护板（3）的后面。铁匠正用锤子（4）在铁砧（5）上打铁。右侧是铁匠的工具：一把锤子和一把钳子（6）。再往下是铁匠铺出产的产品：一个矛头和一把锁（7）。

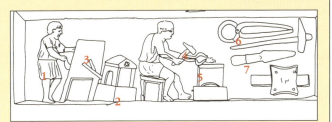

货币

公元前320年，第一位货币改革者出现在古罗马广场。公元前269年，第一间铸币厂建立，开始铸币。奥古斯都大帝发行了首批古罗马帝国钱币。最值钱的是金币奥雷，一枚金币相当于25枚银币第纳尔。一枚银便士相当于4枚黄铜币塞斯特斯或16枚铜币阿司。1阿司可以购买一整块面包。一名古罗马军团士兵的年薪是900塞斯特斯。

钱币上装饰着皇帝和神的头像，或者历史事件。

一艘运输木桶的河船。男人在船尾掌舵，奴隶在岸上拉纤。

贸易路线

货物通常沿海岸线或河道运输——远比陆路运输更廉价，更快捷，更安全。粮食从古罗马帝国各处集中到罗马城附近的奥斯蒂亚港。从古埃及来的粮食尤其重要，所以还需要用船队护航。货物到港后，再装入帆船和驳船，溯台伯河而上，运往罗马城。

交通与交流

庞大的道路网将古罗马统治下的各国连接起来。古罗马人喜欢修长距离的直路，不管地形地势如何严峻。有的区段坡度很陡，古罗马人就通过修筑桥梁、隧道克服一路上的障碍。笔直的道路之间并非以弯路彼此连接，而是以一定角度交叉相连。有了这样的道路网，军队可以相对快速地抵达任何辽阔帝国的任何一处事发地，保障国家的安全。事实上，除了军队，原材料、商品、信使、个人、思想，均可借助古罗马大道通行、传播。

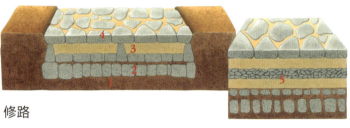

修路

修路工（通常是士兵）先标记出相距10～14英尺、彼此平行的两条线，再将两条线之间的地面全部挖开，直至触碰到坚固的地基。为了便于排水，壕沟内依次铺填4层材料：沙子和石灰（1）；黏土和石块（2）；掺杂了红陶片的鹅卵石（3）；最后仔细安放上宽大的燧石或火山石（4），使其光滑、平整。如果地基建立在湿地上，还要把支撑木桩插进地里，再多铺几层鹅卵石、沙子、砂浆和一捆一捆的树枝（5）。

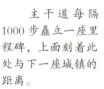

主干道每隔1000步矗立一座里程碑，上面刻着此处与下一座城镇的距离。

连接罗马城与帝国边陲的主要路线图。现代的很多公路仍建在原先的古路之上。

阿皮亚古道

在众多的古罗马大道中，最出名的要数阿皮亚古道了。这条路由执政官阿庇乌斯·克劳狄乌斯·卡阿苏斯（谐音简称阿皮亚）下令修建，于公元前312年开通。起初，它从罗马城出发，向东南方向延伸125英里[①]。图拉真统治期间，这条路被加长近200英里，直达意大利东南端港口布林迪西，成为沟通古希腊的重要媒介。如今的罗马城附近，还保留着约14英尺宽的铺砌着原始石板的阿皮亚古道。

公元4世纪—公元5世纪古罗马地图的中世纪手抄本局部。意大利的最南端在画面正中央，往下是西西里岛，北非在最下面。道路都画成直线。

桥梁

古罗马人发挥其建造凯旋门的天赋，修筑了很多令人印象深刻的桥梁和水道。罗马城内，横跨台伯河的米尔维安桥，同时也是弗拉米尼亚大道——一条向北可达亚德里亚海海岸的大道的起点。

[①] 1英里=1609米。

约公元 200 年的港口浮雕。货物正在从下了帆的船上（右侧）卸下。又有一艘船驶入港口，船上的船员们正在进行感恩神灵保佑的杀牲仪式。海神尼普顿手握三叉戟，站在画面中间。

古罗马马车用的重重的车轮。

港口

货物从帝国各处以及帝国以外被源源不断地运往意大利，它们中的大多数首先抵达波佐利港（近那不勒斯）和奥斯蒂亚港——最重要的港口，位于台伯河口，是罗马城的门户。古埃及驶来的货船满载谷物、鲸鱼油、葡萄酒，以及产自北非和西班牙的奢侈品。若风向给力，从迦太基到奥斯蒂亚只需要 3~5 日。亚历山大港始发的船只则需要 15~20 日。西班牙加迪斯的中转市场则聚集了来自大西洋沿岸国家的货物。

交通方式

在古罗马大道上，很多人靠脚力步行，随身行囊或手提肩扛，或用骡子、驴驮着。长途跋涉时，人们驾驶两匹马或两头驴拉的马车或驴车，车内可坐可卧。贵族可以派人打前站，备好替换的马匹，或是安顿住宿过夜。住宿则既可以选择住在朋友家里，也有大量旅馆客栈可选。

画中是来往于罗马城与毗邻的奥斯蒂亚港中的一艘河船。

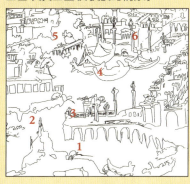

港口风光

这幅公元 1 世纪的湿壁画位于罗马南部斯塔比亚，画中是一座意大利港口的繁荣景象。有人正在石头上（1）钓鱼，附近有一座灯塔（2）。港口的入口处是拱形码头（3）。几艘船降下了帆（4），停泊在港湾里。远处还有另一处码头（5），宏伟的城市里可见一行立柱上矗立着一众雕像（6）。此类风景画在当时很流行，画面里通常绘有海岬、河流、神庙、山岳以及田园牧歌般的情景。

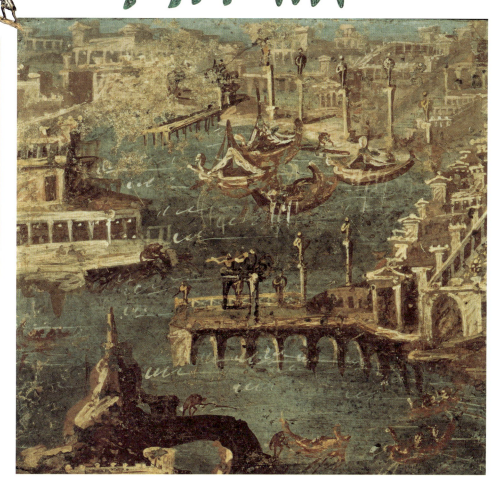

战争

骑兵

不少战役的胜利须归功于古罗马骑兵。在共和时代，只有买得起且养得起马的人才能加入骑兵团；到了帝国时代，骑兵团常由联合兵团充当。

剑是古罗马军团的常备武器。剑身短而厚，故称为"短剑"。

军团

军团下设不同队伍。根据力气和年龄，步兵被划分为三个不同等级。军团最前面的是标枪兵（大队），然后，是年轻力壮的壮年兵，壮年兵后面排列的是年龄更长、更有战斗经验的士兵（成年兵）。所有军团士兵都装备有标枪、短剑、盾牌、胸甲。军团旗帜上绘制的是象征朱庇特的鹰。

纪律、组织、技术是古罗马军队赢得胜利的三大要素。基本的陆军组织是军团（起先由 4200 名步兵组成，后扩充为 6000 名）。每个军团包含 10 个大队（每个大队 500 人左右）。每个大队包含三个小分队，每个小分队包含两个百人队（百人队由 100 人组成）。每个军团还附属有骑兵团和一个联合军团作为侧翼。执政官（最高军事统帅）任命六位军事保民官，负责按编制招募军团士兵。在古罗马诞生的最初几百年里，并没有常规军队。公元前 1 世纪初，古罗马军队已经有了适应各种战斗的职业军事体制。古罗马军队与训练有素的现代军队一样高效。

堡垒

无论是永久性的城墙结构，还是临时性的军营，古罗马的堡垒要塞布局大体是相同的。军营排布成方形，有东西和南北走向的两条大道，入口设有守卫。士兵们环绕军营挖出一道壕沟，将挖出的石块和泥土直接堆成沟沿或防御用的土墙；再在土墙顶部扎进木桩，增强防御力。哨兵在土墙上日夜巡逻。

不列颠北部靠近哈德良长城的一座堡垒的复原图。堡垒内部有兵营、指挥官住所、浴室和神庙。

第 20 军团修建的堡垒纪念碑板，堡垒选址在哈德良长城附近。碑板上刻的是与战争相关的战神马尔斯和大力神赫尔克里斯。

哈德良长城

哈德良长城是古罗马帝国最北的边界，东西向横贯北不列颠 73 英里。城墙厚度 7～10 英尺，高度 16～20 英尺。城墙南部的壕沟和北部的护城河足足挖了 39 英尺宽，最深处可达 13 英尺。长城上设有烽火台、军事哨所、堡垒、军营，驻军 11500 名士兵。目前，哈德良长城的大部分仍存。

哈德良长城重要堡垒位置图。小图是哈德良长城在不列颠北部的位置图。

图拉真柱局部细节

图拉真征服达契亚（多瑙河以北，今罗马尼亚境内）的故事被淋漓尽致地铭刻在图拉真柱（见第28页）上。画面左下方，图拉真手握长矛，正与他的士兵们庆祝一场战斗的胜利（1）。他的旁边是军团的象征（2）——鹰。他的右边是两名日耳曼人（3）和一群骑马的达契亚人（4）。另一场景中，图拉真（5）正在古罗马兵营前与达契亚来使（6）交谈。画面上半部，桨手们奋力划着两艘古罗马大船（7）沿多瑙河逆流而上，图拉真（8）在其中一艘船上掌舵。而后，船队在一座堡垒（9）外上岸，士兵们卸下兵器和补给（10）。部分军队已经开拔出征（11）。

凯旋

得胜的将军们带着自己的部下在广场上一边游行，一边炫耀战俘和战利品。这件浮雕是罗马提图斯凯旋门上的一部分装饰——公元70年，一列士兵正扛着从耶路撒冷神庙俘获回来的珍宝。我们看到的是神庙里的七头大烛台。

海战

战船通常在水下武装有三根青铜角（喙形角），目的是撞坏敌船的龙骨。战船的船尾备有26英尺长的舷梯，士兵们可以以舷梯为跳板，登上敌船，与敌人肉搏。

战争机械

古罗马人采用古希腊人的进攻武器。他们用安装了破城槌的移动攻城塔摧毁敌方城墙，用投石机抛出重石，用弩机向敌人大量发射飞镖、箭、燃烧弹和石块。

这根立柱纪念的是公元260年的一场大海战，在那次战役中，古罗马人在米拉佐战胜迦太基人。立柱上挂着从战败船上拆卸下来的喙形角。

葡萄酒

古罗马人从意大利南部的古希腊殖民者那里学会了酿酒（右图），又将酿酒技术进一步发展到能酿出约 30 种不同的酒。酒通常要掺水喝，且要加热过后再喝。热酒时使用青铜容器或图中这样的红陶锅（左图）。

食物

水果

古罗马人的餐后水果总是用优雅的篮子或玻璃碗呈上。意大利本地盛产苹果、梨、樱桃、李子、无花果、核桃、杏仁、石榴和栗子，又从非洲和小亚细亚进口来枣和杏子。

古罗马人早期主要吃谷物、橄榄油拌蔬菜、少量的肉和大量的水果——今天人们称之为"地中海式饮食"；然而，到了帝制时代，烹饪成了一种艺术，还出现了专门讨论烹饪的小册子。这时的古罗马人在饮食中加入了异域新元素，比如，来自东方的珍贵香料。一种名叫"串叶松香草"的芳香草药被从北非城市昔兰尼引进，价值不菲。一种用晒干的鱼制成的鱼酱，同样价格高昂。富人们大摆宴席，单单前菜就可能有鸡蛋、海鲜和蛇。第一道主菜是烤肉或炖肉，盐渍鱼或生鱼，还有鸟类，例如，填了馅的孔雀或天鹅。在水果和甜肉（第二道主菜）之后，进餐行将结束时，还会呈上一道用葡萄酒和蜂蜜调制的饮品。

农业

农业是古罗马经济的基石，且在古罗马人心目中地位崇高。几个世纪里，粮食以斯佩尔特小麦、小米、小麦、大麦、葡萄、橄榄为主，还有果树种植。古罗马作家卡托、瓦罗、科卢梅拉为农事活动留下了文字记录，在现代技术应用之前，情况几乎一成不变。

鸡蛋

古罗马人养鸡取蛋。除了吃鸡蛋，他们也吃鹅蛋、鸭蛋、野鸟蛋。加工鸡蛋用的是类似图中这种特制煎锅。

农夫犁地、播种、引藤的镶嵌画。

在庞贝出土的几百年前的面包。这个面包是用白面粉做的，在当时算是十分的奢侈了。

面包

古罗马人会做 20 种左右的面包。其中，最贵的是用精小麦粉做的白面包。一般百姓吃的是用麦麸做的黑面包，这种黑面包即使最穷的人也吃得起。第一家面包房诞生于公元前 171 年，在此之前，只能由女主人在家自制烤面包。

肉铺浅浮雕。女主人管钱，男主人用切肉刀剁排骨。男人身后是称肉的秤。

公元1世纪的庞贝湿壁画，桌上摆放着昂贵的银器。

肉类品种

猪肉比其他肉类更受欢迎，而且猪身上的每个部位都可以吃。除了猪肉，人们也爱吃绵羊肉、山羊肉、鹅肉、鸡肉、兔子肉、鸽子肉。牛肉在几个世纪里一直是严格禁食的，因为牛要在地里帮人类干活。宰牛是一种犯罪行为。至于吃野味，较为常见的是野猪、鹿，还有画眉、鹧鸪、鹌鹑等鸟类。

肉可以放在移动灶台的栏杆上加工，类似今天的烤肉。

两套餐具中的银锅和铜锅。它们来自公元1世纪的庞贝。

罐子、盘子与杯子

古罗马人使用的炊具很简单，通常就挂在水池上方的墙上，或者码放在砖砌的灶台上。人们会用到大煮锅、各式各样的铜锅；装酒、橄榄油和水的红陶罐，又叫"两耳细颈罐"；红陶盘和带盖子的壶；装蜂蜜（当时唯一的甜味剂）和盐的玻璃容器。更富裕些的人家，还会使用锡铅合金的餐具、釉面陶瓷盘、玻璃瓶和玻璃酒杯，以及彩色玻璃壶和高脚杯。

鱼镶嵌画

鱼类很晚才进入古罗马人的食谱中，然而到了公元2世纪的时候，饭食里已经出现大量的软体动物（如牡蛎、蛤蜊）、甲壳类动物（如螃蟹、龙虾、虾）以及一些其他鱼类。养鱼场供货给富人，赚取丰厚利润。这幅美丽的庞贝镶嵌画上有章鱼龙虾大战（1），一条海鳗鱼（2），一只乌贼（3），一只骨螺壳（4）、一条鳐鱼（5）、一条红鲣鱼（6）、一条海鲈鱼（7）、一条地中海黑鲷鱼（8）。这些海洋生物都可以在那不勒斯湾捕捉到。

戏剧

李维乌斯·安德罗尼库斯是公元前3世纪的古希腊奴隶,他被认为是将古希腊悲剧和喜剧带到古罗马的人。古罗马悲剧的重要作家有奈维乌斯和恩尼乌斯;喜剧的代表作家是普拉图斯,以及后来的泰伦提乌斯。生动性与写实性让他们的作品至今仍在上演。

剧院门票(筹码)。

免费与收费

舞台和马戏团都是公共娱乐场所,是免费进入的。剧院与音乐厅则需要买票,但票价并不高,只是为了让演员能够养活自己。

古罗马的马尔塞鲁大剧院由尤利乌斯·恺撒修建,保存至今。它是一栋半圆形建筑,占地面积为1400平方英尺①,原高度为100英尺,可容纳一万名观众。

① 1平方英尺=0.0929平方米。

排演讽刺剧

这幅位于庞贝的镶嵌画反映的是演员们为表演做准备的场景。合唱指挥(可能也是编剧)(1)正在指导两名穿着羊皮的演员练习舞步(2),身着演出服的乐手吹奏双笛(3)为他们伴奏。画面右侧,一名演员正在换衣服(4)。剧中角色的面具(5)就放在指挥身边地上的盒子里。

娱乐活动

古罗马人每年过大量节日。奥古斯都大帝在位时,每年有 65 个节日,公元 2 世纪已经衍生为每年 135 个节日。节日当天,大批民众涌向马戏团、竞技场、剧院、礼堂(演奏音乐的地方)。看表演不只是民众的权利,也是政府赢得民众爱戴的重要手段。

古罗马人喜欢用骰子赌博,他们在战车手和角斗士身上下赌注,也在斗犬、斗鸡上作赌。这两只大公鸡之间的战斗一触即发,桌上口袋里装的便是赌资。

战车比赛

马戏团举办的战车比赛,拥趸甚众。二马战车和四马战车必须在跑道中完成七圈逆时针赛跑。跑道环绕着场地中央的障碍物,又称"脊柱",由两个半圆构成。战车手站着驾驶战车,左手缰绳调整车体方向,右手缰绳抽打马匹,刺激它们快跑。

狩猎

公元前 252 年,狩猎活动传入古罗马,成为竞技场常演不衰的活动。有时是动物之间的角斗,有时是人与动物的角斗。如果是动物之间的角斗,则通常按自然界中的捕食关系配对,例如鹿和犬,或者瞪羚与狮子。出场组合也有不按捕食关系配对的,如有老虎和熊搭配的情况。

公元 1 世纪,猎犬围攻一头牡鹿的雕像,发现于赫库兰尼姆。

角斗士

成为角斗士的人,不是战俘就是囚犯。他们接受打斗训练,结局通常是在竞技场中战斗至死。人们以武器或角斗方式来划分不同的角斗士。以一张网和一杆三叉戟为武器的叫"网戟斗士",他们的对手通常是头戴头盔、手执盾牌镰刀的"追击斗士"。"轻装斗士"只有头盔和短剑,而"重装斗士"只穿一身重甲。

这幅湿壁画记载了公元 59 年发生在庞贝的角斗过程中观众涌入竞技场事件,来自庞贝的观众和来自诺切拉的观众互相殴打。作为惩罚,这座竞技场被关停了 10 年。

拥趸

古罗马马戏团和竞技场里弥漫的气氛与现代体育场很相似。最好的角斗士会成为众人的偶像,也会成为一棵摇钱树。战车选手会与特定的马厩签约,或与各家(白、红、绿、蓝)都签约,每家都有狂热的支持者。

音乐

在各种私人场合和公共场合都能听到音乐,例如宴会、宗教仪式、军事庆功会等。音乐厅上演音乐会,很多人以流浪音乐家的职业为生。

左图为庞贝米南德之家的镶嵌画。画上绘着一个流浪音乐家乐团。乐手们奏响铃鼓、双笛、克洛塔尔——一种铜铙,两片击打在一起会发出叮叮当当的响声。男孩演奏的是某种吹奏乐器。

健美与服饰

从公元1世纪开始，古罗马女人们开始在眼部、唇部和两颊处化妆，她们还敷美容面膜，做身体按摩。香脂、药膏、香水备受追捧。富有的女人戴着沉沉的首饰——由黄金打造，嵌着珍珠、半宝石或人造宝石（玻璃浆）的耳环、手镯、项链、钩扣、发卡。男人也很关爱自己的身体。年轻人还会在运动场锻炼身体。每个人都去公共浴场洗澡。

这幅画里的年轻姑娘正在往细颈瓶里倒香水。

在公共浴场，女人可以在健身房健身，或在浴缸里舒服地泡澡。她们穿的衣服跟现在的比基尼很像。

体育

年轻男子通过健身保持健康和身材。他们锻炼的项目有摔跤、跑步和掷铁饼。

古希腊雕塑家波利克里托斯的《持矛者》的古罗马复制品，表现的是理想化的男性之美。

香水

人们在家或者在公共场合都会使用大量香水。剧院幕帘散发着香水味，宴席上也毫不吝惜地洒香水，甚至葬礼服务和敬神献祭过程中也要用到香水。制香人从鲜花、灌木、植株、根系中提取香味，具体方法是直接攥汁或溶解在油和脂肪里。最高级的香水是来自东方的香水，跟珍珠、宝石一样昂贵，尽管用上之后很快就消散闻不到了。

在公共浴场

古罗马最早的公共浴场是以古希腊浴场为模板修建的。虽然诞生得晚，但古罗马浴场很快就不再仅仅是照料身体的地方，还是聚会和休闲的场所。城市居民在这里健身，排出并刮除——古罗马人没有香皂——皮肤杂质，彻底清理身体。

公共浴场里的年轻人会用一种名叫"刮身板"的工具，来刮除健身后身上的油脂和汗渍。

工作中的纺织工湿壁画

纺织是古罗马最重要的手工业之一。这幅庞贝的湿壁画呈现的就是一组纺织工人工作的场景。一个人正在解开长长的羊毛（梳理），这样才能将羊毛剪齐（1）；另一个人头上顶着一个木装置，用来撑起布料，这样硫磺才能将布料尽可能地熏到最白（2）。猫头鹰是雅典娜女神的象征，她是羊毛工会的保护神（3）。

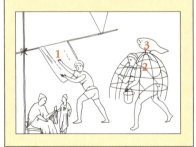

健体与服饰

公元前4世纪的陶瓶画上,手执扇子和阳伞的淑女们。

女性服饰

共和时代初期,男女都穿宽外袍。可是没过多久,出现了对女人着装的标准要求:女人们必须在束腰上衣的外面,套一件及踝的褶裥长衫,腰间系一条腰带。帝国时代,出现了新的时尚,女人们披一种宽大的绣花斗篷,底色是红色、黄色、蓝色等亮色。

公元1世纪下半叶,梳着壮观发型的女性头像。

帝国时代,很多女人戴一种金丝编织的小帽遮住全部或部分头发。女人们还会用发簪别出卷发。

发型

公元1世纪之前,女人们留着天然的直发。已婚女性将头发在脑后盘起,未婚女性散着头发。后来,卷发开始流行。卷发被拢起,高高地盘在头顶。这一发型技术复杂,常由仆人代劳。有时还会用天然假发来增加发量。

公元4世纪的金发簪,两片可以夹在一起。

鞋履

无论男女,都穿铆钉短靴(下图),即覆盖足弓的一种鞋。这种鞋用皮制成,靠4条带子系紧,最后缠系在脚踝或腿部。只有参议员可以穿黑色的鞋,高阶行政官(如执政官、裁判官、监察官)可以穿红色的鞋。人们在室内穿凉鞋。士兵们穿的鞋鞋面是一条条皮带,鞋底在脚趾部位做了加固,这些设计都十分有利于长时间的跨国行军。

首饰

戒指、吊坠、项链、耳环只是一位时髦的古罗马女人佩戴饰品的一小部分。首饰由贵金属制成,上面还装饰着人造宝石、天然宝石、琥珀,奢侈到了极端的地步。到了公元2世纪,监察官发布一条法律禁令,禁止首饰超重。

镜子是每位女士梳妆台的必备品,由高度抛光的金属制成,可以折射人的面容。这件长柄银镜是公元1世纪的作品。

特里尔皇宫湿壁画,戴珠宝首饰的仕女。

科学、技术与文学

古罗马人对发明创造不那么在行,但绝对是建筑天才,他们设计、建造了各种宏伟建筑,譬如水道桥这类重要的市政工程。医药学是在既往知识的积累和古希腊的实践经验之上建立的,且直到公元前1世纪末,才被当作一门科学学科看待。公元前3世纪,文学作为一种艺术形式开始出现,当然,仍旧是对古希腊人的模仿。共和时代晚期,诗作、历史故事、演说开始有了文字记录,对后面几个世纪的作家的作品产生了巨大影响。

这件举世闻名的作品是艺术与科学融合的典范。阿特拉斯——古希腊神话中的大力神——正托举着一个天球,天球上标记着已知的星座和黄道。

发现于庞贝的铜制外科手术工具。创口与损伤(尤其是战争中负伤)由外科医生接诊治疗,几乎全部古罗马外科医生都是在古希腊接受的训练。

医疗

古罗马人向女神萨卢斯、医神埃斯科拉庇俄斯(即古希腊的阿斯克勒庇俄斯)祈求健康,医生们靠药草、药用植物、食疗的手段治疗疾病。帕加玛的盖伦——马可·奥勒留皇帝的私人医生——是古罗马的医学权威,他的《气质》一书仍旧是医生们的经典教科书。

感谢神灵治愈腿疾的还愿品。

天文学

古罗马人从伊特鲁里亚人和东方人那里学会了如何观察和研究天文。占星家测算出时间,恒星运动与农事安排已建立起密切关联。

文学

拉丁文学的黄金年代在公元前1世纪。维吉尔(公元前70年—公元前19年)是当时主要诗人之一。他的史诗《埃涅伊德》讲述了古罗马人的起源。他还创作了赞美土地丰饶的诗歌,与奥古斯都大帝振兴农业的政治举措不谋而合。政治家马库斯·图利乌斯·西塞罗(公元前106年—公元前43年)是古时最伟大的演讲家之一,他的许多演讲词堪称语法范本,直至今天仍是人们的研究对象。

西塞罗胸像

这幅湿壁画的灵感来自维吉尔史诗《埃涅伊德》中的片段,医生正用工具取出埃涅阿斯腿里的箭簇。

维吉尔坐像镶嵌画

图书馆

从共和时代晚期开始,图书馆陆续在罗马城和帝国的其他主要城市出现。图书馆由市民捐资建立,收藏着文学作品和技术指南,拉丁语和古希腊语皆有。

以弗所的图书馆建立于公元1世纪初。一位行政官留下一笔遗产用于购书,于是他的后人们筹建了这座图书馆。

学习研究

语言文学是古罗马青年的基础教育。掌握语法和演讲术(公众演说)对于他们的政治生涯或从事行政工作来说至关重要。

科学、技术与文学

塞戈威亚的水道桥（公元2世纪）建于图拉真时代，今天仍在使用中。它高为135英尺，双层拱门结构，可将10英里外的水源引进城镇。

水道桥

古罗马人是最早建造水道桥向城内输送新鲜水源的人。水的流动必须借助连续、缓缓下降的坡道，因此，必要的时候，还须搭建拱桥越过洼地，或穿凿隧道通过岩体，这些都是为了将水位维持在适当高度。古罗马共有11座水道桥，其中一座是建于公元前146年的阿卡·玛西亚水道桥，至今还在使用。

测地

测量员是技术含量高、受人尊敬的工种。他们能用一种特殊仪器在地面划出直线，以测量距离，划分田地，为新修道路规划路线也离不开他们。

建筑工地浮雕

吊挂重物的机械当中，最壮观的莫过于跑步机式的起重机了，之所以叫这个名字，是因为它靠人脚提供的压力转动巨大轮子（1）。奴隶们（2）沿着轮子内部"走步"，输出能量，带动绞车（3），通过滑轮（4）和绳索（5）系统能吊起令人吃惊的重量。图中，一棵树（6）被吊装在起重机顶部，庆祝建筑（7）完工。

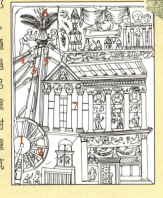

磨坊

法国巴比加尔的磨坊可追溯到公元4世纪。这个磨坊有一连串的水轮，每个水轮直径超过7英尺，通过一套简易的驱动系统与水平转动的磨石相连。它磨出的面粉足够供应全镇8万居民食用。

艺术与建筑

罗马城外蒂沃利的哈德良皇帝的别墅，有一处鸽子从黄金高脚杯里喝水的镶嵌画，这是古罗马时代流行的主题。

镶嵌画

大多数流传至今的镶嵌画是对古希腊湿壁画的再现。早期镶嵌画是用鹅卵石镶嵌在地面上。稍晚，镶嵌画也用来装饰墙面和穹顶，材料增加为石块、大理石片、玻璃浆。镶嵌画优雅的设计和明亮的色彩令人着迷，很快成为奢华场所的必备特征。

庞贝神秘别墅（公元前1世纪）的一组壁画中的舞者局部。

古罗马人从古希腊艺术中汲取了大量艺术技巧，并且在自己的艺术创作中一再重现古希腊主题。此外，他们也受到前共和时代的伊特鲁里亚文化和古意大利人的影响。被委托的大量古罗马艺术品都是用来庆祝战争胜利，以及表达对公众人物的崇拜。立柱和凯旋门上装饰着讲述历史的饰带，胸像和雕塑放置在公共区域最显眼的位置。艺术家们还为建筑绘制彩色壁画。遍及帝国各处的神庙、水道桥、马戏团、浴场和竞技场共同铸就了古罗马建筑艺术的辉煌。

绘画

我们今天能看到不少古罗马时期绘画，尤其是公元前1世纪之后的作品。罗马城李维乌斯之家的湿壁画，以及庞贝、赫库兰尼姆古城房屋内的湿壁画，是其中保存得最好的一些作品。罗马城的湿壁画大小各异，从单色镶嵌，到人物密集的大场面、工细的微缩场景、幻想的建筑样式，各类型都有。世界上最大的环绕壁画存在于庞贝的神秘别墅。

奥西莫（安科纳省）发现的无名头像。

马可·奥勒留雕像是古罗马时代最有名的雕塑作品之一。

雕塑

公元前1世纪，古罗马雕塑受古希腊人和意大利早期存在的伊特鲁里亚人、古意大利人的影响较大，皇帝、行政官、士兵、百姓的面部表情无不忠实原样。这些雕塑会被用在公共场合或葬礼仪式上。

这个斑岩石棺上雕刻着古罗马战胜蛮族的胜利场景。它或许曾经属于一位皇帝，但最终成了君士坦丁大帝的母亲圣海伦的棺椁。

图拉真柱

图拉真柱在公元113年被竖起，用来歌颂图拉真皇帝在达契亚之战中赢得的伟大胜利。立柱有98英尺高，外部盘旋着浮雕，顶部原本有一座图拉真本人的金铜合金雕像（登上185级台阶即可抵达）。图拉真墓就在立柱底下。立柱由19块大理石逐一叠放而成，表面装饰的叙事饰带足有656英尺长。画面细致入微，描绘了图拉真和他的部队战斗、行军、安营扎寨、押解战俘。画面如此写实，就像在看新闻图片一样。

雕刻石棺（棺椁）

皇帝及其亲眷的安息处通常很宽敞，像坟墓一样的石棺，或称棺椁，其外壁雕刻着浮雕，颂扬死者的功绩。公元4世纪—公元5世纪，百姓也开始用这种石棺了，因为基督教禁止遗体火化。大理石和红斑岩因其易于雕刻的特性，而成为人们青睐的石棺材料。

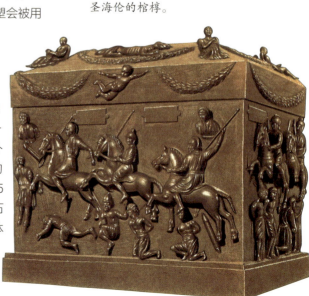

艺术与建筑 27

金手镯之家的花园湿壁画

古罗马画家奉行自然主义，绘制花园景色也成了一项令人尊敬的艺术。他们尤其擅长画植物和动物，可以在房屋的地面和墙壁上再创造一座花园。这幅公元1世纪创作的湿壁画现存于庞贝古城，画中有一道栅栏，栅栏后面的喷泉（也可能是一个鸟戏水盆）被众多植物和鸟儿环抱着。细看鸟儿有燕子（1）、鸽子（2）、喜鹊（3）、麻雀（4-5）、乌鸦（6），而灌木丛中有常青藤（7）、月桂树（8）、夹竹桃（9）、棕榈树（10）。

艺术与文学

古罗马画家的灵感来源既有古希腊神话，也有古罗马自身的文学创造，诸如维吉尔的《埃涅伊德》和奥维德的《变形记》。这幅湿壁画（下图）描绘的是赫拉克勒斯的童年：他试图通过扼杀一条蛇来向震惊的父亲证明自己是强壮有力的。

湿壁画《童年赫拉克勒斯》，来自庞贝维提之家。

外来文化的影响力

古希腊文化、伊特鲁里亚文化，以及后来的东方文化都对古罗马产生过影响。这尊安提诺乌斯雕像深受哈德良皇帝的喜爱，而实际上它是按古埃及风格塑造的。

古罗马万神殿

万神殿意为向众神致敬,是建筑史上精彩绝伦的非凡之作。公元2世纪初,哈德良皇帝下令在原先马克·阿格里帕(奥古斯都大帝的将军和养子)修建的一座建筑的基础上,建造万神殿。万神殿融合了各种不同的建筑风格,如主入口是古希腊式的门廊(1)。殿内呈圆形,地面直径达到142英尺,与建筑本身的高度相等,还铺设了彩色大理石板(2)。半球形穹顶(3)镶嵌着五行花格,花格尺寸逐行减小。一扇巨大的圆形天窗照亮了整个内部空间(4),下雨时,雨点也会落进来。沿墙分布着六处壁龛(5)、一处半圆形后殿(6)和八座神龛。万神殿的建造技术(特别是穹顶的部分)至今仍是人们感兴趣的话题。

筑墙

最早的建墙技术只是将干燥的方形石头或者火山凝灰岩块摞在一起,这种方法叫"方石筑墙"(1);而在另一种"砂浆筑墙"技术中,粗略打磨的石头缝或砖缝里会灌入某种混凝土(2)。后来,有了"拉网筑墙"(3)法,将金字塔形的小块凝灰岩填进网格当中,再用大块凝灰岩加固墙角。尤利乌斯·恺撒时代以来,人们用最普及的"贴砖筑墙"(4)法,在混凝土外贴砌砖墙。

艺术与建筑 29

和平祭坛

和平祭坛是最能代表奥古斯都时代艺术面貌的作品。祭坛建在矮基上，四面的浮雕墙围出一个长方形的露天空间。墙的内壁装饰着植物图案，外壁雕刻着皇室成员鱼贯走向祭坛的场景。我们可以辨认出奥古斯都和他的妻子利维娅，还有阿格里帕将军。

和平祭坛的饰带局部。

大竞技场

这座宏伟的竞技场始建于韦帕芗皇帝当政时期（公元69年—公元79年），公元80年由提图斯正式开放。因附近矗立着高达100英尺的巨大铜像，这座竞技场很快就得到了"大竞技场"的绰号。大竞技场最长处为620英尺，最宽处512英尺。外墙共四层，下面三层每层都有80个拱门。场内共有七层坐席，拾级而上的台阶可让观众快速进出座位。大竞技场还设有为坐席遮阳的帆布天棚。

阿皮亚古道上的塞西莉亚·梅特拉墓。

坟墓

古罗马建筑师建造了不少壮丽的墓葬建筑。有一些体量很大，风格与众不同。图中是公元1世纪早期贵族女性塞西莉亚·梅特拉的墓地。石灰华基石上覆盖着内部圆顶空间，支撑起上面这座带城垛的高塔。

巴西利卡

从公元2世纪开始，古罗马帝国各地都出现了长方形廊柱建筑，称为"巴西利卡"。这些建筑用于司法管理（相当于法庭）和举行城市里的各种仪式。巴西利卡的设计源于古希腊和亚洲的建筑风格，通常是一个长方形大堂，有时还有立柱分割空间，长方形一端是半圆形龛。建筑外部环绕着柱廊，小贩在廊下兜售商品，银行家在廊下兑换货币。

马森齐奥大教堂（巴西利卡建筑样式），其庞大的规模反映了帝国时代晚期宏伟的建筑风格。

城镇规划

公元1世纪中期以前，罗马城一直是自发生长，并无严格管控。公元64年的那场火灾过后，尼禄皇帝主持开展了新的建设工程，试图一改原先杂乱无章的街道布局，重塑秩序和章法；然而，这座城市太过繁忙，人口高度密集，这项任务最终还是没能完成。最终结果便是规划合理、空间宽敞的区域交错连接着拥挤逼仄的区域，像一幅拼图一样。拥挤区里的穷人们租住在多层公寓里，古罗马人称其为"岛"。

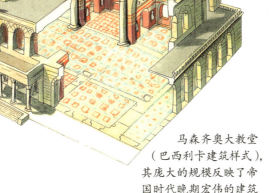

住房

住房短缺始终是困扰古罗马的一个问题。富裕公民和历史悠久的家族居住在城市优质区域的私人宅邸（豪宅），而大多数人只能集中居住在贫民区的公寓楼（岛）里，忍受频发的房屋倾塌和火灾。公元2世纪时，罗马城曾展开过一次调查，据记录显示，当时，一共有1797处豪宅和40602座岛。繁盛的家族除了城中的房产，通常还在乡村拥有一座别墅。

由于建筑用地短缺，古罗马的住房只好向上发展。公寓楼拔地而起，有时甚至盖到六层高，当中留有共用的中庭。公寓楼内分隔出便于出租的居住空间。房间潮湿，几乎从无光照，而且灶台、自来水和卫生设施，统统都没有。

橱柜

橱柜是典型的古罗马家具，古希腊人并不使用橱柜。橱柜用木材制作，安装有镶板门、骨铰链和金属门把手。柜子里面的搁板用来储放家庭用品或储备粮食。

这件与众不同的橱柜发现于赫库兰尼姆。它的上层被设计成神庙的样子，供奉着家庭保护神拉尔的小雕像。下层设有折叠门，门可以向后摆动，做出两种不同的打开方式。

迄今发现了大量类似图中这样的红陶油灯。

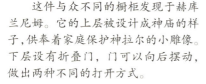

照明

古罗马的房屋内，照明条件并不好。日光是最主要的光源。天黑时，人们会点亮用蜡或动物油脂做的烛火，还有带灯芯的油灯。油灯一般是红陶或铜做的，而在奢靡之风的引领下，也不乏只可赏玩而不实际使用的金油灯和银油灯。若是在宏大的房屋内，则需要将配有多个燃烧器的油灯从天花板垂下来，或者将带有底座的油灯直接立在地面上。

公元前2世纪的优雅住宅

私人宅邸（豪宅）一般围绕着庭院（中庭）（1）建造。庭院中央有一处大水池（2），通过屋顶的露天天窗（3）收集雨水。餐厅（古罗马躺卧式餐厅）（4）毗邻花园，陈设着沙发和几张可移动的小桌子。奴隶们在旁边的厨房（5）里准备餐食。临街的一间或数间房间（6）会租给开店的人。豪宅一般是单层建筑，但也有两层的，这样能多辟出几间宽敞的卧室（7）。从公元前2世纪开始，豪宅越建越大，有更大的花园可以容纳喷泉和艺术品，四周环绕着柱廊（列柱中庭）（8）。

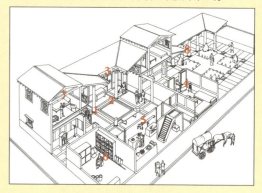

装饰有戏剧脸谱的移动铜火盆，发现于赫库兰尼姆，内有储热水箱。

看门犬地面镶嵌画，位于庞贝一座房屋的入口处。这类图像旁通常还附有"当心有犬"的警告。

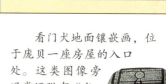

供暖

富人的房子里有循环于室内地面下和墙体内部的热气供暖系统。各种样式和大小的火盆也能提供热量，而且易于根据需要在不同房间之间挪动。有时，甚至还有悬吊在天花板上的火盆。

住房

床

古罗马的床比现在的床要高,需踩着脚凳才能坐上去。床架是木制的,通常要镀铜。在躺卧餐厅里,这样的床以恰当的角度摆放在餐桌周围。古罗马人吃饭时就斜靠在床上。

这件带靠背的餐椅上装饰着动物图像。它来自阿米特努(阿奎拉省),是公元前1世纪的产物。

保险柜

珍贵物品被保存在铜制保险柜里,并且小心地上了锁。这件保险柜发现于庞贝的一座房子中,矮墩沉重,其上有铆钉装饰。

桌椅

凳子是最普遍的坐具。有的有扶手,有的没有扶手,通常有三条腿或四条腿。女士座椅有带弧度的椅背,但没有扶手。制造坐具的材料有木头、青铜、大理石。桌子样式各异,有一条或多条桌腿。最常见的款式是三腿小圆桌,可以折叠起来随身携带。桌子一般是木制的,但富裕人家也能见到铜制桌子或以大理石为桌面的桌子。

铜足折叠凳

以大理石为桌面的桌子,发现于庞贝,它有着纤细的马头造型铜桌腿。

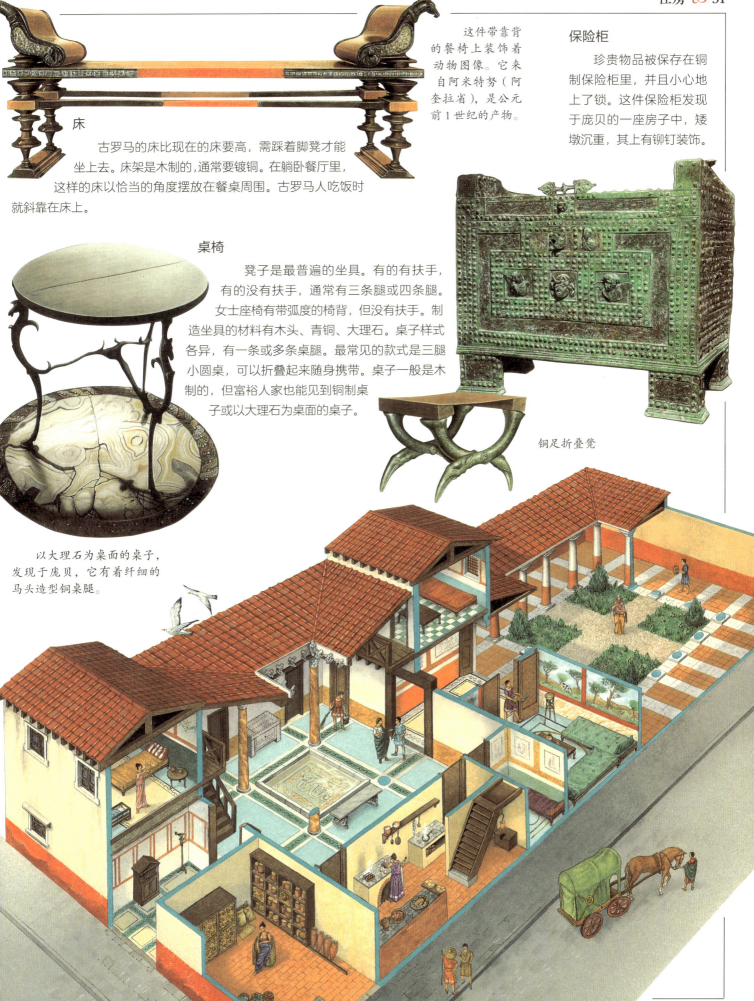

古罗马的城市

新定居点

沿着帝国漫长的边境线，军营附近很快出现了城镇。当地小贩开起店铺，向军队的士兵出售日用品。从军队退役后，士兵们也会在这些新兴小镇上定居，娶当地的女人。日久天长，随着边境线不断向外扩张，军队移营，原先其驻扎的位置就成了新城镇的中心，交错的网格状道路、城门和防御工事都在这里。

图拉真柱浮雕上，古罗马士兵在永久营地外修筑城墙，抵御外敌。假以时日，城墙以内便会发展出一座新城市的中心。

德国特里尔的大黑门是这座城市的入口。

古罗马人在意大利帝国的土地上建起一座座城市。军营驻扎地周边常有新的城镇兴起，这种情况在边境地区尤为突出。每当古罗马人征服一座城市后，他们就在当地建起华丽的公共建筑——神庙、竞技场、公共浴场、柱廊广场——这也是用罗马生活方式同化当地人的一种手段。很多现代城市就建立在罗马城址之上，甚至有些还原封不动地保留着古罗马原始的街道布局。

从军营到城市

以军营为基础发展而来的罗马城市（见右图的规划图）保留了方形布局和棋盘形道路网。道路沿南北和东西方向延伸。练兵场变为公共广场和市场，浴场、剧院、竞技场随后也都兴建了起来，很多这样的新兴城镇又通过军用路网彼此联系，很快发展为富裕繁荣的商业中心。

竞技场

竞技场是举办各种娱乐活动的地方，是古罗马在建筑方面的伟大创造。一排排座位围成椭圆形场地，上演一场场的斗兽、猎杀和角斗士格斗。偶尔，这座竞技场还会被灌上水，表演海战。

意大利北部维罗纳的竞技场，基本保存完整。

神庙

古罗马神庙不仅是一座雄伟的建筑，还担负着传播古罗马文化的使命。它以古希腊神庙为原型，台基很高，爬上正面中央的一长串台阶方能抵达。神庙正面装饰着科林斯式立柱。

这座神庙位于法国尼姆，纪念的是奥古斯都大帝两位过早去世的继承人——盖乌斯·恺撒和卢修斯·恺撒。

古罗马的城市

卡拉卡拉浴场

这座浴场建于公元2世纪早期，由卡拉卡拉皇帝下令修建，占地面积为14万平方英尺，可容纳1600人同时洗浴，靠阿卡·玛西亚水道桥供水。古罗马人经常下午去浴场，先在更衣室（1）脱换衣服，去健身房（2）健身，然后在净身室（3）刮净皮肤并抹油。之后，他们会去户外泳池（4）游泳，或者泡在温水厅（5），即一个持续加热的大房间里。接着，在穹顶高耸的热水厅泡个热水澡（6），顺便在旁边蒸桑拿（7）。整套流程以跳入冷水浴池（8）为结束。

水

生活在城市中的一大优势就是不愁用水。各条水道桥将水源源不断地送往公共喷泉和浴场。有些公民还被允许从水道中分流，供个人用水。

庞贝街上的公共喷泉。

广场空地

广场中的空地是一座城市的中心点。即使城市扩张，这里也仍旧是政治、宗教、经济、生活的中心。空地四周有行政大楼、神庙、市场和货币兑换商的店铺，后者相当于银行家。

图拉真凯旋门开放于公元114年，是阿皮亚古道的起点标志。阿皮亚古道在此之前刚刚被延长，新延长的部分连接了意大利中南部贝内文托和南部港口布林迪西。

凯旋门

凯旋门建在古罗马帝国的大道上。其造型简单，装饰着承载政治信息的繁复雕刻。传统做法是面朝城市的一面雕刻和平景象，面朝城外的一面雕刻军事冲突。

庞贝广场的空地，三面被柱廊环绕，朱庇特和阿波罗神庙在最显眼的位置。

索引

《变形记》27
《气质》24
阿波罗 10, 33
阿尔巴尼亚 7
阿卡·玛西亚水道桥 25, 33
阿奎利亚 13
阿米特努（阿奎拉）31
阿皮亚古道 14, 29, 33
阿特拉斯 24
埃 10, 13, 15, 27
埃涅阿斯 24
埃涅伊德 24, 27
埃斯科拉庇俄斯（阿斯克勒庇俄斯）24
安东尼纳斯 9
安科纳 14, 26
安提诺乌斯 27
奥古斯都（屋大维）4, 7, 8, 9, 13, 21, 24, 28, 29, 32
奥罗拉 9
奥斯蒂亚 13, 14, 15
奥维德 27
奥西莫 26

巴比加尔 25
巴亚 8
北非 4, 14, 15
贝内文托 33
波利克里托斯 22
波佐利 14
不列颠 4, 7, 8, 16
布林迪西 14, 33

达契亚 8, 17
达契亚之战 26
大黑门 32
大竞技场 29
大西洋沿岸 15
戴克里先 9
但丁 8
档案馆 5
狄奥尼索斯（巴克斯）10
底比斯流域 8
地球 9
地中海 4, 6, 8, 18, 19
蒂沃利 8, 26
东罗马帝国 9
多瑙河 17

俄赛里斯 10
恩尼乌斯 20

法国 7, 25, 32
弗拉米尼亚大道 14
福尔图娜女神像 10
福尔图娜圣地 7
福斯福洛斯 9

盖乌斯·恺撒 32
高卢 6, 7, 8
共和制 4, 6
古罗马女神 4
古希腊 5, 6, 7, 8, 10, 14, 20, 22, 24, 26, 27, 28, 29, 32
古希腊人 4, 5, 10, 17, 24, 26, 30
古希腊语 24
古希腊殖民地 5, 7, 10
古希腊殖民者 6, 18
古意大利人 4, 26
广场（特指古罗马广场）5, 12, 13, 17, 33
贵族 4, 6, 15, 29
国库 5
国王塞尔维乌斯·图利乌斯 6

哈德良皇帝 8, 26, 27, 28
哈德良长城 16
海神尼普顿 11, 15
和平祭坛 29
赫尔克里斯（赫拉克勒斯）10, 16
赫库兰尼姆 12, 21, 26, 30
赫拉克勒斯 10, 27

基督教 10, 11, 26
祭祀屠夫 11
加迪斯 14, 15
加莱利乌斯 9
迦太基 6, 14, 15
迦太基人 4, 17
金手镯之家 27
君士坦丁大帝 9, 11, 26
君士坦提乌斯·克洛卢斯 9
君主制 4

卡拉卡拉皇帝 33
卡拉卡拉浴场 33
卡里古拉 9
卡托 18
坎帕里亚 6
康科德神庙 5
科卢梅拉 18
刻瑞斯（德墨忒尔）10

拉丁人 4
拉丁语 24
拉尔 11, 30
拉文纳 9
雷穆斯 6
李维乌斯·安德罗尼库斯 20
李维乌斯之家 26
利维娅 8, 29
卢修斯·恺撒 32
罗马法 4
罗马尼亚 8, 17
罗慕路斯 6
罗慕路斯·奥古斯图卢斯 8

马尔塞鲁 20
马尔斯 11, 16
马可·奥勒留 9, 24, 26
马克·阿格里帕将军 28, 29
马克西米安 9
马库斯·图利乌斯·西塞罗 24
马森齐奥大教堂 29
蛮族 8, 9, 26
梅内斯 11
美索不达米亚 4, 8
米尔维安桥 14
米拉佐 17
密涅瓦 10
密特拉 10
墨丘利（赫尔墨斯）10, 12
母狼 6

那不勒斯 15
那不勒斯湾 19
奈维乌斯 20
男女辅祭 11
尼禄 9, 11, 29
尼罗河 7, 10
尼姆 14, 32
农神庙 5
奴隶 4, 5, 12, 13, 20, 25, 30
诺切拉 21

帕加玛的盖伦 24
帕拉蒂尼山 6
帕莱斯特里纳 7, 10
帕提亚国王弗拉特斯四世 9
帕提亚人 8, 9
潘诺尼亚 9
庞贝 5, 7, 12, 18, 19, 20, 21, 22, 24, 26, 27, 30, 31, 33
庞培 7
平民 6
珀那忒斯 11
普拉图斯 20

日耳曼 6, 9
日耳曼人 17

萨卢斯 24
塞尔维乌斯城墙 6
塞戈威亚 25
塞普蒂米乌斯·塞维鲁凯旋门 5
塞维利亚 8
塞西莉亚·梅特拉 29
色萨利 8
神秘别墅 26
圣海伦 26
斯塔比亚 15

四帝共治制 9
塔兰托 7
台伯河 6, 13, 14, 15
泰伦提乌斯 20
特里尔 14, 23, 32
提比略皇帝 4, 9
提图斯 9, 29
提图斯凯旋门 17
图拉真（皇帝）8, 12, 14, 17, 25, 26
图拉真凯旋门 33
图拉真柱 17, 26, 32
图密善 9, 11

瓦罗 18
万神殿 28
韦帕芗皇帝 29
韦帕芗神庙 5
维吉尔 24, 27
维罗纳 32
维纳斯（阿芙洛狄忒）10
维斯塔 11
维苏威火山 12
维提之家 27

西班牙 6, 8, 15
西班牙半岛 4
西布莉 10
西罗马帝国 9
西西里 4, 14
昔兰尼 14, 18
小亚细亚 8, 18
匈牙利 9

雅典人阿波罗尼奥斯 5
亚德里亚海海岸 14
亚历山大港 14, 15
亚美尼亚 8
亚述 8
亚洲 10, 29
耶路撒冷 17
耶稣 11
伊庇鲁斯国王皮洛士 7
伊特鲁里亚 6, 10, 26, 27
伊特鲁里亚人 4, 6, 10, 24, 26
伊西斯 10
以弗所 24
议会 6
尤利乌斯·恺撒 5, 7, 20, 28
尤利亚大会堂 5
元老院 4, 6, 7, 9
指挥官克拉苏 9
朱庇特（宙斯）10, 16, 33
朱诺（赫拉）10

向准许我们使用其图片的图片库与摄影师致谢：
封面：罗马图拉真柱（斯卡拉集团，佛罗伦萨）

4斯卡拉集团，佛罗伦萨；8斯卡拉集团，佛罗伦萨；9斯卡拉集团，佛罗伦萨；11斯卡拉集团，佛罗伦萨；12~13斯卡拉集团，佛罗伦萨；15斯卡拉集团，佛罗伦萨；17斯卡拉集团，佛罗伦萨；19斯卡拉集团，佛罗伦萨；21斯卡拉集团，佛罗伦萨；22斯卡拉集团，佛罗伦萨；24斯卡拉集团，佛罗伦萨；27斯卡拉集团，佛罗伦萨；29斯卡拉集团，佛罗伦萨；30阿里纳利档案馆，佛罗伦萨。

"艺术点亮文明:漫游世界文明史"系列还有以下分册:

《史前时代》
《古埃及》
《古希腊》
《文艺复兴》
《中世纪》

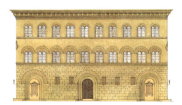

艺术点亮文明

漫游世界文明史

文艺复兴

[意]鲁珀特·马修 /著

[意]保拉·拉瓦利亚、[意]亚历山德罗·坎图奇、[意]法比亚诺·法布鲁奇、
[意]安德烈亚·莫兰迪、[意]洛伦佐·切基 /绘

李响 /译

北京理工大学出版社
BEIJING INSTITUTE OF TECHNOLOGY PRESS

版权专有　侵权必究

图书在版编目（CIP）数据

漫游世界文明史. 文艺复兴 /(意) 鲁珀特·马修著;(意) 保拉·拉瓦利亚等绘；李响译. — 北京：北京理工大学出版社，2021.1

（艺术点亮文明）

书名原文：Art and Civilization:The Renaissance

ISBN 978-7-5682-8709-8

Ⅰ.①漫… Ⅱ.①鲁…②保…③李… Ⅲ.①文艺复兴—历史—欧洲—通俗读物 Ⅳ.①K103-49

中国版本图书馆CIP数据核字(2020)第123911号

北京市版权局著作权合同登记号　图字：01-2020-1917

Art and Civilization The Renaissance ©2018 Nextquisite Ltd, London Simplified Chinese translation copyright ©2020 by Beijing Institute of Technology Press All rights reserved.

出版发行 / 北京理工大学出版社有限责任公司			
社　　址 / 北京市海淀区中关村南大街5号			
邮　　编 / 100081			
电　　话 /（010）68913389（童书出版中心）			
网　　址 / http://www.bitpress.com.cn			
经　　销 / 全国各地新华书店			
印　　刷 / 朗翔印刷（天津）有限公司			
开　　本 / 889毫米 × 1194毫米　1/16			
印　　张 / 2.25		责任编辑 / 梁铜华	
字　　数 / 45千字		文案编辑 / 杜　枝	
版　　次 / 2021年1月第1版　2021年1月第1次印刷		责任校对 / 刘亚男	
定　　价 / 33.00元		责任印制 / 王美丽	

图书出现印装质量问题，请拨打售后服务热线，本社负责调换

目录

导言 4

古典文明的价值 6

同业公会、商人与商贸 10

文艺复兴时期的城市 14

私人生活 18

战争与武器 22

印刷革命 24

宗教改革 26

科学与发明 28

文艺复兴时期的艺术 30

新世界 32

索引 34

公元 1501 年—公元 1504 年，米开朗基罗创作的大卫雕像展现了浓郁的古希腊雕塑遗风。

《乌尔比诺公爵肖像画》，皮耶罗·德拉·弗朗切斯卡绘。乌尔比诺公爵费德里科·达·蒙太菲尔特罗是文艺复兴时期统治意大利的数位有权有势的亲王之一。这些权贵手握大量军队，许多重要的建筑和艺术品都是受他们委托而创作的。

导言

约从公元 1400 年开始，欧洲被前赴后继的新思潮激荡了两百年。新式建筑、新的艺术风格和新的生活方式频出。艺术改头换面，努力展现着世界的真实面貌，而不仅仅是堆砌象征符号。绘画与雕塑在古典时代之后，再次开始描绘真实场景下的真实人体。14 世纪那场造成三分之一人口死亡的鼠疫过后，欧洲逐渐恢复元气，经济蓬勃增长，贸易及各方面交流陆续展开。在全新的社会氛围下，人们的自我意识觉醒，开始认识到个体的价值。在宗教领域，这种新感知引发了改革的迫切愿望，造成基督教会分裂，但同时也强化了宗教认可。这段历史，以及由这段历史催生的艺术和智识变革，被称为"文艺复兴"，意为"重生"。

莱昂纳多·达·芬奇的滑翔机手稿。莱昂纳多既是艺术家，也是发明家，他开创了现代技术绘图的画法。

从中世纪到现代

文艺复兴之前，很多欧洲人认为世界是一个平坦的大盘子，外罩着一个巨大的球体，太阳和星星都被固定在球面上移动。文艺复兴时期，这种观点受到挑战，最终被推翻。公元 1522 年，一艘西班牙船只环绕地球航行后回到出发点，证明了地球是圆的。有人开始认为是地球绕着太阳转，而非太阳绕着地球转。进而，人们开始怀疑，似乎人类不是上帝创世的核心，而只是宇宙中微小的一部分。

理想的文艺复兴人

文艺复兴时期，人们认为完美的人应该是对一切都感兴趣的人。莱昂纳多·达·芬奇（公元 1452 年—公元 1519 年）是新榜样的最佳人选。莱昂纳多出生于佛罗伦萨附近的芬奇小镇，跟随佛罗伦萨艺术家韦罗基奥学习绘画。对光影的把握和对人体的描摹能力迅速成就了他绘画领域的声名，但与此同时，莱昂纳多还是一位成功的音乐家、雕塑家、科学家和建筑师。他设计过战争装备、防御工事、水道以及各式各样的机械（包括上图中模拟蝙蝠的滑翔机），但多数并未付诸实践。莱昂纳多还研究植物、动物、人体，并画了大量细致的草稿。很少有艺术家能在死后仍保持天才的声誉，莱昂纳多便是其中一位。

莱昂纳多·达·芬奇的手稿，通常被认为这是其本人的自画像。

公元 1492 年，纽伦堡的马丁·贝海姆制造了第一个地球仪，上面只有欧洲、非洲、亚洲。同年，欧洲的探险家们发现了美洲。

《雅典学院》是公元1510年前后拉斐尔（公元1483年—公元1520年）为罗马梵蒂冈宫的一间房间绘制的壁画。这幅大型湿壁画的对面也有一幅画，博学的教会人士正在讨论圣三位一体。这两件绘画作品展示了古代学问与基督教并存的场景。

雅典学院

　　这幅著名的湿壁画由拉斐尔创作，画的是想象中的场景，古希腊最伟大的思想家们在一所学校内济济一堂。建筑的样式基于建筑家多纳托·布拉曼特（公元1444年—公元1514年）的设计。画面中央的柏拉图（以莱昂纳多为原型）（1）手里拿着他的著作《蒂迈欧篇》，亚里士多德（2）则拿着自己的《尼各马可伦理学》。主要人物：左侧是身穿铠甲的亚西比德将军（3），他正在与历史学家色诺芬（4）和塌鼻子的苏格拉底（5）交谈。再往左，哲学家伊壁鸠鲁（6）头戴着树叶桂冠，正忙着写他提倡简朴生活的书。毕达哥拉斯（7）坐在伊壁鸠鲁的右方，正在测算和谐理论。前景的中间是赫拉克利特（以米开朗基罗为原型）（8）斜倚在石头上。瘫在台阶上的是犬儒派第欧根尼（9）。前景右侧手持圆规者教授几何的是欧几里得（以布拉曼特为原型）（10）。头戴王冠的是托勒密（12），他正在与琐罗亚斯德（11）讨论天文学。画面最右侧戴黑帽子的年轻人是拉斐尔（13）。

古典文明的价值

《春》：春天的寓言

《春》是佛罗伦萨艺术家亚历山德罗·波提切利的作品，绘于15世纪80年代，讲述了大自然如何从冬的休眠中萌发生机，是一则春天的寓言。画面右侧，蓝色人物（1）代表冬季，他抓住了一位裙子上有叶片图案、口吐新鲜绿叶的女子（2）。画面左侧，长裙上满是花朵的女子是古罗马春花与果树女神弗洛拉（3）。画面中央是春之女神（4），她的头顶上方是丘比特（5）。这位小爱神蒙着眼睛正要射箭，暗指春天里他的爱情之箭可能随机射中任何人。三位身披薄纱的舞者是美惠三女神（6），在古希腊神话中，她们会在春天的树林中跳舞，将快乐送给人类。左边最后一个人物是众神信使墨丘利（7），在文艺复兴思想家看来，他也是求知欲与智慧力的象征。

古典文明的价值

古代的神庙等建筑结构启发了文艺复兴时期的建筑师们。约建于公元110年的古罗马神庙万神殿，其巨大圆顶在中世纪被视为奇迹，因为没人知道这个140英尺①宽的水泥建筑是如何建起来的。直至菲利波·布鲁内莱斯基（公元1377年—公元1446年）建造了佛罗伦萨大教堂的圆顶，人类的建筑水平才重新追平了古代文明，尽管二者采用的是完全不同的建筑技术。

  古希腊与古罗马的文明又称古典文明，5世纪，在古罗马帝国被日耳曼民族入侵之前，古典文明曾主宰地中海地区长达一千年。此后数百年，在称为"中世纪"的那段时间里，欧洲文明欣欣向荣，百花齐放，但古罗马与古希腊的光辉从未被彻底遗忘。15世纪，艺术家与学者周游列国，考察各地尚存的雕塑和建筑。另外，人们还在偏远的修道院里发现了古代手稿，加以研究。公元1450年，对古代知识的求索在意大利俨然成为一股社会风尚。公元1453年，东罗马帝国首都与学术中心君士坦丁堡被土耳其攻陷，大量学者逃亡佛罗伦萨和罗马城，他们所带来的学问与书稿进一步激发了人们对古代知识的渴求。公元1447年—公元1455年，教皇尼古拉斯五世扩充了梵蒂冈图书馆中古希腊书籍的藏书量，从之前的3本增加到350本。古代文明为文艺复兴人提供了源源不断的灵感、学问和经典楷模。

① 1英尺=0.3048米。

《大卫》雕塑，由佛罗伦萨雕塑家多纳泰罗（公元1386年—公元1466年）创作。这件作品被认为是古代之后首度出现的独立站立雕塑。

重归写实主义

  中世纪的雕塑较为僵硬和正式，圣人与国王们总是摆出具有某种象征意义的姿势，且雕塑依附于建筑，无法独立存在。古代雕塑的发现让文艺复兴时期的艺术家们看到雕塑也可以是自然的姿态，雕塑本身就是艺术品，经得起任意角度观看。多纳泰罗的大卫打破了禁忌，这位《圣经》中的伟人摆出古典神灵和英雄才有的姿势。他那屈着膝，一只手还搭在胯上的放松站姿，已经久违了几个世纪了。另外，铸造这尊铜像所用的技术也十分重要。多纳泰罗原本一直在尝试复原古罗马铜像的制作技术，结果却发明了一种更灵活的新技术。

《拉奥孔》，1世纪的古希腊雕塑，是十分著名的古代作品，公元1506年出土于罗马。

据说，《拉奥孔》出土时，米开朗基罗就在发掘现场。可以确定的是，他详尽地研究过这件雕塑，正如很多艺术家都做过的那样。也有传言，米开朗基罗曾用自己的作品冒充古罗马古董出售而赚钱。

古典文明的价值

人文主义者肖像，从左到右依次是皮科·德拉·米兰多拉（公元1463年—公元1494年）、马尔西利奥·费奇诺（公元1433年—公元1499年）、安杰洛·波利齐亚诺（公元1454年—公元1494年），以及真蒂莱·德·贝基和克里斯托福·兰迪诺。

人文主义者

文艺复兴初期，学者们开始钻研用拉丁文和希腊文写成的古代作品，尤其是西塞罗和柏拉图的著作，并由此发现，古代的生活哲学与中世纪基督教会所倡导的大相径庭。通过调和这两种教义，学者们创造了人文主义。他们坚信，个体可以掌握自己的命运，使自己的生活或好或差。此外，人文主义者还意识到，经过几个世纪的不断传抄，古代文献的不同版本之间存在着出入。他们比对着不同版本，想找到最初的文本。后来的人文主义者将这种研究方法应用到《圣经》上，取得了令人瞩目的成果。

带有选区标志的投票袋。与意大利的很多城邦一样，佛罗伦萨也分为若干选区，各有自己的徽章。每个选区要选出一位代表在市议会中代表该选区的利益，并且募集一定数量的男性服兵役，向城邦政府缴纳一定数额的税款以及在本选区内执法。

意大利城邦

文艺复兴时期的意大利由约30个城邦组成。个别城邦规模大，实力雄厚，比如那不勒斯王国和教皇国，但大多数还是小城邦。文艺复兴早期，城邦实行民主制，政府由富有的男性公民选举产生。城邦间战争不断，而且总想在漂亮的建筑和艺术品上赛过彼此。正是在充满恩怨、竞争和阴谋的政治背景之下，文艺复兴起步了。

锡耶纳市政厅。锡耶纳是托斯卡纳大区的一个小共和国，它的选民比例很高，860名兼职官员以及以人民领袖为首脑的市议会皆从5000名公民中选举产生。

威尼斯总督府。威尼斯人只选举一位终身拥有重大权力的总督和一个市议会。相比其他城邦，威尼斯拥有投票权的人较少。

君士坦丁堡微缩画。这座东罗马帝国的首都在中世纪以前被称为拜占庭，城中保存有大量关于古希腊和古罗马的知识，文艺复兴时期的学者们重新发现了它们。

公元1338年—公元1339年，安布罗焦·洛伦泽蒂（约公元1300年—公元1348年）完成了锡耶纳市政厅的壁画绘制。好政府带来的治世与坏政府造成的乱世被一览无余地画在上面。好政府要兼顾生产、教育、住房、秩序与贸易诚信。

中世纪诗人但丁·阿利吉耶里（公元1265年—公元1321年）研究古代拉丁文，翻译拉丁文书籍。他与彼特拉克、薄伽丘等诗人一起奠定了文艺复兴的基础。

古典文明的价值 9

圣杰罗姆

《书房中的圣杰罗姆》（1）是文艺复兴时期的艺术家们钟爱的题材，他们非常仰慕圣杰罗姆（约公元342年—公元420年），因为他精通科学、宗教、艺术和哲学。圣杰罗姆出生于小镇司垂登，曾学习古希腊与古罗马哲学，后来去往安条克，最终定居伯利恒。圣杰罗姆在伯利恒收集基督教的各种早期文献，写成今天我们读到的《圣经》的基本面貌。文艺复兴时期的艺术家们描绘了圣杰罗姆埋首于书堆和科学仪器中的样子，意在鼓励时人以他为榜样。

伊拉斯谟（约公元1466年—公元1536年）是最伟大的人文主义者之一。他出生于鹿特丹，加入豪达附近的一所修道院。公元15世纪90年代，伊拉斯谟离开修道院，前往巴黎大学、牛津大学、剑桥大学任教。他在数本著述中赞颂人文理念，谴责天主教会的腐化与教条，不过，伊拉斯谟反对马丁·路德这样的改革者，认为他们是在离间基督信众，而非改革教会。在公元16世纪初宗教与人文的论战中，伊拉斯谟受到各方的尊重，他的晚年在瑞士度过。

托马斯·莫尔爵士（公元1478年—公元1535年）是英国的律师与政治家，后来成为人文主义学者的领袖。他受到伊拉斯谟的影响极大，竭力终止英国教会内部的不当行径，可惜，未能成功。公元1534年，英国国王亨利八世与罗马教廷决裂，莫尔因拒绝分裂被判以叛国罪。最终，莫尔竟成了他意图变革的天主教会的殉道者，被封为圣人。

知识之路，锡耶纳大教堂的铺路设计。

知识之路

文艺复兴时期十分重视教育。多数小镇都开设了学校，富裕的家庭会把孩子送去学习读写。每一座大城市都有自己的大学，且课堂对旁听者开放。教师传授知识，并且鼓励学生提出问题，展开辩论。

同业公会、商人与商贸

文艺复兴时期，全欧洲发生了一个重要变化。在过去的几个世纪里，土地以及土地里长出的庄稼曾是财富的主要来源，但从公元1400年开始，财富聚集于制造业和贸易业。各城镇设立同业公会，以控制商品的质量与价格，与此同时，商人们在城市与国家之间往来运输商品和产品。很快，有的商人变换角色成了银行家，开始向商人和统治者贷款，一定时期后连本带利收回。约公元1450年，意大利出现了资本主义经济的早期形式，这种经济制度在不到50年的时间里传遍欧洲。财富源源不断地产生，似乎无穷无尽。

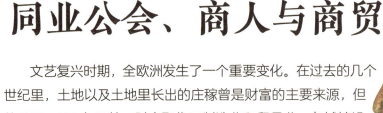

正在染丝的纺织工。意大利人在公元1300年左右跟中国人学会了养蚕，他们很快就垄断了这种奢侈织物在欧洲的贸易。

佛罗伦萨石匠和木雕匠同业公会的徽章。

木匠在作坊里做活，他的妻子在后面纺纱。很多家庭同时从事多个行业。

能工巧匠

在文艺复兴早期的意大利，纺织品交易对于贸易量与财富的增长十分关键。公元1400年，意大利的纺织工们主宰着羊毛贸易，佛罗伦萨的纺织工只能从遥远的英国购买羊毛原料，然后再将成品布料拿到德国和法国的市场上出售。意大利商人们不仅在欧洲做买卖，也把生意拓展到北非、奥斯曼帝国，甚至还深入亚洲腹地。

左图：佛罗伦萨各同业公会标志。1. 裁缝；2. 金匠；3. 农民；4. 陶瓶工；5. 面包师；6. 屠夫；7. 酒商；8. 洗衣工；9. 理发师；10. 木匠。对于大多数城市来说，各同业公会囊括了该行业的全部从业者，譬如纺织工、木匠或医师。同业公会确保从业者的执业资格，通常也拟定商品价格和人员薪水。而在另一些城市，例如帕多瓦，同业公会设在政府行政部门内部。公会从成员身上收税，战争期间要分摊士兵薪水。

《银行家和他的妻子》

这幅画由康查·梅西斯（公元1466年—公元1530年）创作。画中的银行家（1）小心翼翼地称量着钱币，唯恐这些贵重金属短了斤两。他的妻子（2）心不在焉地翻着一本宗教书籍，在一旁看她的丈夫称重。银行家都有关于钱币的书，用于甄别来自遥远国度的币种。另外，书中还有不同国家钱币的金、银含量比例的介绍。

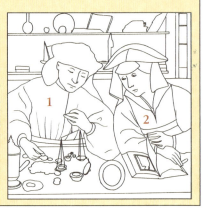

同业公会、商人与商贸　11

佛罗伦萨的弗罗林（最上图）与威尼斯的达克特（上图）的流通性最好，于是各国纷纷效仿发行同等币值的货币。一直到20世纪70年代，不列颠还在铸造弗罗林。

不少商人将精密秤放在特制口袋里随身携带，用于称量钱币，确定其价值。

布店

文艺复兴时期，商人家庭通过贸易获取的财富开始超越传统贵族家族的土地收益。贵族颁行节约法令压制商人，规定只有贵族才可以穿皮毛、丝绸和其他奢侈衣料，然而，商人们很快为自己争取到政治权力，废止了大部分节约法令。

"伟大的"洛伦佐·德·美第奇（公元1449年—公元1492年）是佛罗伦萨的银行家，他凭借自己的财富和实力控制着这座城市。美第奇家族在16世纪获封公爵，完全接管了佛罗伦萨的统治。

同业公会、商人与商贸

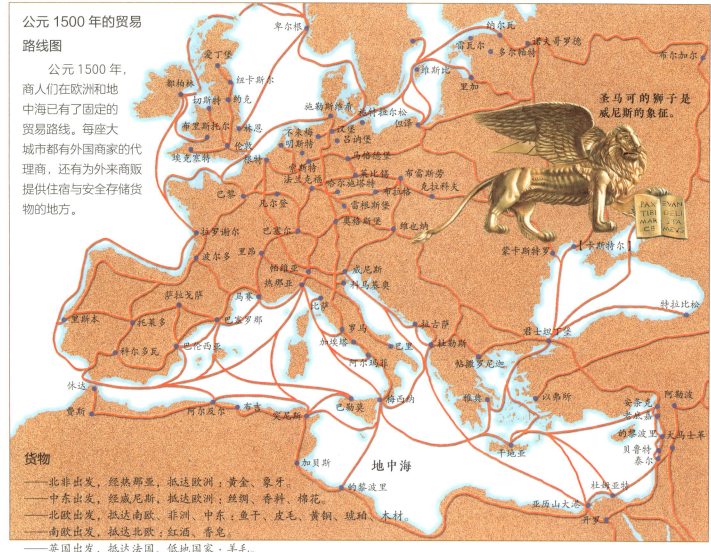

公元 1500 年的贸易路线图

公元 1500 年，商人们在欧洲和地中海已有了固定的贸易路线。每座大城市都有外国商家的代理商，还有为外来商贩提供住宿与安全存储货物的地方。

圣马可的狮子是威尼斯的象征。

货物

——北非出发，经热那亚，抵达欧洲：黄金、象牙。
——中东出发，经威尼斯，抵达欧洲：丝绸、香料、棉花。
——北欧出发，抵达南欧、非洲、中东：鱼干、皮毛、黄铜、琥珀、木材。
——南欧出发，抵达北欧：红酒、香皂。
——英国出发，抵达法国、低地国家：羊毛。
——西班牙（新世界）出发：黄金、白银。

布鲁日与北方地区

富有的商人们在新兴的城市里建起自己的奢华宅邸，这些宅邸的街面门脸通常用作自家的店铺和仓库，二层是主待客室和最重要的家庭成员的私人房间，三层以上要爬很长的楼梯，冬冷夏热，就留给孩子们和不那么重要的家庭成员以及仆人们。这类宅邸（与 1000 年前古罗马人居住的宅邸十分相似）的设计布局最早出现在佛罗伦萨，逐渐传播到欧洲其他地区。

汉萨同盟

从公元 1350 年开始，德国北部一些城市联合成立了汉萨同盟。该组织组建了自己的战船和军队，在商人们往返于不列颠、法国与遥远的俄罗斯、东欧之间开展贸易时随行保护商人。产自东方的原材料和产自西方的成品商品通过汉萨同盟的商人实现了流通。同盟总部设于吕贝克，正式公文上加盖着小商船图案或齿轮图案的印章。公元 1450 年以后，随着荷兰和英国商人的活跃，汉萨同盟地位不断下降。

德国北部海岸城市基尔的城市标志，其上有一艘汉萨同盟特有的商贸船。

威尼斯

威尼斯是意大利第二大城市，有 12 万居民。其庞大海军和数百艘商船牢牢把控着地中海航线。威尼斯商船纵横地中海，甚至冒险驶入大西洋，直达伦敦和布鲁日。14 世纪，威尼斯商人控制着欧洲往返远东的各条航线，贩卖着最暴利的香料、丝绸和香水。当时，威尼斯城富甲一方。

富格尔家族：一个德意志银行家的王朝

富格尔家族是一个权势通天的德国银行家家族。公元1367年，这家人还只是奥格斯堡的穷苦的纺织工。没过多久，他们开始从威尼斯贩运丝绸和香料。到了公元1450年，这个家族已经经营起一家大型银行，分支机构遍布德国、法国、波兰、匈牙利主要城市。公元1519年，西班牙国王查理从富格尔家族借出巨款，以此行贿让自己有机会加冕神圣罗马帝国皇帝。作为报答，查理将雅各布·富格尔加封为贵族。

安特卫普市场

公元1470年以来，布鲁日港淤塞，北欧的商人们转而投奔安特卫普。安特卫普有最终汇入莱茵河的斯凯尔特河，且毗邻佛兰德斯的几个纺织城市。本地商贩在大量的露天摊位里卖些食品（1）、饮料（2）、布料（3）和其他商品，富商们（4）则在市场内或附近大楼里买卖来自遥远国家的大宗货物，安排船只发往远方港口。

商业升级

公元14世纪，欧洲的商人们已经无须亲自将货物押运到市场，而是雇用专业运货商并延请代理监督海外业务。与此同时，商人们还发明了复杂的经营与财务制度，如复式记账法（现代会计学的基础）、信用金融、股票与股份、地方银行与国际银行。很多城镇因此发展为重要的商业中心，规模迅速扩大。

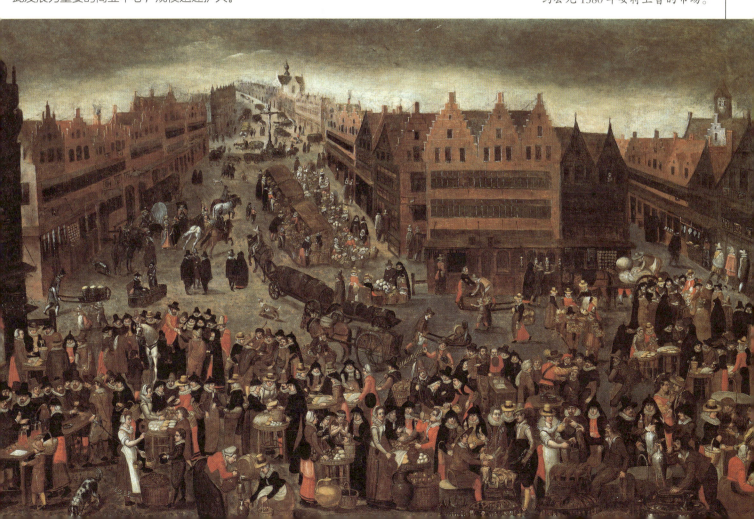

约公元1580年安特卫普的市场。

文艺复兴时期的城市

位于佛罗伦萨的赛里斯托里府邸是典型的文艺复兴时期的商人豪宅。当街一层经营着店铺,商人全家住在楼上的宽敞房间。

文艺复兴时期的欧洲,城市是人们生活的中心,人们通过出身城市而非社会地位或国籍来认同彼此。一个人可能会说他是佛罗伦萨人或米兰人,却不会说他是意大利人、农民或贵族。城市是富裕商人的家,也是万千公民的家。各种身份的人共同组成城市的军队、部门机关,统领着周边农村(往往还包括临近的小镇)。在厚厚的城墙的保护下,城市免遭战火,发展出更加繁荣文明的社会。熙来攘往的街道上,贫富擦肩而过,神父、艺术家、商人云集。城市间展开竞争,看谁是现存最美丽、最先进的城市。这一时期,每座城市都新建了富丽堂皇的市政厅与教堂,有的小镇甚至几近重建。内部社会活力与外部激烈竞争的结合创造了财富,助长了对新知和发明的渴求,激发了掀开文艺复兴序幕的新思想。

这幅用以表现基督时代的耶路撒冷的画面,实际上反映的是人们理想中的城市图景。坚固、美观的房屋围聚在中央城堡周围,外有城墙保护,远离侵扰。教堂及其他公共建筑则为市民生活提供便利。

文艺复兴时期的宅院

文艺复兴早期,以佛罗伦萨为代表的一些城市尚有民主选举的政府,文艺复兴后期,强大的商人家族崛起,控制了政府。他们住在富丽堂皇的宅院里,成为艺术赞助人,委托创作绘画、雕塑、府邸、花园,以此彰显自身的财富与权力。

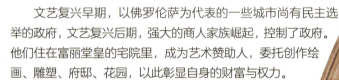

艺术家乔瓦尼·德拉·罗比亚(公元1469年—约公元1529年)创作的釉彩饰板表现的是一位富人正在施舍穷人,是《七种美德》系列作品的一部分。文艺复兴时期的意大利,行善很受市民重视,有助于提高城市的居民凝聚力。

锡耶纳圣玛利亚阶梯医院的扩建

这幅湿壁画由多梅尼科·迪·巴尔托洛绘于公元1443年,画的是锡耶纳一所医院正在建的新楼。扩建工程由画面左侧露出侧脸的主教(1)出资赞助。前景中几位身穿华服、明显是富家子弟的骑马人(2),是主教的教士。右边,一位石匠(3)正弯腰搬起砖块,旁边手拿圆规的人正是建筑师本人(4)。一位工人正扛着一筐砂浆爬梯子(5)上脚手架,那里也有几位石匠在干活(6)。背景中的华美建筑(7)呈现出早期的锡耶纳哥特风格。左侧逐渐远去的柱廊(8)衬托出新楼的宏伟,这是文艺复兴时期制造透视深度的典型手法。

文艺复兴时期的城市

下图：这幅精美的湿壁画呈现了位于意大利中部锡耶纳的圣玛利亚阶梯医院重建时的生动场景，是介绍医院院史的八幅组画中的一幅。这组湿壁画位于医院一层主厅的穹顶上，而这间主厅很可能曾被用作男病房。

意大利帕尔马诺瓦的城市布局透露出那个时代的残酷。一条很宽的护城河，还有数个可安置大炮的堡垒守护着这座城。市内的街道一律朝向城墙方向，以保证军队可以迅速被调往任何一个遭受攻击的地点。

将城市比作人体的寓言画。政府被比作下达指令的头部，教堂被比作传递情感与道德的心脏，而防御用的堡塔则被比作四肢。

文艺复兴时期的城市

这幅想象中的理想城市图景描绘于公元 1450 年前后，很可能是为乌尔比诺公爵而作的。文艺复兴期间，狭窄的中世纪街巷从很多城市中消失了，取而代之的是宽敞的露天广场和体面的街道。在费德里科公爵的主持下，乌尔比诺也在公元 16 世纪后期经历了大规模的重建。

佛罗伦萨美丽的圣三一桥建于公元 1567 年，设计者是米开朗基罗。他将拱形设计成优雅的椭圆曲线。公元 1608 年，为了庆祝科西莫二世·德·美第奇的婚礼，桥上又加装了雕塑。公元 1944 年，德军撤退途中将这座桥炸毁，后来人们又将其用心重建。

温德拉敏宫是威尼斯文艺复兴早期的几大府邸之一。最初建造这座府邸的家族搬离了这里，随后，这里便被分作一间一间的公寓向外出租。拱形窗户是该时期典型的威尼斯建筑风格。

多纳托·布拉曼特（公元 1444 年—公元 1514 年）设计的坦比哀多礼拜堂被认为是罗马的第一座纯粹文艺复兴风格的建筑。布拉曼特将 16 世纪的设计元素融合在古罗马风格中。这座礼拜堂坐落在圣彼得殉道处，其优雅的比例完美地适应了狭小的空间。

佛罗伦萨的圣玛利亚教堂是 14 世纪多明我会修士建造的一座哥特风格教堂，但正立面的上半部分却是公元 1470 年由莱昂·巴蒂斯塔·阿尔伯蒂以纯粹文艺复兴风格重新设计建造的。这项工程的资助者是鲁切拉伊家族，他们靠生产给毛纺织物上色的特殊的红色染料而发家致富。教堂的正立面上装饰着数个鲁切拉伊家族徽章。

菲利波·布鲁内莱斯基不仅是佛罗伦萨大教堂那享誉世界的圆顶的建造者，而且是佛罗伦萨孤儿院的设计者。

古代建筑与新建筑

公元 1452 年，热那亚的莱昂·巴蒂斯塔·阿尔伯蒂（公元 1404 年—公元 1472 年）完成了一部 10 卷本巨著《建筑十书》。阿尔伯蒂十分看重古罗马建筑的优雅，还在书中加入古代遗址中立柱、柱头、三角饰板以及其他局部细节的手绘图。这部巨著影响深远，大量建筑师在其说服下采用了古罗马的建筑风格。

文艺复兴时期的城市 17

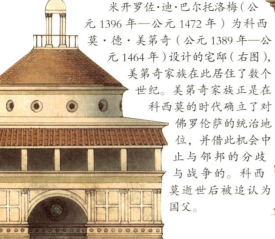

米开罗佐·迪·巴尔托洛梅（公元1396年—公元1472年）为科西莫·德·美第奇（公元1389年—公元1464年）设计的宅邸（右图），美第奇家族在此居住了数个世纪。美第奇家族正是在科西莫的时代确立了对佛罗伦萨的统治地位，并借此机会中止与邻邦的分歧与战争的。科西莫逝世后被追认为国父。

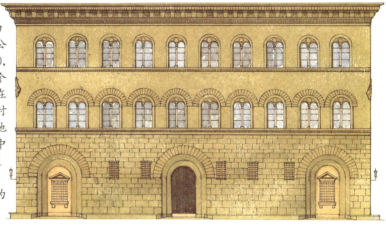

公元1430年，菲利波·布鲁内莱斯基（公元1377年—公元1446年）设计的帕奇礼拜堂（左图），是佛罗伦萨圣十字教堂的附属建筑。其设计基于内切圆的数学法则。小圆顶的设计建造方法也不同于布鲁内莱斯基设计的更有名的大教堂圆顶。

文艺复兴时期的府邸

文艺复兴时期，富有的家族住在自建的华丽别墅里，当时称这种别墅为"府邸"。这类别墅必须既实用又舒适。一层开店铺，楼上住人。店铺可以是自家生意，也可以租给别人，获取租金。有时楼上的部分房间也要用于家族生意，而非居住。府邸大多配有私家庭院，庭院内有雕塑以及其他艺术品。有的家族将别墅正面建得无比奢华，以此展示他们的巨大财富，而另一些家族，如佛罗伦萨的美第奇家族，则故意将各处宅邸的正立面设计得平淡无奇，免得被人认为炫富。

佛罗伦萨大教堂的圆顶

佛罗伦萨大教堂始建于14世纪初，但开工一个世纪之后，却没人知道该怎么完成东翼的建造。公元1420年，建筑家菲利波·布鲁内莱斯基从罗马城取经归来，带回了答案。他多年一直在研究古罗马拱顶和圆顶，并宣称自己能建造出世界上最大的圆顶。这项工程耗时16年完工，包括用复杂的连锁方式搭建出一个轻型砖壳，并在砖壳内做出比以往所见都要大的穹顶。市政府惊喜万分，甚至出台法令，禁止任何建筑高于大教堂的圆顶。这项法令至今仍在生效。布鲁内莱斯基逝世后被葬于这座大教堂内，安息在他毕生最大成就之下。

建造佛罗伦萨大教堂圆顶的过程中，布鲁内莱斯基不仅发现了一种让砖块彼此扣锁的方法，还发明了一些特殊的吊车，能将砖块和石块吊升到需要的高度。他甚至还在远离地面的地方设了一处餐厅，这样工匠们就无须浪费时间到地面吃饭了。

佛罗伦萨大教堂的圆顶。

私人生活

正在下棋的人是文艺复兴时期最有学问的女性之一——昂古莱姆的玛格丽特（公元1492年—公元1549年）。她资助艺术家，保护人文主义学者，推行新农法。

文艺复兴时期，人们的生活发生了翻天覆地的变化。最明显的一点是欧洲人开始有了私人生活的意识。中世纪几乎没有隐私可言，即便是富人阶层也是如此。家庭成员起居、睡觉，全部都在同一个房间里。在城堡里或小镇里，数个家庭共用同一个大厅，只用帘子稍微隔开的情况也是有的。15世纪早期，每个家庭拥有自己的房屋或公寓的情况变得普遍起来。即使不那么有钱的家庭，至少不同性别的家人也能分开住在不同的小卧室里。伴随道德的觉醒，谦逊与隐私的概念进入社会。贸易的增长加速了思想传播，服饰与家具的流行风尚比以往更新换代得更加迅速。随着物质生活水平的提高，人们渐渐有了无须工作的休闲时间。个人卫生的重要性日益突显，多数城市污水和垃圾处理系统得到了大力整治。

这位女士戴的帽子是用卷布做成的。新的织染技术和机械生产意味着衣物时尚能不断推陈出新。

威尼斯玻璃制品

文艺复兴时期，威尼斯的玻璃吹制工重新发现了制作精细玻璃的技术。图中的高脚杯是公元1475年在威尼斯的穆拉诺岛上制作的，是最早带有珐琅和镀金装饰的小型玻璃器皿之一。这些精美的艺术品都是为富人们准备的，中产家庭能买得起装饰少些的玻璃制品。

室内休闲娱乐

终于，不仅是贵族，其他所有人都有了休闲娱乐的时间，而非一味地工作了。这些时间可以用于游戏、音乐、喝酒或学习。最寻常的人家也有乐器、游戏桌和其他娱乐设施。

15世纪的旅行游戏匣，里面装有象棋棋盘、轮盘、狐狸和鹅游戏棋盘，以及莫里斯九子棋。匣子外面是双陆棋盘。

乐队：男子在弹奏鲁特琴，站在他身边的女子在吹竖笛，键盘乐器是当时特有的小键琴，而右侧的女士拉奏的是六弦提琴。

文艺复兴时期的音乐

从文艺复兴时期开始，音乐可以单纯只是为了享受，而不仅服务于宗教了。乐谱印刷和乐器书籍令室内乐普及开来，很多私人住宅里洋溢着优美的乐声。

清洁

公共浴场经常传出不好的名声，于是有钱人给自己建起了私人浴室。文艺复兴时期的人们比我们想象的要更讲卫生，更干净，富人们洗澡洗得很勤。

男性服装

男性服装非常精致。锦缎、天鹅绒、长毛绒十分普遍，层层叠叠的褶皱、披风、斗篷尽显华服之美。著名的艺术家，如米开朗基罗，也会设计服装。

不同国家的时尚千差万别。这位 15 世纪的意大利男子穿的是飘逸的褶皱披风和花哨的长袜。

为富人设计的雕花椅子。

没有扶手的小椅子，适合穿大裙子的女士坐，方便裙摆从两边垂下。

《阿尔诺芬尼夫妇像》

公元 1434 年，佛兰德斯画家扬·凡·艾克（约公元 1389 年—公元 1441 年）为意大利商人乔瓦尼·阿尔诺芬尼（1）迎娶焦万纳·塞纳米（2）的婚礼绘制了一幅画。画中充满隐喻，比如小狗（3）象征忠诚，橘子（4）寓意多子，双人床（5）代表婚姻，然而，还有一些隐喻，比如只有一支蜡烛的枝形吊灯（6），则颇令人疑惑。镜子（7）从观者的视角映照出夫妇的背影。扬·凡·艾克将调制、使用油画颜料的技法运用得炉火纯青。他的徒弟佩特鲁斯·克里斯图斯将这门手艺带去意大利，使其在文艺复兴后期的艺术家们手中发扬光大。

中产阶级家庭

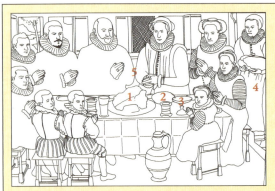

这幅室内群像创作于公元1586年,它再现了一个布鲁日家庭入座就餐时一起合掌虔诚祷告的画面。烤肉(1)加面包(2)虽然只是简单的一餐,但白银和锡合金餐具(3)以及画面中的女仆(4)表明这是个富裕的家庭。严肃的黑色衣服是新教中产阶级的典型穿着。这是一个大家庭——父母(5)左侧有五个儿子,右侧有三个女儿。

王室

尽管商人家族的势力不断壮大,但欧洲仍被古老的王室家族所支配。在英国,都铎王朝开创于公元1485年,他们的王室成员是威尔士王室的远亲。富有的银行家家族美第奇家族,于公元1537年获封佛罗伦萨公爵;米兰富于才干的雇佣兵指挥官弗朗切斯科·斯福尔扎,用不合法的手段迎娶了上一任公爵的女儿后,于公元1450年成为新公爵。这是一个新贵家族走向权力巅峰的时代。

女王伊丽莎白一世(公元1533年—公元1603年)统治英国长达45年。她身上穿的是16世纪王室的典型服饰,版型僵硬且刺绣繁复。

皮萨诺创作的红陶饰板,上面两位贵族男孩正在学习文法。

意大利富人阶层的男孩在学校的场景。

教育

教育在文艺复兴时期得到极大发展。贵族不再把时间花在战斗上,而是用来阅读和学习,获取新知识。同业公会通常有自己的学校,教授会计、法律以及一位有抱负的商人所需掌握的其他技能。另外,还有一些不以实用为目的的学科,如古希腊文、古罗马文、文法、演讲术。当时尚无考试制度,即使是大学也不考试,所以学生们可以在需要帮忙打理家族生意,或单单只是觉得自己所学已经足够了的时候离开学校。

公元15世纪的英国雕刻。男人正从女人头发里捉虱子。用手捉出虱子只能让人暂时舒服,只有每天篦头发才能永久去除虱子卵。

保持干净

随着城市发展,人们开始意识到排泄物和臭味所产生的问题。简单地把垃圾和排泄物倒到屋外的做法被禁止。街道上建了排水沟,人们可以把垃圾丢到排水沟里,雨水会将垃圾冲走。人们发现,卫生条件差的地区,疾病就会蔓延。只可惜他们错误地将臭味认作元凶,徒劳地到处喷洒香水。

文艺复兴时期的家宅

城市生活日益复杂,人们居住的房屋亦是如此。公元1494年,埃尔科莱一世公爵在费拉拉展开大规模重建,为手工匠人建造平房,为工人建造公寓楼,为富人建造府邸。和其他城市一样,人们被要求将排泄物装入便壶,垃圾装在桶里,运到指定的垃圾场。到了公元1600年,独栋别墅和公寓楼房都比200年前建得更结实,也更卫生。

一个15世纪的英国人正在壁炉旁暖手脚。烟囱发明于文艺复兴早期,它的出现大大提高了房屋的舒适度。

小男孩红陶施釉头像,卢卡·德拉·罗比亚制。富人家庭很喜欢给他们的孩子定制这样的塑像,反映了人们对童年的认知态度的转变。夭折的孩子越来越少,孩子的个性开始受到承认,得到家人的爱与照顾。

战争与武器

在文艺复兴时期的大部分时间里,意大利各城邦间都纠缠于领土与贸易线路的争端。间谍、贿赂、阴谋并不稀奇,正面对抗也很常见。理论上讲,城市的军队由服兵役的市民组成,其中有钱人充当铠甲骑兵,穷人编入步兵;而实际情况却是,大多数城市雇佣军队来帮他们打仗。公元1400年,军队由盾牌保护下的弩手、长矛兵,以及重甲骑兵组成。到了公元1500年,一种称为"火绳枪"的早期枪支取代了弩,但这种火绳枪的精准性不太好。骑兵通常直接参战,步兵负责押运辎重和补给。战斗会折损大量兵员和装备,所以多数战争选择围城的策略。防御用的城墙往往修建得能够经得住枪械的进攻,因此即使是小城镇也能凭借城墙固守很长时间。决定性的胜利很少出现,战争往往要拖到一方疲于应对,同意签订条约才结束。例如,小城锡耶纳与强邻佛罗伦萨断断续续对抗了几个世纪。最终,锡耶纳因经济和外交压力而作出让步,而不是因为在军事上敌不过佛罗伦萨。

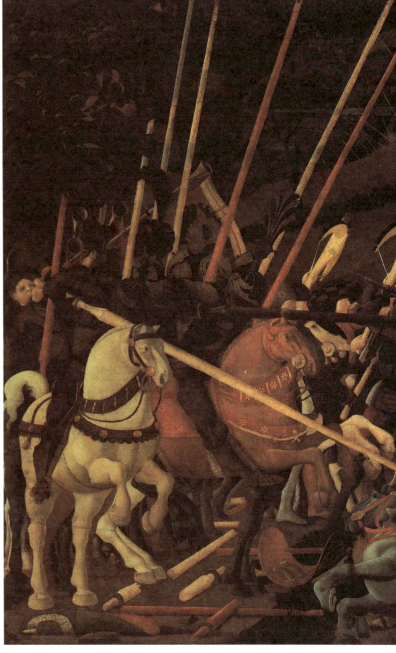

民兵队中的普通步兵在应召参战时需自备武器。狼牙棒是一种既廉价又在近身搏斗中很好用的武器。那些愿意在武器上花钱的人通常会自备剑和长矛。

佣兵队长

公元1400年,意大利各城邦的市民们太过忙于经商或从事银行业务,除非应急需要,已无暇服兵役,于是大多数城市通过每年签订合同的方式,雇佣职业的雇佣军,意大利语称"佣金士兵"(condotta)。雇佣军的指挥官称作"佣兵队长",他负责安排自己的部下驻守前线岗哨,保卫城镇村庄。一旦战争爆发,佣兵队长就要率领部众冲锋陷阵。这种情形导致轻易不会发生战争,因为如果一方的佣兵队长发现自己处于严重不利的局面,那么他宁愿投降而不是拼命,这样才能保存实力,他的部队才会继续受雇佣。意大利的军队很擅长军事演习、快速行军和持久围城,但缺乏正面战斗的经验。

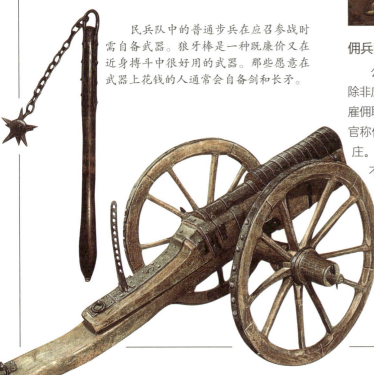

约公元1550年的后膛炮。公元1400年,大炮又大又重,而且射不准。公元1448年,米兰人仅用数周的时间就用枪击垮了卡拉瓦乔的城墙。50年后,青铜大炮已经轻到可以用马匹拉着,跟随部队行进,并在阵地使用。到了16世纪70年代,火炮已经是所有军队的必备武器了。

战争与武器 23

公元 1547 年的神圣罗马帝国皇帝查理五世。他穿着当时的重甲骑兵装束。

圣罗马诺之战

公元 1432 年,佛罗伦萨与锡耶纳之间的战役以佛罗伦萨的胜利宣告结束。画中描绘的重装骑兵(1)是当时

最有战斗力的军队。右侧的棕马(2)正尥(liào)起后腿,战马被训练得能够根据主人的指令做出各种伤敌动作,这是其中之一。步兵(3)紧随骑兵之后,有人拿着弩,有人举着长矛或剑。背景中的步兵正展开突袭,这是艺术家保罗·乌切洛(约公元 1396 年—公元 1475 年)较早尝试运用透视法作画的实例。

约翰内斯·古登堡（约公元1398年—公元1468年）是一位德国工匠，公元1450年，他制造了第一台活字印刷机。

活字印刷

约公元1426年，尼德兰哈勒姆的劳伦斯·杨松拥有一台一次可印刷一张木版画的印刷机。然而，古登堡发明了重要的活字印刷技术，通过替换不同的金属字块就可以在同一块版上印刷不同内容，而无须为每一页雕刻一块新版。印刷因此变得更廉价、更灵活。古登堡用同一批样的字母至少印了三本书，但也可能不止。

印刷作坊

虽然这幅画绘制的是16世纪的印刷作坊，但其场景与古登堡所创立的几乎无二。左侧，一位男子（1）已做好准备，即将用浸在墨水里的衬垫轻拍活字，让活字沾上墨水。他前面的工匠（2）扳动手柄，转动螺旋，将纸按压在沾了墨水的活字上。右侧前景中，一位男子（3）检查印刷成品质量。在他身后，排字员（4）将一个个字块排入框架里，以备装在印刷机上。两根木柱（5）顶在印刷机和天花板之间，使印刷机稳定又牢固。

中国的印刷术

中国人最早发明了印刷术。一个名唤王玠的人在公元868年5月11日①印刷了目前世界上已知的第一件印刷品。这是一份经卷，共七张纸，有六段文字和一幅插图。其所用到的雕版印刷方法已十分成熟，说明印刷术早在多年前就已经发明出来。印刷的创意约在14世纪晚期由商旅传入欧洲。

奢侈的书配有赏心悦目的插图。印刷者会想办法尽可能还原手抄本的样貌。

①编辑注：经查，这份世界公认的第一件印刷品名为《金刚般若波罗蜜经》，是唐朝人王玠于公元868年四月十五日为父母祈福而印制，文中日期为阳历日期。

印刷革命

印刷术是文艺复兴时期的关键发明。15世纪中期,印刷技术在德国兴起,很快在欧洲传播开——公元1470年传入佛罗伦萨和那不勒斯,并在几年后传到不列颠和波兰。手抄书每次只能抄一本,需要大量劳动力,而印刷机则可以在几天时间里印出几十本书,成本却只需要之前的一小部分。起初,印刷新书主要选择宗教类书籍——《圣经》赞美诗、神学著作。但是很快,工程师们开始印技术书籍,商人们开始购买能告诉他们如何将商品卖得更远的指南书。不久,建筑师、画家等各行各业的人都迫不及待地印刷各自领域中的最新发现与主张。这些新诞生且相对便宜的书籍载着思想以惊人的速度传遍欧洲。曾经,一种思想要花数十年才能被欧洲各地知晓,如今,印刷技术加快了人类进步的脚步。如果没有印刷机,就不可能有伴随文艺复兴始终的思想革新。

这幅画反映的正是文艺复兴时期越来越多的女性接受了教育,能够读书识字。相对廉价的书籍大量涌现,使不那么富裕的家庭也有自己的藏书。这些书籍多是关于古希腊、古罗马的历史,但公元1550年之前就有了印刷的关于异国旅行和精彩冒险的故事书,供人阅读消遣。

基本的印刷机由一个平板组成,平板上固定着一个装有金属活字的模框。纸张被放在活字框上,再将另一块布覆盖在纸上。平板在压力作用下滑动。拉动拉杆时,纸张被按压在涂了墨水的活字框上,于是墨水就从活字转印到了纸张上。

印刷图片

中世纪的书籍靠手工誊抄,并且配上美丽的手绘图案和金箔做装饰。早期的印刷工也试图装饰印刷的书籍,让它们尽可能看起来跟手工誊抄的一样。最早的插图是艺术家们在木板上雕刻后,由木块上凸起的部分印成。印刷后,再人工为这些黑白图像着色。然而,人们发现这种印刷方式很容易磨损木板,于是不久后,印刷作坊形成了由一位艺术家画原始手稿,再由一个团队雕刻出一模一样多块木版的工作模式,以保证木板能完成所有印刷量。这种方法一直沿用到19世纪发明出蚀刻金属板。

右图是古登堡《圣经》中的一页。这是约翰内斯·古登堡于公元1451年—公元1456年在美因茨印制的,是已知最古老的印刷本《圣经》。这本《圣经》共用纸643页,手工装帧为一卷或两卷。古登堡印刷了大量《圣经》,但只有48本保留至今。

宗教改革

文艺复兴后期,激烈辩论和大规模流血冲突撕裂着基督教的世界。公元1500年,《圣经》和神圣的著述已经被大量印刷与传播,受过教育的人都有机会读到。与此同时,很多人开始注意到,天主教教会腐败盛行,神职人员不守法度,滋生着轻蔑与傲慢。德国有一位名叫马丁·路德的修士,愤慨于赎罪券,开始对教会有了深刻的反思。公元1517年,他开始宣扬一种经过改良的新信仰,要求打破罗马的惯例,回归圣经的教义。他的观点在欧洲引发大讨论,一些地区采纳,一些地区排斥。当神圣罗马帝国的皇帝命令他的臣民忠于教皇时,改革者们表示抗议,于是他们被称为"新教徒"[1]。公元1540年,欧洲已经被两种不同的基督教割裂,战争接踵而来。

公元1509年,英国国王亨利八世(公元1491年—公元1547年)即位。尽管他早年曾反对马丁·路德,但在请求克莱芒七世教皇宣布其婚姻无效而被拒绝的情况下,于公元1534年与天主教教会决裂。而后,这位国王关闭修道院,镇压天主教教徒叛乱,让自己的儿子与其他后代接受新教的教育。

公元1534年,保罗三世成为教皇。他担心新教运动将造成基督教世界分裂,于是着手改革教会。他削减了罗马教廷枢机主教团的规模和待遇,整肃宗教团体,打击腐败;同时,明确教义,重申教皇权威。保罗竭力在罗马和教会内部推行教育与艺术。然而,他任人唯亲,对亲友委以要职,甚至让他14岁的孙子当上红衣主教。这一点令改革者不耻与之为伍。

多数修士、修女或神父身居神职是出于虔诚的宗教信仰,然而一小部分人将此视为生财之道。他们无视当初许下的固守贫穷与贞洁的誓言,沉溺于唱歌、饮酒和其他罪行。这幅画所描绘的正是这类行为不端的世俗神职人员。

公元1534年,路德出版了德文的《圣经》,成为改革的重大一步,因为此前的《圣经》都是拉丁文的。这样一来,普通人也能读懂上帝的语言,相当于剥夺了神职人员手中的一项重要权力。

赎罪券

公元1516年,教皇利奥十世的募款决定点燃了宗教改革运动。在天主教教义中,一个人在人世间的忏悔和善行可以减少其灵魂在炼狱中的时间,而他们的善行要获得教会的承认,就需要通过一种叫作"赎罪券"的证书文件。教皇利奥十世宣称,为教会兴建圣彼得教堂或他个人的奢侈用度捐款,也是一种善行。这就意味着允许用钱交换赎罪券。公元1517年,一位名叫约翰·特策尔(约公元1465年—公元1519年)的修士来到萨克森出售赎罪券,在那里他遇到了马丁·路德(公元1483年—公元1546年)。马丁·路德深感不安,写下论述赎罪券的《九十五条论纲》,钉在当地教堂大门上,拉开了宗教改革的序幕。

[1]译者注:原意为抗议者。

宗教改革 27

宗教改革家

改革运动很快在德国内外蔓延，许多新的改革家在如何杜绝教会奢靡腐化以及一些神学问题上与路德的观点并不一致。宗教改革运动内部很快分化。乌尔里希·茨温利在瑞士苏黎世开展活动，结果出现更多的激进团体，如再洗礼派。法国律师约翰·加尔文开创了新教主义的另一个重要派系，即加尔文派。上图绘制的是马丁·路德与其他几位重要的新教改革家。

新教徒与天主教神职人员

这件彩色手绘木版画由艺术家老卢卡斯·克拉纳赫（公元1472年—公元1553年）创作于公元1545年前后。克拉纳赫是威滕伯格政府官员，也是路德的好朋友。这幅画意在刻画新教神职人员（1）的纯洁，他正在向上帝的羔羊（2）宣讲真理，通过基督（3）直接被上帝本人（4）听到。近旁，分享圣餐（5）和洗礼（6）都在有条不紊地进行着。形成鲜明对比的是天主教的传教者（7），魔鬼（8）正将想法灌进他的脑中。他看向远处坐在桌子边数钱的教皇（9），桌子上堆满赎罪券。一位修士（10）从袖筒里掉出赌牌，其他神职人员做着不诚实或不正直的举动。

科学与发明

文艺复兴时期，人们对世界的认知发生了急剧变化。公元1400年之前，人们还在相信正如《圣经》中记录的那样上帝创造了世界，且早期基督徒的著作记录了所有的动物、植物和矿物。随着越来越多的古希腊、古罗马文献为人所知，人们才意识到大量的知识早已存在。古代思想家强调用实验检验理论正误，这对文艺复兴时期的学者来说是一个既新鲜又令人激动的思路。很快，全欧洲的科学家们都忙着做医学、化学、物理学、天文学、几何学的实验。有人觉得实验能为世界制订一个神圣计划，也有人认为实验会控制神秘力量和魔法。开始时，天主教教会欢迎这些新想法，然而到了公元1540年，任何违背《圣经》的观点都会受到谴责，不少科学家因此被关进监狱。只有在新教国家，科学还在蓬勃发展。

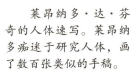

莱昂纳多·达·芬奇的人体速写。莱昂纳多痴迷于研究人体，画了数百张类似的手稿。

从实验中学习

科学家们相信，只有自己用实际存在的东西做实验，而非讨论抽象的理论问题，才能了解这个世界。化学家德奥弗拉斯特·冯·霍恩海姆，另名巴拉塞尔苏斯（公元1493年—公元1541年），用了14年的时间走遍欧洲采集信息，后来定居于瑞士巴塞尔，做了大量金属实验，奠定了日后化学研究的基础。安布鲁瓦兹·帕雷（公元1509年—公元1590年）是法军的主外科医生，他在处置伤口的过程中试验了多种新方法，譬如用缝合伤口的方法取代用烧红的烙铁烧烫。可惜，由于这位医生相信是魔鬼导致了伤口感染，因此只建议伤者用祈祷的方法治愈，并没有一套能够支撑实践操作的理论。并非所有的研究者都受到人们的感激，维萨里因盗尸罪被天主教教会判处死刑，只好逃亡，踏上充满危险的耶路撒冷朝圣之路，最后死于归途中。

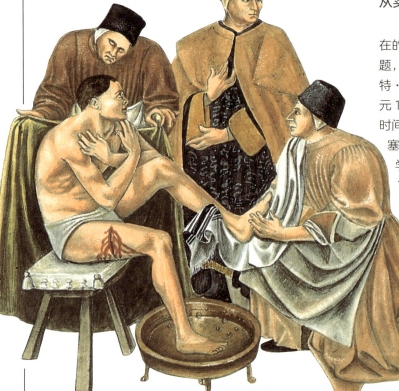

为了治疗疾病与外伤，医生们经历了几个世纪的试错，到了文艺复兴时期，才终于有了科学实验与数据作为依据。安德烈亚斯·维萨里（公元1514年—公元1564年）解剖了数十具尸体，并于公元1543年出版了一本图文并茂的关于人体内部运作原理的书。

炼金术士

乔瓦尼·斯坦达诺的这幅画向我们展示了一位顶尖的炼金术士的工作坊。前景里的一名男孩（1）正用杵和臼将几种化学材料放在一起研磨，手捧烧瓶的学徒（2）正观察着金属罐里的液体被蒸馏到玻璃烧瓶（3）里。另一名学徒（4）在炼金术士本人的监督下加热和搅拌着一种液体。左侧，一名男子（5）用螺旋压榨机从水果或药草中榨出液体。背景里的其他助手（6）有的在给液体加热，有的在核对化学品存量。

文艺复兴时期的艺术

文艺复兴时期在艺术史上具有无与伦比的重要地位，数量惊人的杰作——绘画、雕塑、金属制品、建筑——被创作出来。最伟大的艺术家中有一些人就诞生于这个时代，例如意大利的菲利波·布鲁内莱斯基、马萨乔、米开朗基罗、莱昂纳多·达·芬奇、拉斐尔和提香，德国的丢勒、汉斯·霍尔贝因和老卢卡斯·克拉纳赫，还有佛兰德斯的扬·凡·艾克和汉斯·梅姆林。思想自由的新氛围鼓励着艺术家们去尝试新的技艺。与此同时，财富的爆发式增长让商人、贵族和城镇议会愿意出钱委托艺术品。画家们在14世纪艺术家的探索基础之上，知道了如何表现透视关系；雕塑家们通过研究古罗马和古希腊的雕像，明白了如何雕刻石头才能表现动态与戏剧性；金属工匠也不甘落后，他们发明了一种铸造33英尺高的大型铜像的方法。这些新技术、新观点从意大利传遍整个欧洲。艺术家们很快接纳了新风格，继而又创造出更多的新观点和新技巧。然而，公元1600年后，自由的气氛开始消失，商人与贵族也不再有足够的钱花在艺术上，城镇议会则更愿意把税收用于建设能够保护自己的牢固城墙和军队。

艺术家作坊

文艺复兴时期，油画家、雕塑家、金匠等艺术家都有属于自己的作坊。艺术家们的订单来自教会、贵族或富商。如果客户十分重要，艺术家会亲自完成作品的大部分，其余部分则交由作坊的其他工匠来完成。男孩7岁左右就可以在这样的作坊里工作了，调颜料，磨凿子，或者做些其他不那么重要的活计。13岁时，男孩会成为学徒艺术家，跟随大师学习。用不了几年，他们就可以画背景或大树了，主要人物和前景仍旧由大师本人来画。18岁，年轻的艺术家完成训练后，可能继续留在作坊画些次要作品，或者如果足够优秀的话，也可以开设自己的作坊。

公元1488年，13岁的米开朗基罗（公元1475年—公元1564年）加入佛罗伦萨艺术家多梅尼科·基尔兰达约（公元1449年—公元1494年）的作坊。仅过了两年，米开朗基罗就引起了佛罗伦萨统治者——洛伦佐·德·美第奇的注意。洛伦佐鼓励米开朗基罗在石雕上下功夫。米开朗基罗坚持不懈，成为史上最杰出的雕塑家和湿壁画画家。

三位一体

马萨乔的《三位一体》位于佛罗伦萨圣玛利亚诺韦拉教堂，当公元1427年首次揭下帷幕时，引发了极大震惊。画中圣父（1）托举着圣子的十字架（2）和象征着圣灵的鸽子（3）。圣约翰（4）与圣母（5）立于圣三位一体下方，两位委托作品的赞助人（6）跪于画中的建筑外。这幅湿壁画是欧洲绘画对透视法的最令人称奇的尝试。公元1550年，艺术家兼史学家乔治·瓦萨里写道："符合透视法的券顶①被分成一个个方形格，方格内还画着玫瑰花，透视运用得如此完美，简直像把墙面凿穿了。"

①券顶，一种建筑顶部结构，其顶部呈近半圆的拱形，具有良好的承重和装饰作用。

随着画家们透视技法愈发高超，他们开始画固体物体的透明图像。这幅复杂的高脚杯图像出自佛罗伦萨画家保罗·乌切洛（约公元1396年—公元1475年）之手，他一生都在用透视法做各种尝试。

透视法的重新发现

文艺复兴艺术最重要的进步之一在于透视法的重新发现，即按照真实的远近距离来描摹物体。古罗马人留下了一些以透视关系见长的湿壁画，但是中世纪绘画几乎不画真实场景，而是在扁平的背景上用单一颜色画圣人和神圣角色。第一个打破传统的艺术家是佛罗伦萨的乔托·迪·邦多内（约公元1266年—公元1337年）。他抛弃了不必要的装饰，比如镀金，在人物身后画上了田野或建筑，将远处的物体画得比近处的物体小，但尚未总结出透视法。又过了几百年，马萨乔意识到，若要使画面看起来真实，所有水平的线必须在远处的地平线上相交于一点，这一点叫"消失点"。一旦做到了这一点，加上其他一些关键的步骤，艺术家就可以将任何真实的或想象中的场景描绘得好像真实存在一样。把窗外的风景画得极尽写实，让人误以为可以往外看，这成了一种时尚。

新世界

公元 1400 年，欧洲人对于欧洲与近东以外所知甚少。少数学者知道世界是圆的，但大部分学者仍坚信世界是平的。已有旅行家抵达印度、中国，也听说了日本、"香料群岛"（即马鲁古群岛，现属印度尼西亚），但对美洲、澳洲、太平洋和大部分非洲一无所知。公元 1415 年，葡萄牙亲王亨利开办航海家学校，并派遣水手沿西非海岸航行，带回新的领地和贸易机会。很快，其他国家相继效仿。公元 1492 年，克里斯托弗·哥伦布在西行寻找中国的途中登陆美洲。到了公元 1550 年，欧洲人的航线已遍布全球，他们在新大陆上做生意，甚至霸占土地。

轻快帆船

这是 14 世纪—15 世纪诞生于西地中海的小型商船。早期轻快帆船用的是易被吹动的三角帆，后来为了适应长途航行，在两根桅杆上加了方形帆索。轻快帆船最先用方向舵取代舵桨，舍弃高耸而笨重的船首楼和船尾楼，增大补给仓储量。这些特点令轻快帆船成为航海探险的理想工具。

这个人正在使用直角仪。将两个十字线底部边缘的连线与地平线平行，并将两个上部边缘的连线对准一个恒星，航海家就可以知道观测目标与地平线的夹角。通过查阅一系列表格，可知自己与赤道的大致距离。

克里斯托弗·哥伦布

哥伦布是一位经验丰富的航海家。他认为世界是圆的，只要一直向西航行穿越大西洋，就能抵达日本和中国。很多人说他疯了，但支持者还是有的，比如赞助了公元 1492 年那次航海的西班牙国王和女王。哥伦布到达西印度群岛，却自以为到了中国，此后他又三次抵达美洲大陆。直到去世，他都以为自己发现了西行通往远东的航路。

埃尔南多·科尔特斯

公元 1518 年，科尔特斯（公元 1485 年—公元 1547 年）率领 550 人和 17 匹马从墨西哥沿海登陆，建立新殖民地。他发现了阿兹特克帝国，并被国王蒙特祖马误认作上帝。科尔特斯借蒙特祖马之手统治阿兹特克，遭到人民强烈抵抗。科尔特斯于公元 1521 年摧毁阿兹特克都城，以军事长官身份代表西班牙国王统治当地。

瓦斯科·达·伽马

葡萄牙航海家达·伽马（约公元 1460 年—公元 1524 年）在巨额利润的刺激下，公元 1497 年从里斯本出发，冲破垄断印度贸易的阿拉伯人的阻挠，成功在公元 1498 年 5 月抵达卡利卡特。这次航行给他带来 600% 的利润以及大量新订单。公元 1502 年，达·伽马金盆洗手，坐拥财富安享晚年。

费迪南德·麦哲伦

公元 1519 年，葡萄牙航海家麦哲伦（约公元 1480 年—公元 1521 年）率领 5 艘船的船队，向西开拓香料群岛航线。公元 1520 年 8 月，他通过如今以他的名字命名的海峡，驶入太平洋。由于算错了太平洋宽度，船员们险些死于饥饿与坏血病，公元 1521 年 3 月才抵达菲律宾。麦哲伦和大部分船员命丧于当地战争，胡安·德尔·卡诺指挥的维多利亚号得以在公元 1522 年 7 月回到西班牙。出发时的 270 人只剩下 38 人，他们完成了人类的第一次环球航行。

弗朗西斯科·皮萨罗

葡萄牙航海家达·伽马（约公元 1460 年—公元 1524 年）在巨额利润的刺激下，公元 1497 年从里斯本出发，冲破垄断印度贸易的阿拉伯人的阻挠，成功在公元 1498 年 5 月抵达卡利卡特。这次航行给他带来 600% 的利润以及大量新订单。公元 1502 年，达·伽马金盆洗手，坐拥财富安享晚年。

新世界

带木盒的便携指南针。有了指南针,航海家终于可以在阴天的夜晚辨别出北方的方向了。

探索的技术

15 世纪晚期,同时诞生了数项重要发明,使大航海探险成为可能。轻快帆船的船舵与船帆使长途航行更安全,而导航技术的进步使船长在看不见陆地的情况下也能知道船所在的位置。密封木桶中储存的食物和水可以保持数周不腐坏。

导航

15 世纪,导航建立在众多技术的进步之上,是一门科学而非艺术。直角仪测量恒星的角度,以便在夜里确定距离。后来出现的反向太阳观测仪,类似木板组合,根据白天太阳投下的阴影计算距离。在摇晃的甲板上使用这些仪器十分困难,很难得到准确结果,但一名优秀的航海家可以将船的南北方位确定在 30 英里内。航海家可以用航位推测法计算出东西方向航行的距离,这需要测量船的速度并乘以航行的时间。由于这种方法并未考虑潮汐和洋流,因此结果并不准确,航海家的实际位置可能偏离计算结果上百英里。

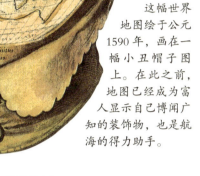

这幅世界地图绘于公元 1590 年,画在一幅小丑帽子图上。在此之前,地图已经成为富人显示自己博闻广知的装饰物,也是航海的得力助手。

三艘轻快帆船

15 世纪,西班牙画家蒙莱昂画下公元 1492 年 8 月 3 日,哥伦布的三艘船起航前往美洲的一幕。哥伦布搭乘的是圣玛利亚号(1),另两艘分别是尼娜号(2)和平塔号(3)。

危险的生活

航海水手是一项危险的职业。当时的小船很容易遭遇海难或被暴风雨损坏。食物容易腐败,水只好挨饿,缺乏维生素引发的坏血病十分常见。不过,回报却是丰厚的,有的水手一次航海所获得的财富足够享受终生。

索引

阿兹特克帝国 32
埃尔科莱一世 21
埃尔南多·科尔特斯 32
安布鲁瓦兹·帕雷 28
安布罗焦·洛伦泽蒂 8
安德烈亚斯·维萨里 28
安杰洛·波利齐亚诺 8
安特卫普 13
安条克 9, 12
昂古莱姆的玛格丽特 18
奥格斯堡 12, 13
奥斯曼帝国 10
澳洲 32

巴拉塞尔苏斯 28
巴黎 9, 12
巴塞尔 12, 28
柏拉图 5, 8
拜占庭 8
保罗·乌切洛 23, 31
保罗三世（教皇）26
北非 10, 12
北欧 12, 13
彼特拉克 8
毕达哥拉斯 5
波兰 13, 25
伯蒂 16
薄伽丘 8
伯利恒 9
不列颠 11, 12, 25
布鲁日 12, 13, 20

但丁·阿利吉耶里 8
德奥弗拉斯特·冯·霍恩海姆 28
德国 10, 12, 13, 24, 25, 26, 27, 30
低地国家 12
第欧根尼 5
丢勒 30
东罗马帝国 7, 8
东欧 12
都铎王朝 20
多梅尼科·迪·巴尔托洛 14
多梅尼科·基尔兰达约 30
多纳泰罗 7
多纳托·布拉曼特 5, 16

俄罗斯 12

法国 10, 12, 13, 27
梵蒂冈 5, 7
梵蒂冈图书馆 7
非洲 4, 12, 32
菲利波·布鲁内莱斯基 7, 16, 17, 30
菲律宾 32
费德里科·达·蒙太菲尔特罗（乌尔比诺公爵）4
费迪南德·麦哲伦 34
费拉拉 21
芬奇小镇 4
佛兰德斯 13, 19, 30
佛罗伦萨 4, 6, 7, 8, 10, 11, 12, 14, 16, 17, 20, 22, 23, 25, 30, 31
佛罗伦萨大教堂 7, 16, 17
佛罗伦萨公爵 20
弗朗切斯科·斯福扎 20
弗朗西斯科·皮萨罗 32
富格尔家族 13

哥伦布 32, 33
古典文明 7
古罗马帝国 7
古希腊 5, 7, 8, 9, 21, 25, 28, 30

哈勒姆 24
汉萨同盟 12
汉斯·霍尔贝因 30
汉斯·梅姆林 30
豪达 9
赫拉克利特 5
胡安·德尔·卡诺 32

基尔 12
剑桥 9
焦万纳·塞纳米 19
教皇利奥十世 26
教皇尼古拉斯五世 7
近东 32
君士坦丁堡 7, 8, 12

卡拉瓦乔 22
卡利卡特 32
科西莫·德·美第奇 17
科西莫二世·德·美第奇 16
克莱芒七世教皇 26
克里斯托福·兰迪诺 8
康坦·梅西斯 10

拉斐尔 5, 30
莱昂·巴蒂斯塔·阿伯蒂 16, 24
莱昂纳多·达·芬奇 4, 28, 30
莱茵河 13
劳伦斯·杨松 24
老卢卡斯·克拉纳赫 27, 30
里斯本 12, 32
卢卡·德拉·罗比亚 21
鲁切拉伊家族 16
鹿特丹 9
伦敦 12
罗马 5, 6, 7, 8, 9, 12, 13, 16, 17, 21, 23, 25, 26, 28, 30, 31
洛伦佐·德·美第奇 11, 30

马丁·贝海姆 4
马丁·路德 9, 26, 27
马尔西利奥·费奇诺 8
马萨乔 30, 31
美第奇家族 11, 17, 20
美因茨 25
美洲 4, 32, 33
蒙莱昂 33
蒙特祖马 32
米开朗基罗 4, 5, 7, 16, 19, 30
米开罗佐·迪·巴尔托洛梅 17
米兰 14, 20, 22
墨丘利 6
墨西哥 32
穆拉诺 18
那不勒斯 8, 25
那不勒斯王国 8

南欧 12
牛津 9
纽伦堡 4
女王伊丽莎白一世 20
欧洲 4, 7, 10, 12, 13, 14, 18, 20, 24, 25, 26, 28, 30, 31, 32

帕尔马诺瓦 15
佩特鲁斯·克里斯图斯 19
皮科·德拉·米兰多拉 8
皮萨诺 21
皮耶罗·德拉·弗朗切斯卡 4
葡萄牙亲王亨利 32
乔托·迪·邦多内 31
乔瓦尼·阿尔诺芬尼 19
乔瓦尼·德拉·罗比亚 14
乔瓦尼·斯坦达诺 28
乔治·瓦萨里 31
丘比特 6

热那亚 12, 16
人文主义者 8, 9
日本 32
日耳曼民族 7
瑞士 9, 27, 28

萨克森 26
色诺芬 5
神圣罗马帝国皇帝 13, 23
神圣罗马帝国皇帝查理五世 23
圣杰罗姆 9
斯凯尔特河 13
苏格拉底 5
琐罗亚斯德 5

太平洋 32
提香 30
同业公会 10, 12, 13, 21
土耳其 7
托马斯·莫尔 9

托斯卡纳 8
瓦斯科·达·伽马 32
万神殿 7
王玠 24
威尼斯 8, 11, 12, 13, 16, 18
威尼斯总督府 8
威滕伯格 27
乌尔里希·茨温利 27
西班牙 4, 12, 13, 32, 33
西班牙国王查理 13
西塞罗 8
西印度群岛 32
锡耶纳 8, 9, 14, 15, 22, 23
匈牙利 13
雅各布·富格尔 13
亚里士多德 5
亚历山德罗·波提切利 6
亚西比德 5
亚洲 4, 10
扬·凡·艾克 19
耶路撒冷 14, 28
伊壁鸠鲁 5
伊拉斯谟 9
意大利 4, 7, 8, 10, 12, 14, 15, 19, 21, 22, 30
意大利城邦 8
印度 32
印加帝国 32
英国 9, 10, 11, 12, 20, 21
英国国王亨利八世 9, 26
远东 12, 32
约翰·加尔文 27
约翰·特策尔 26
约翰内斯·古登堡 24, 25
真蒂莱·德·贝基 8
中东 12
中国 10, 24, 32

向准许我们使用其图片的图片库与摄影师致谢：

6-7斯卡拉集团，佛罗伦萨；8-9布里奇曼艺术图书馆及海外；11布里奇曼艺术图书馆及海外；12斯卡拉集团，佛罗伦萨；13屈萨克，比利时皇家美术馆；16-17锡耶纳的圣玛利亚阶梯医院及法比奥·伦西尼；21布里奇曼艺术图书馆及海外；22莎士比亚出生地基金会，埃文河畔斯特拉特福；24-25斯卡拉集团，佛罗伦萨；26J. L.比洛与阿戈斯蒂尼地理研究所；29普鲁士文化遗产档案馆，柏林；31斯卡拉集团，佛罗伦萨；33斯卡拉集团，佛罗伦萨；35穆塞奥·纳瓦尔，马德里。

"艺术点亮文明：漫游世界文明史"系列还有以下分册：

《史前时代》
《古埃及》
《古希腊》
《古罗马》
《中世纪》